토닥토닥맘

놀이 육아
바이블

토닥토닥맘(장서연) 지음

카시오페아
Cassiopeia

프롤로그

　아동가족학을 전공해 대학교 3학년 때부터 현장에서 아이들을 만나기 시작했어요. 아이들과 노는 것이 즐겁고 보람된 일이라는 것을 알게 되었고, 그 이후로 20년 가까이 아이와 부모를 교육하는 일을 하고 있습니다.

　제가 처음 아이들을 만나게 된 곳은 연세대학교 내 부속교육기관인 '어린이생활지도연구원'이었어요. 어린이생활지도연구원은 학생들을 위한 실습의 장이며, 연구를 목적으로 하기에 이상적인 교육을 실현하는 것이 가능한 곳이었습니다. 아이들에게는 놀이에 집중할 수 있는 천국과도 같은 곳이며 부모가 되어서도 자신의 아이를 데리고 다시 찾아올 만큼 기억에 오래 남는 곳이지요. 저는 그곳에서 영유아 및 부모교육, 다양한 연구를 통해 14년간 전문적인 역량을 키워왔고, 현재는 온·오프라인으로 육아&놀이코칭 프로그램을 실시하는 '토닥플레이'를 운영하며 더 많은 아이와 부모님을 만나고 있습니다.

　20년 전, 교육현장에서 아이들을 만났던 그 순간부터 '개방주의 철학', '놀이 중심 교육과정'에 대해 배우고 실천해왔습니다. 아이들은 놀 권리가 있고 놀이를 통해 잠재력을 발현시켜 온전한 인간으로 성장한다는 것을 경험했지요. 시간이 지나 점차 놀이가 중요하다는 전문가들의 의견이 강해지고 아동 스스로 선택한 놀이, 자유 놀이가 중요하다는 의견이 일반화되고 있습니다. 이에 따라 유아교육과정을 개정해 나가는 등 '놀이'에 대한 관심이 커지고 있으나 정작 부모들은 달랐습니다.

　점점 더 '놀이'보다는 '학습'에 관심을 갖고 욕심을 내며, 아이를 인지적으로 똑똑하게 키우기 위해 애를 쓰고, 아이가 옹알이를 하는 순간부터 어떻게 하면 영어를 빨리 익히게 할지, 어떻게 하면 수학을 잘하는 아이로 키울지, 어떻게 하면 좋은 대학에 보낼지를 벌써 계획하고 있었습니다. 전문가가 하는 이야기를 찾아보고 양육서를 읽지만, 전문가의 의견보다는 옆집 언니의 말이나 사교육 시장의 원장님 의견을 더 믿고 따라가고 있었습니다. 놀이가 중요하다고 하니 아이 옆에 앉아서 내내 핸드폰으로 놀잇감만 열심히 검색하고 결제하는 부모도 있었지요.

아이들에게는 좋은 유치원, 유명한 학원에 보내며 비싼 놀잇감을 사주는 부모가 필요한 것이 아닙니다. 아이들은 나와 시선을 맞추고 내가 어떤 놀이를 좋아하는지, 어떤 놀이를 더 하고 싶어 하는지 알아차려 함께 놀아주는 부모를 원합니다. 아이와 함께 놀이하다 보면 저절로 아이가 원하는 것을 알게 되고 아이와 긍정적인 관계를 맺게 되기 때문에 단단한 신뢰가 쌓입니다. 부모는 영유아기에 얼마나 신뢰를 쌓느냐에 따라 아이와 평생의 관계가 결정됩니다. 아이는 잘 노는 게 잘 크는 것이고, 부모는 아이와 잘 놀이하는 게 잘 육아하는 것입니다.

교육현장에서 만나는 부모뿐 아니라 전국의 더 많은 부모에게 아이와 함께 하는 놀이가 왜 중요한지, 어떻게 놀아야 하는지를 알리고 싶은 마음에 몇 년 전부터 인스타그램에 아이와 집에서 쉽게 할 수 있는 놀이를 소개하기 시작했어요. 두 아이를 키우며 실제 놀이하는 영상을 보여주고 놀이와 육아에 대한 팁을 알리고자 노력하다 보니 벌써 4만 명이 넘는 분들과 함께 소통하게 되었습니다. 그러나 인스타그램으로 놀이를 전달하다 보니 과정보다는 결과 중심의 사진들을 올리게 되고 구체적인 내용을 다 담아내는 것이 어렵더라고요.

실제로 "선생님, 저는 선생님처럼 못하겠어요, 저희 아이는 그렇게 안 놀아요, 선생님처럼 준비를 해줘도 관심을 안 보여요."와 같은 질문을 하는 부모가 많았어요. 다른 사람의 놀이를 그대로 따라 하다 보면 우리 아이는 관심이 없는 경우가 많거든요. 부모들의 이런 질문을 받다 보니 책을 통해 엄마표 놀이에 대해 좀 더 자세히 전달하고 싶어졌습니다. 책을 통해 월령별 발달, 발달에 적합한 놀이, 아이들의 발달을 촉진할 수 있는 상호작용, 놀이를 더 재밌게 확장할 수 있는 방법, 아이의 놀이를 방해하는 요소, 그리고 주의해야 할 점 등을 나누고자 합니다.

아이에게 맞는 놀이를 찾기 이전에 우리는 반드시 아이의 발달에 대해 생각해보아야 합니다. 아이의 발달 수준에 대한 이해가 있어야 아이에게 적합한 놀이를 제공할 수 있으며 아이의 놀이 행동을 이해할 수 있기 때문입니다. "왜 우리 아이는 집중을 못할까?", "왜 우리 아이는 다른 아이들보다 수준이 낮을까?"를 고민하기 이전에 아이의 발달에 적합한 놀이를 제공했는지 점검하는 것이 필요합니다. 이 책을 통해 놀이를 시작하기 전, 월령별 발달 수준을 먼저 알아볼 수 있으며, 놀이가 발달을 어떻게 도와주는지도 이해할 수 있습니다.

발달에 적합한 놀이뿐만 아니라, 놀이를 어떻게 더 다양하게 활용하고 확장해 나갈 수 있는지에 대한 내용도 확인할 수 있습니다. 한 가지 놀잇감으로 한 가지 놀이만 하는 것이 아니라, 다양한 방법으로 놀이를 시도할 때 아이들은 더 창의적인 생각을 하고 놀이에 집중할 수 있습니다. 놀이를 확장해 나갈 때는 아이가 지금의 수준에서 충분히 반복해서 놀이했는지를 고려한 후 함께 해보면 됩니다.

이처럼 놀이를 할 때 부모가 많이 실수하는 부분, 주의해야 할 점들도 각 놀이마다 적어 놓았습니다. 많은 부모가 아이에게 도움을 주고자 하는 마음이 앞서, 아이의 수준보다 앞서 가거나 아이의 시선을 빼앗아 놀이를 방해하는 모습을 보입니다. 놀이를 시작하기 전에 주의사항을 먼저 읽고 아이가 원하는 방향으로 함께 놀아주세요. 이 책은 아이의 발달을 고려하며 제대로 놀아주는 '잘 놀아주는 부모', '아이의 마음을 잘 알아주는 부모'가 될 수 있도록 도와줄 것입니다.

엄마표 놀이를 시작하기 전에

놀이는 아이의 시선에서부터 시작합니다. 아이의 시선을 따라간다면 아이가 어떤 것에 흥미를 보이는지, 놀이에 대한 흥미는 얼마나 지속되는지, 또 언제 다른 것에 관심을 보이는지 등을 알 수 있습니다.

아이의 시선을 따라가며 함께 놀 준비가 되었다면, 다음의 3가지를 꼭 기억해주세요.

첫째, 아이보다 앞서가지 말아야 합니다.

아이가 책에 흥미를 보인다고 해서 "저 책은 어때?", "이런 책도 읽어볼래?" 이것저것 내보이며 시선을 분산시킨다면 좋아서 집어 든 책에도 금방 흥미를 잃게 됩니다. 아이가 좋아해서 고른 그 책에 함께 집중하면 됩니다. 아이를 앞서가는 엄마의 제안은 아이를 불편하게 만들 뿐입니다. 욕심을 버리고 아이와 속도를 맞추는 것이 엄마표 놀이를 성공하게 하는 열쇠입니다.

둘째, 아이의 발달을 이해해야 합니다.

우리 아이의 발달 수준을 고려하지 않고 '옆집 아이가 하니까', '인플루언서의 아이가 하니까' 따라 하지 말아야 합니다. '우리 아이는 왜 이러나?' 고민하지 말고 우리 아이의 발달 수준을 이해하면 우리 아이가 왜 그런 행동을 하는지 이해할 수 있습니다. 이제 손목에 힘이 생겨 색연필을 잡고 여기저기 끼적이기 시작한 아이에게 글자 쓰기를 기대한다면, 아이도 엄마도 색연필로 그리기 놀이가 점점 재미없어지겠죠? 우리 아이의 발달 단계를 이해하고 발달 수준에 맞는 재료와 방법을 선택해야 더 재밌게 놀 수 있습니다.

셋째, 놀이는 일상이어야 합니다.

키즈카페나 놀이공원에 가서 특별하게 해야 하는 것이 아니라, 편안한 공간에서 자율적, 반복적으로 일어나는 것입니다. 아이는 컵과 숟가락만으로도 충분히 즐거운 놀이를 할 수 있습니다. 집 앞 산책길에서 충분히 의미 있는 놀이를 할 수 있습니다. 아이가 일상에서 선택한 놀이가 더 의미 있어지도록 부모가 함께 해줄 때, 놀이다운 놀이를 할 수 있게 됩니다.

이 책을 통해 0~3세 아이들의 발달과 발달에 맞는 연령별 놀이를 소개합니다. 집에서 쉽게 구할 수 있는 재료들로 놀이를 할 수 있는 방법들을 소개하고, 놀이를 하며 어떤 것을 하지 말아야 할지 많은 부모들이 행하고 있는 잘못된 부분도 함께 짚어보려고 합니다. 책에 담긴 놀이를 무조건 따라 하기보다는 우리 아이가 흥미를 보이는 순간 책에서 본 내용을 떠올리며 발달에 맞는 적절한 도움을 주는 부모가 되길 바랍니다.

목차

⭐ 프롤로그 · 5

⭐ 엄마표 놀이를 시작하기 전에 · 8

개월별 목차

1장 0~6개월, 엄마표 발달 놀이

0~6개월, 이렇게 발달해요 · 24

0~6개월, 이렇게 놀아주세요 · 31

0~6개월, 이런 놀잇감을 준비하세요 · 32

0~6개월, 발달을 도와주는 엄마표 놀이
- 시각 발달을 위한 초점책 놀이 · 34
- 소근육 발달을 위한 엄마, 아빠 손 놀이 · 36
- 청각 발달을 위한 딸랑이 놀이 · 38
- 소근육 발달을 위한 손수건 놀이 · 40
- 정서 발달을 위한 빨기 놀이 · 42
- 언어 발달을 위한 옹알이 놀이 · 44
- 촉각 발달을 위한 촉감인형 놀이 · 46
- 대근육 발달을 위한 잡기 놀이 · 48
- 정서 발달을 위한 마사지 놀이 · 50

- 대근육 발달을 위한 몸 놀이 · 52
- 언어, 시각 발달을 위한 책 놀이 · 54
- 대근육, 인지 발달을 위한 풍선 차기 놀이 · 56
- 청각, 촉각 발달을 위한 비닐봉지 놀이 · 58
- 대근육, 성취감 발달을 위한 뒤집기 놀이 · 60
- 대근육 발달을 위한 공놀이 · 62
- 소근육 발달을 위한 지퍼백 놀이 · 64
- 호기심, 신체 발달을 위한 꺼내기 놀이 · 66

 6~12개월, 엄마표 발달 놀이

6~12개월, 이렇게 발달해요 · 70
6~12개월, 이렇게 놀아주세요 · 76
6~12개월, 이런 놀잇감을 준비하세요 · 78
6~12개월, 발달을 도와주는 엄마표 놀이
- 인지 발달을 위한 까꿍 놀이 · 80
- 대근육 발달을 위한 기어가기 놀이 · 82
- 언어 발달을 위한 책장 넘기기 놀이 · 84
- 청각, 소근육 발달을 위한 페트병 놀이 · 86
- 사회·정서 발달을 위한 거울 놀이 · 88
- 호기심, 소근육 발달을 위한 그릇 놀이 · 90
- 신체 발달을 위한 자동차 놀이 · 92
- 소근육 발달을 위한 숟가락 놀이 · 94
- 정서 발달을 위한 목욕 놀이 · 96

- 대근육 발달을 위한 휴지 놀이 · 98
- 인지, 신체 발달을 위한 꺼내고 담기 놀이 · 100
- 촉각, 소근육 발달을 위한 과일 놀이 · 102
- 인지, 소근육 발달을 위한 밀가루풀 놀이 · 104
- 시각, 촉각 발달을 위한 물티슈 뚜껑 놀이 · 106
- 촉각 발달을 위한 국수 놀이 · 110
- 대근육 발달을 위한 걸음마 놀이 · 112
- 소근육, 정서 발달을 위한 찢기 놀이 · 114

 3장 12~18개월, 엄마표 발달 놀이

12~18개월, 이렇게 발달해요 · 118

12~18개월, 이렇게 놀아주세요 · 123

12~18개월, 이런 놀잇감을 준비하세요 · 125

12~18개월, 발달을 도와주는 엄마표 놀이
- 감각, 대근육 발달을 위한 실외 놀이 · 128
- 인지 발달을 위한 청소 놀이 · 130
- 언어 발달을 위한 전화 놀이 · 132
- 인지, 사회·정서 발달을 위한 쌓고 무너뜨리기 놀이 · 134
- 대근육 발달을 위한 큰 상자 놀이 · 136
- 사회·정서 발달을 위한 아기 인형 놀이 · 138
- 인지, 소근육 발달을 위한 퍼즐 놀이 · 140
- 시각, 소근육 발달을 위한 물감 도장 놀이 · 142
- 감각, 인지 발달을 위한 셀로판지 놀이 · 144

- 인지 발달을 위한 양말 놀이 • 146
- 대근육 발달을 위한 계단 오르기 놀이 • 148
- 인지, 소근육 발달을 위한 종이컵 놀이 • 150
- 신체, 인지 발달을 위한 자동차 길 놀이 • 152
- 인지 발달을 위한 숨바꼭질 놀이 • 154
- 언어, 인지 발달을 위한 상 차리기 놀이 • 156
- 정서 발달을 위한 로션 놀이 • 158
- 소근육 발달을 위한 꽂기 놀이 • 160

 ## 4장 18~24개월, 엄마표 발달 놀이

18~24개월, 이렇게 발달해요 • 164
18~24개월, 이렇게 놀아주세요 • 169
18~24개월, 이런 놀잇감을 준비하세요 • 171
18~24개월, 발달을 도와주는 엄마표 놀이

- 소근육 발달을 위한 색연필 놀이 • 174
- 신체 발달을 위한 공 던지기 놀이 • 176
- 소근육, 인지 발달을 위한 집게 놀이 • 178
- 감각 발달을 위한 여러 가지 종이 놀이 • 180
- 소근육, 감각 발달을 위한 채소 자르기 놀이 • 182
- 소근육, 인지 발달을 위한 페트병 놀이 • 184
- 인지 발달을 위한 손전등 놀이 • 186
- 정서, 소근육 발달을 위한 세차 놀이 • 188
- 인지, 소근육 발달을 위한 돌멩이 놀이 • 190

- 신체 발달을 위한 선 놀이 • 192
- 인지, 소근육 발달을 위한 모양 종이 놀이 • 194
- 인지, 소근육 발달을 위한 반찬통 놀이 • 198
- 대근육 발달을 위한 풍선 놀이 • 200
- 정서 발달을 위한 변기 놀이 • 202
- 신체, 인지 발달을 위한 옷 입기 놀이 • 204
- 신체, 정서 발달을 위한 춤 추기 놀이 • 206
- 정서 발달을 위한 거품 놀이 • 208

 5장 24~30개월, 엄마표 발달 놀이

24~30개월, 이렇게 발달해요 • 212

24~30개월, 이렇게 놀아주세요 • 217

24~30개월, 이런 놀잇감을 준비하세요 • 219

24~30개월, 발달을 도와주는 엄마표 놀이

- 호기심 발달을 위한 꽃잎 놀이 • 222
- 정서 발달을 위한 밀가루 반죽 놀이 • 226
- 인지, 감각 발달을 위한 얼음 놀이 • 228
- 감각, 정서 발달을 위한 마카로니 놀이 • 230
- 소근육, 감각 발달을 위한 물감 놀이 • 232
- 신체, 호기심 발달을 위한 숲 놀이 • 234
- 감각, 정서 발달을 위한 모래 놀이 • 236
- 소근육, 집중력 발달을 위한 끈 꿰기 놀이 • 238
- 신체, 정서 발달을 위한 이불 놀이 • 240

- 신체, 심미감 발달을 위한 구슬 놀이 • 242
- 인지 발달을 위한 경사로 놀이 • 244
- 신체 발달을 위한 발자국 놀이 • 246
- 소근육, 심미감 발달을 위한 솔방울 놀이 • 248
- 언어 발달을 위한 폐품 놀이 • 250
- 소근육, 심미감 발달을 위한 가을 자연물 놀이 • 252
- 심미감 발달을 위한 채소 도장 놀이 • 254
- 인지, 생활습관 발달을 위한 정리 놀이 • 256

 30~36개월, 엄마표 발달 놀이

30~36개월, 이렇게 발달해요 • 260

30~36개월, 이렇게 놀아주세요 • 265

30~36개월, 이런 놀잇감을 준비하세요 • 267

30~36개월, 발달을 도와주는 엄마표 놀이
- 인지 발달을 위한 휴지 속심 놀이 • 270
- 소근육, 호기심 발달을 위한 나뭇잎으로 놀기 • 272
- 소근육 발달을 위한 가위 놀이 • 274
- 인지 발달을 위한 자석 놀이 • 276
- 소근육, 집중력 발달을 위한 젓가락 놀이 • 278
- 인지 발달을 위한 색종이 놀이 • 280
- 소근육, 집중력 발달을 위한 망치 놀이 • 282
- 인지, 소근육 발달을 위한 요리 놀이 • 284
- 언어 발달을 위한 약병 놀이 • 286

- 소근육, 인지 발달을 위한 스프레이 놀이 • 288
- 감각 발달을 위한 빨래 놀이 • 290
- 소근육, 인지 발달을 위한 블록 끼우기 놀이 • 292
- 언어 발달을 위한 수수께끼 상자 놀이 • 294
- 소근육 발달을 위한 단추 놀이 • 296
- 인지 발달을 위한 숫자 놀이 • 298
- 소근육, 집중력 발달을 위한 바느질 놀이 • 302
- 감각, 정서 발달을 위한 전분 반죽 놀이 • 306

발달 영역별 목차

 ## 손가락 힘을 길러주는 소근육 발달 놀이

- 소근육 발달을 위한 엄마, 아빠 손 놀이 · 36
- 소근육 발달을 위한 손수건 놀이 · 40
- 소근육 발달을 위한 지퍼백 놀이 · 64
- 소근육 발달을 위한 숟가락 놀이 · 94
- 소근육, 정서 발달을 위한 찢기 놀이 · 114
- 소근육 발달을 위한 꽂기 놀이 · 160
- 소근육 발달을 위한 색연필 놀이 · 174
- 소근육, 인지 발달을 위한 집게 놀이 · 178
- 소근육, 인지 발달을 위한 페트병 놀이 · 184
- 인지, 소근육 발달을 위한 돌멩이 놀이 · 190
- 소근육, 집중력 발달을 위한 끈 꿰기 놀이 · 238
- 신체, 심미감 발달을 위한 구슬 놀이 · 242
- 소근육, 심미감 발달을 위한 솔방울 놀이 · 248
- 소근육, 심미감 발달을 위한 가을 자연물 놀이 · 252
- 소근육, 호기심 발달을 위한 나뭇잎으로 놀기 · 272
- 소근육 발달을 위한 가위 놀이 · 274
- 소근육, 집중력 발달을 위한 젓가락 놀이 · 278
- 소근육, 집중력 발달을 위한 망치 놀이 · 282
- 소근육, 인지 발달을 위한 스프레이 놀이 · 288
- 소근육, 인지 발달을 위한 블록 끼우기 놀이 · 292
- 소근육 발달을 위한 단추 놀이 · 296
- 소근육, 집중력 발달을 위한 바느질 놀이 · 302

몸의 균형과 조절능력을 길러주는 대근육 발달 놀이

- 대근육 발달을 위한 잡기 놀이 · 48
- 대근육 발달을 위한 몸 놀이 · 52
- 대근육, 인지 발달을 위한 풍선 차기 놀이 · 56
- 대근육, 성취감 발달을 위한 뒤집기 놀이 · 60
- 대근육 발달을 위한 공놀이 · 62
- 대근육 발달을 위한 기어가기 놀이 · 82
- 신체 발달을 위한 자동차 놀이 · 92
- 대근육 발달을 위한 휴지 놀이 · 98
- 대근육 발달을 위한 걸음마 놀이 · 112
- 감각, 대근육 발달을 위한 실외 놀이 · 128
- 대근육 발달을 위한 큰 상자 놀이 · 136
- 대근육 발달을 위한 계단 오르기 놀이 · 148
- 신체 발달을 위한 공 던지기 놀이 · 176
- 신체 발달을 위한 선 놀이 · 192
- 대근육 발달을 위한 풍선 놀이 · 200
- 신체, 인지 발달을 위한 옷 입기 놀이 · 204
- 신체, 호기심 발달을 위한 숲 놀이 · 234
- 신체 발달을 위한 발자국 놀이 · 246

시각, 촉각, 청각 등 감각 발달 놀이

- 시각 발달을 위한 초점책 놀이 · 34
- 청각 발달을 위한 딸랑이 놀이 · 38
- 촉각 발달을 위한 촉감인형 놀이 · 46
- 청각, 촉각 발달을 위한 비닐봉지 놀이 · 58

- 청각, 소근육 발달을 위한 페트병 놀이 · 86
- 촉각, 소근육 발달을 위한 과일 놀이 · 102
- 시각, 촉각 발달을 위한 물티슈 뚜껑 놀이 · 106
- 촉각 발달을 위한 국수 놀이 · 110
- 시각, 소근육 발달을 위한 물감 도장 놀이 · 142
- 감각 발달을 위한 여러 가지 종이 놀이 · 180
- 소근육, 감각 발달을 위한 채소 자르기 놀이 · 182
- 심미감 발달을 위한 채소 도장 놀이 · 254

말하고 듣는 능력을 길러주는 언어 발달 놀이

- 언어 발달을 위한 옹알이 놀이 · 44
- 언어, 시각 발달을 위한 책 놀이 · 54
- 언어 발달을 위한 책장 넘기기 놀이 · 84
- 언어 발달을 위한 전화 놀이 · 132
- 언어, 인지 발달을 위한 상 차리기 놀이 · 156
- 언어 발달을 위한 폐품 놀이 · 250
- 언어 발달을 위한 약병 놀이 · 286
- 언어 발달을 위한 수수께끼 상자 놀이 · 294

집중력, 호기심을 길러주는 인지 발달 놀이

- 호기심, 신체 발달을 위한 꺼내기 놀이 · 66
- 인지 발달을 위한 까꿍 놀이 · 80
- 호기심, 소근육 발달을 위한 그릇 놀이 · 90
- 인지, 신체 발달을 위한 꺼내고 담기 놀이 · 100

- 인지, 소근육 발달을 위한 밀가루풀 놀이 · 104
- 인지 발달을 위한 청소 놀이 · 130
- 인지, 사회·정서 발달을 위한 쌓고 무너뜨리기 놀이 · 134
- 인지, 소근육 발달을 위한 퍼즐 놀이 · 140
- 감각, 인지 발달을 위한 셀로판지 놀이 · 144
- 인지 발달을 위한 양말 놀이 · 146
- 인지, 소근육 발달을 위한 종이컵 놀이 · 150
- 신체, 인지 발달을 위한 자동차 길 놀이 · 152
- 인지 발달을 위한 숨바꼭질 놀이 · 154
- 인지 발달을 위한 손전등 놀이 · 186
- 인지, 소근육 발달을 위한 모양 종이 놀이 · 194
- 인지, 소근육 발달을 위한 반찬통 놀이 · 198
- 호기심 발달을 위한 꽃잎 놀이 · 222
- 인지 발달을 위한 경사로 놀이 · 244
- 인지, 생활습관 발달을 위한 정리 놀이 · 256
- 인지 발달을 위한 휴지 속심 놀이 · 270
- 인지 발달을 위한 자석 놀이 · 276
- 인지 발달을 위한 색종이 놀이 · 280
- 인지, 소근육 발달을 위한 요리 놀이 · 284
- 인지 발달을 위한 숫자 놀이 · 298

감각 자극을 통해 안정감을 길러주는 사회·정서 발달 놀이

- 정서 발달을 위한 빨기 놀이 · 42
- 정서 발달을 위한 마사지 놀이 · 50
- 사회·정서 발달을 위한 거울 놀이 · 88
- 정서 발달을 위한 목욕 놀이 · 96

- 사회·정서 발달을 위한 아기 인형 놀이 • 138
- 정서 발달을 위한 로션 놀이 • 158
- 정서, 소근육 발달을 위한 세차 놀이 • 188
- 정서 발달을 위한 변기 놀이 • 202
- 신체, 정서 발달을 위한 춤 추기 놀이 • 206
- 정서 발달을 위한 거품 놀이 • 208
- 정서 발달을 위한 밀가루 반죽 놀이 • 226
- 인지, 감각 발달을 위한 얼음 놀이 • 228
- 감각, 정서 발달을 위한 마카로니 놀이 • 230
- 소근육, 감각 발달을 위한 물감 놀이 • 232
- 감각, 정서 발달을 위한 모래 놀이 • 236
- 신체, 정서 발달을 위한 이불 놀이 • 240
- 감각 발달을 위한 빨래 놀이 • 290
- 감각, 정서 발달을 위한 전분 반죽 놀이 • 306

1장

0~6개월, 엄마표 발달 놀이

이렇게 발달해요

✓ 신체 발달

- **신생아기(~1개월)에 보이는 움직임은 반사운동이 대부분입니다.**

  반사운동이란, 외부에서 주어진 어떠한 자극에 대해 무의식적·자동적으로 반응하는 것을 의미합니다. 입 주위에 자극을 주면 자극물을 향해 입을 돌리고 빨려고 하는 젖 찾기 반사, 입에 닿으면 무엇이든지 빨려고 하는 빨기 반사, 놀랄 만한 자극에 팔다리를 쫙 벌리는 모로 반사, 손에 닿는 것을 꽉 움켜쥐는 잡기 반사, 발바닥에 자극을 주면 발가락을 쫙 펴는 바빈스키 반사 등이 반사운동에 포함됩니다. 신생아기에 나타나는 반사운동은 젖 찾기 반사, 빨기 반사와 같이 생존을 위해서 갖고 태어나는 경우가 있고, 모로 반사나 바빈스키 반사와 같이 신경계의 미성숙에 의해 나타나는 경우가 있습니다. 생존을 위해 갖고 태어난 반사행동은 점차 배가 고프다고 우는 것과 같은 의도적인 행동으로 대치됩니다. 신경계의 미성숙으로 나타난 반사행동은 신경계의 발달로 인해 점차 사라지게 되는데 생후 1년 이후에도 반사행동이 지속된다면 신경계의 손상을 의심해봐야 합니다.

- **1개월 이후에는 점차 의도를 가지고 몸을 움직이게 됩니다.**

  신생아기 이후(1개월 이후)에는 의도를 가지고 몸을 움직이며 소리가 나는 쪽으로 시선을 돌리고 목을 돌리게 됩니다. 2개월경부터 고개를 가누게 되면서 점차 얼굴을 의도하는 방향으로 돌릴 수 있고, 3개월경부터는 아이를 엎어 놓으면 고개를 들어 올려 앞에 있는 물건을 바라볼 수 있을 정도로 목에 힘이 세집니다.

- 머리에서 시작해 팔, 다리의 아래 방향으로, 몸 중앙에서 시작해 손가락, 발가락의 말초 방향으로 발달이 이루어집니다.

머리, 목 등의 운동능력이 발달하다가 점차 팔, 다리의 몸 아래 방향으로 운동능력이 발달하여 원하는 물체를 향해 팔을 뻗거나 다리를 뻗을 수 있습니다. 또한 팔을 뻗고 구부리는 능력이 발달한 이후 손목, 손바닥의 움직임이 가능해져서 2개월경이 되면 꽉 잡고 있던 주먹을 점차 펼 수 있게 됩니다. 3~4개월경이 되면 물건을 향해 손을 뻗어 물건을 잡을 수 있게 되며 한 손에 있던 물체를 다른 손으로 잡는 것이 가능해집니다.

- 몸 전체를 움직이며 통제하거나, 균형을 잡을 수 있습니다.

몸을 가누지 못하던 영아는 5~6개월경이 되면 운동능력 발달로 인해 몸 전체를 움직이고 자세를 조절하는 법을 익히게 됩니다. 누워있던 아기는 점차 몸을 뒤집을 수 있고, 엎드린 상태에서 발로 바닥을 밀어 앞으로 나아가기도 합니다. 또한 성인의 도움 혹은 쿠션의 도움을 받아 잠시 동안 몸의 균형을 잡고 앉아있을 수 있습니다.

✓ 언어 발달

- 점차 의미 있는 소리를 만들어 내기 시작합니다.

출생과 동시에 울음으로 배고픔이나 불편함 같은 욕구를 표현하기 위해 소리를 만들어 냅니다. 신생아기(~1개월)의 울음은 소리가 분화되어 있지 않아서 아이의 욕구를 구별해 내기 어려우나, 생후 1개월이 지나면 점차 울음소리가 분화되어 울음의 강도나 높낮이, 소리가 다양해져 소리에 따라 원하는 것이 다르다는 것을 알 수 있습니다. 배가 고플 경우 'ㄴ' 소리가 들리는 울음으로 '네~' 소리가 섞여서 들립니다. 졸릴 때는 '아~', '어~' 소리가 섞인 울음소리이며 눈을 비비거나 얼굴을 파묻는 등의 행동과 함께 우는 경우가 대부분입니다. 아프거나 고통스러울 때는 고음의 울음소리가 들리니, 아이를 달래도 고음의 울음소리가 지속된다면 어디가 아픈지 살펴봐야 합니다.

- **대화하듯이 옹알이로 반응합니다.**

  2~3개월경이 되면 목젖을 울리거나 입술을 움직이며 '아', '에'와 같이 우연히 만들어진 소리를 냅니다. 아기들은 자신이 우연히 만들어 낸 소리를 반복적으로 집중하며 즐기는 모습을 보입니다. 생후 3개월이 지나면 '구', '마'와 같이 모음과 자음이 결합된 복잡한 형태의 소리를 만들어 내는데, 이렇게 스스로 소리를 만들어 내는 것을 옹알이라고 합니다. 4~6개월경이 되면 스스로 소리를 만들어 내는 것에 그치지 않고, 상대방이 하는 이야기에 옹알이로 대답하듯이 반응하는 모습을 보입니다. 양육자가 말을 걸어 "우리 아가 놀고 있었어?"라고 하면, 아기가 대답하듯이 "아아~"라고 소리를 내고 다시 질문을 기다리듯 쳐다보기도 해요. 아기의 옹알이에 관심을 가지고 속도에 맞춰 말을 걸어준다면 점차 주고받는 횟수가 늘어남을 느낄 수 있답니다.

- **옹알이에도 언어모방이 일어납니다.**

  4~6개월경이 되면 가까이에서 이야기하는 사람의 입 모양을 한참 쳐다본 후 입 모양을 따라 하고 엄마가 사용하는 언어의 억양과 높낮이, 소리를 따라 할 수 있는 능력이 생깁니다. 옹알이를 분석한 연구결과들을 보면 부모가 사용하는 모국어의 억양과 높낮이가 옹알이에도 그대로 드러난다는 것을 알 수 있습니다. 부모의 목소리 톤이 높은 경우 아기의 옹알이 톤도 높았고, 부모가 사용하는 말의 높낮이가 다양할수록 아기도 높낮이가 다양한 옹알이를 구사한다고 합니다. 이를 통해 옹알이를 하면서도 언어모방이 일어남을 알 수 있습니다.

- **언어를 이해하지 못하지만, 의도를 파악하고 반응을 보입니다.**

  말을 듣고 뜻을 이해하지 못하지만, 4개월 이후에는 말하는 사람의 분위기나 의도를 파악해 다르게 반응하는 모습을 보입니다. 엄마가 화난 얼굴로 말없이 쳐다보면 아이의 표정이 경직되며 긴장하는 모습을 보이고, 엄마가 웃는 얼굴로 쳐다보면 아기도 웃으며 눈을 맞추는 모습을 볼 수 있습니다. 엄마가 웃으며 따뜻하게 말을 걸면 아기도 편안한 얼굴로 대답하듯 옹알이를 한답니다.

- **목소리를 구분할 수 있습니다.**

    낯선 얼굴과 친숙한 얼굴을 구분하는 것처럼 낯선 목소리와 친숙한 목소리를 구분할 수 있습니다. 커다란 초인종 소리 혹은 사이렌 소리가 들려 놀라거나 불안한 상황에서도 친숙한 엄마 목소리를 듣고 안정을 찾을 수 있으며, 익숙한 목소리가 나는 쪽으로 고개를 돌리기도 합니다. 내 이름을 정확히 구분하지 못하지만 부르는 소리에 반응하여 쳐다보기도 합니다.

✓ 인지 발달

- **태내에서부터 감각 능력이 발달합니다.**

    태내에서 이미 후각, 청각, 미각, 촉각, 시각의 감각들이 발달합니다. 엄마 뱃속에서부터 엄마의 냄새, 엄마 목소리를 구분할 수 있으며 출생 후 엄마 목소리를 들으면 안정되어 울음을 그치는 등 친숙한 것에 대한 선호를 보입니다. 미각세포도 태내에서 어느 정도 완성되는데 출생 후 단맛, 쓴맛, 신맛, 짠맛을 구분할 수 있으며 단맛을 가장 좋아합니다. 촉각은 거의 완성된 채 출생하며, 출생 직후에는 입 주변의 촉각이 가장 예민하다고 합니다. 부드러운 촉감을 좋아하므로 아기를 부드럽게 만져주고 쓰다듬어 주는 것이 안정감을 느끼게 해줄 수 있습니다. 태내에서는 감각능력 중에서 시각이 가장 늦게 발달하는데 출생 시에는 빛과 그림자를 구분할 수 있는 정도입니다.

- **출생 후에는 시각이 가장 빠르게 발달합니다.**

    태내에서 가장 늦게 발달한 시각은 출생 후 빠른 속도로 발달하게 됩니다. 출생한 아기들은 초점을 잘 맞추지 못해 눈을 마주치거나 한곳을 오래 바라보지 못하기 때문에 시각 발달을 위해서는 아기가 초점을 잘 맞출 수 있도록 도와주어야 합니다. 출생 후 3개월경까지는 다양한 색보다는 흑과 백의 경계가 뚜렷한 사물, 정지되어 있는 사물보다는 움직이는 사물을 더 오래 응시하므로, 흑백 초점책이나 돌아가는 흑백 모빌이 아이들의 시각 발달을 도와줄 수 있습니다. 흑과 백으로 보이는 엄마의 눈동자를 많이 보는 것도 시각 발달에 도움이 됩니다. 또한 자주 보던 그림이나 사물이 아닌 새로운 그림이나 사물에 흥미를 보이고 더 오래 바라보는 경향이 있으므로, 다양한 그림과 사물을 바꿔가며 보여주는 것이 좋습니다. 3~4개월경이 되면 검고 하얀색뿐만 아니라 빨강, 노랑, 파랑의 다양한 색을 구분하게 되고, 익숙한 형태와 새로운 형태의 다름도 구분할 수 있게 됩니다. 따라서 익숙한 양육자의 얼굴과 낯선 얼굴을 구분할 수 있게 되면서 낯가림이 시작되기도 합니다.

- **소리를 구분할 수 있으며, 소리에 따라 다르게 반응합니다.**

태어나면서부터 엄마 목소리에 반응하여 안정을 찾고 울음을 그치는 등 엄마 목소리와 다른 사람의 목소리를 구분할 수 있습니다. 출생 후 2개월경이 되면 엄마의 목소리 중에서도 화난 목소리와 다정한 목소리를 구분할 수 있게 되고, 각각의 목소리에 다른 표정을 보이기도 합니다. 낮은음보다는 높은음을 더 좋아해 아빠 목소리보다 엄마 목소리를 더 선호하는 경향을 보입니다. 자주 듣는 소리보다는 새로운 소리에 더 오래 관심을 기울이며, 아이에게 말을 걸 때는 "~했어?", "그랬어?"와 같이 질문하듯 말끝을 올리거나 노래 부르듯이 말의 높낮이를 다양하게 했을 경우 소리에 더 오래 집중합니다. 옹알이가 시작되는 4~6개월경이 되면 양육자가 내는 소리를 듣고 말의 끝부분 "어", "아"와 같은 말을 따라 합니다. 또한 소리를 듣고 대답하듯이 반응하며 다시 상대방이 소리를 낼 것을 기대하고 쳐다보기도 한답니다.

- **두 가지 행동을 연결 짓거나 동시에 할 수 있습니다.**

'팔을 뻗어 물건을 잡고 입으로 가져와 빤다. 물건을 향해 손을 뻗으며 발로 바닥을 밀어낸다. 우유를 먹으며 엄마의 얼굴을 만진다.'와 같이 두 가지 행동을 연속해서 하거나 동시에 하는 것이 가능해질 만큼 인지능력이 발달합니다. 또한 딸랑이를 흔들면 소리가 난다는 사실, 발차기를 하면 모빌이 움직인다는 사실을 이해할 수 있게 됩니다. 즉, 두 가지 정보를 연결 짓고 둘 사이의 관계를 이해한다는 것입니다.

✅ 사회·정서 발달

- **기쁨, 슬픔, 공포와 같은 기본 정서가 발달합니다.**

  신생아기(~1개월)에는 울음으로 배고픔이나 놀람 등의 불편한 정서를 표현합니다. 생후 2개월경이 되면 의미 있는 웃음을 짓고 기쁨을 표현하며, 웃음 짓거나 찡그리는 부모의 표정을 따라 하기도 합니다. 4~6개월경 친숙한 사람과 낯선 사람을 구분할 수 있고 낯선 사람에 대한 두려움이나 공포의 감정을 느끼면서 낯가림이 시작됩니다. 낯선 사람이 나타나면 울면서 고개를 돌리거나 엄마에게 얼굴을 파묻는 등의 모습을 보입니다.

- **자신의 존재를 인식하게 됩니다.**

  4~6개월경 스스로의 존재를 인식하고, 나와 다른 사람의 차이를 인지하게 됩니다. 내가 울면 부모가 다가오고, 내가 웃으면 부모도 웃거나 내가 하는 행동에 부모가 박수 치며 환호하는 등의 경험을 통해 내가 다른 사람에게 영향을 줄 수 있다는 것을 이해하게 됩니다. 따라서 나의 행동에 반응하는 부모는 나와 다른 존재임을 인식하게 됩니다.

- **주 양육자와 애착을 형성하며 신뢰감을 쌓아갑니다.**

  출생 후 주 양육자에 대한 분명한 선호가 드러나지 않다가, 4개월 이후부터 친숙한 사람과 낯선 사람을 구별할 수 있게 됩니다. 이러한 구별이 가능해지면서 친숙한 사람에게 고개를 돌려 미소를 보이거나 울다가도 친숙한 사람이 안아주면 금세 안정을 찾는 등의 애착 행동을 보입니다. '애착'이란, 주 양육자와 형성하는 친밀한 유대감을 의미합니다. 안정된 애착 관계를 경험한 아이는 엄마가 눈에 보이지 않더라도 곧 돌아올 것이라는 믿음을 갖게 되고 나를 안전하게 돌봐줄 것이라는 기대, 내가 의지할 수 있는 존재라는 신뢰감을 갖게 됩니다. 이러한 경험은 타인, 나아가 세상과의 관계 형성에도 영향을 미치게 됩니다. '내가 의지할 만한 사람이구나.' '세상은 살 만한 곳이구나.'라는 안정된 믿음을 통해 자신감을 갖고 긍정적인 관계를 만들어갈 수 있게 됩니다. 따라서 이 시기의 안정된 애착은 이후 인지, 사회·정서 발달에도 중요한 영향을 미치게 된답니다.

- **스스로 정서를 조절할 수 있게 됩니다.**

아이가 울기 시작할 때 왜 우는지 이유를 빨리 알아채고 "배가 고팠구나? 얼른 우유 줄게." "너무 졸렸지? 엄마가 안아줄게, 코 자자."라고 적절하게 반응하고 욕구를 충족시켜주면, 아이는 금세 울음을 그칩니다. 이처럼 아이가 표현하는 정서에 민감하게 반응하고, 신뢰 관계를 통해 정서적 안정감을 느끼게 해준다면 아이 스스로 울음을 그칠 수 있습니다. 그로써 스스로 정서를 조절할 수 있게 되는 것입니다.

이렇게 놀아주세요

> **놀이 코칭 1** 아이가 보내는 신호에 민감하게 반응해주세요.

신생아기(~1개월)의 수면시간은 하루 18시간 정도이지만 3~5개월경 평균 13시간 정도로 줄어듭니다. 점차 깨어있는 시간이 많아진다는 것은 놀이할 시간이 많아진다는 것입니다. 아이가 깨어서 소리를 내고, 엄마를 찾는 것은 같이 놀아달라는 신호입니다. 놀아달라는 신호에 민감하게 반응하여 부모와의 신뢰감, 세상과의 신뢰감을 쌓은 아이는 정서적으로 안정되어 편안하게 놀이할 능력을 갖추게 됩니다.

> **놀이 코칭 2** 아이의 오감을 자극할 만한 놀이를 함께 해주세요.

아이는 모든 감각을 통해 세상을 알아가고 놀이를 합니다. 시각, 청각, 촉각, 후각 등 모든 감각을 자극할 만한 놀이를 함께 해주는 것이 이 시기의 발달에 필요합니다. 시각 발달을 위해 책이나 모빌 보여주기, 청각 발달을 위해 노래를 들려주거나 불러주기, 촉각 발달을 위해 부드럽게 안아주거나 쓰다듬어 주기, 후각 발달을 위해 엄마 냄새 맡게 하기 등의 놀이가 도움이 됩니다, 놀잇감을 제공할 때는 입에 넣고 빨아도 안전한 것으로 선택해야 하며, 딱딱하거나 무거운 것은 피하는 것이 좋습니다.

> **놀이 코칭 3** 아이와 가까이에서 놀아주세요.

시각이 덜 발달된 아이들은 2개월까지 불과 20~30cm 앞만 볼 수 있습니다. 따라서 이 시기의 아이와 함께 놀아줄 때는 엄마의 입 모양이나 표정의 변화를 볼 수 있을 만큼 가까이에서 놀아주어야 합니다. 가까이에서 눈을 맞추고 말을 걸어준다면, 아이는 옹알이로 반응할 것입니다. 이것이 놀이의 시작이며, 아이의 발달을 촉진하는 방법입니다.

이런 놀잇감을 준비하세요

- **신체 발달을 위한 놀잇감**

    출생 후 첫 6개월까지 신체 발달은 매우 급진적으로 일어납니다. 팔다리를 움직이고 몸을 뒤집고, 잠시 앉아있기도 하며, 기어가기 시작하지요. 2~3개월경 팔다리를 움직이기 시작하면 움직임(스스로 시도하기)에 따라 결과(소리나 움직임)를 경험할 수 있는 놀잇감이 필요합니다. 발밑에 소리 나는 악기를 놓아 발로 차면 소리가 나도록 하거나 팔에 풍선을 묶어줘서 움직일 때마다 풍선의 움직임을 볼 수 있도록 해주세요. 뒤집어 목을 세울 수 있을 때는 공이나 자동차 등의 놀잇감을 눈앞에 놔두어 스스로 잡아볼 수 있도록 해주세요. 눈앞에서 저절로 움직이는 놀잇감보다는 공이나 자동차처럼 손을 뻗어 스스로 움직이게 할 수 있는 것이 더 좋답니다. 또한 잡고 일어서려고 할 때는 적당한 높이의 가구나 놀잇감이 필요합니다. 아기용 소파나 롤러코스터가 붙어있는 감각 상자(예를 들어, 비지쥬) 같은 것을 제공해주면 도움이 됩니다.

- **언어 발달을 위한 놀잇감**

    아이는 출생 직후부터 사람의 말에 반응을 보이고, 부모의 목소리에 안정감을 느낍니다. 점차 옹알이를 시작하고 이는 상호작용의 시작을 의미합니다. 이 시기의 언어 발달을 위한 가장 좋은 놀잇감은 부모의 목소리, 부모가 건네는 말, 부모가 불러주는 노래입니다. 또한 부모가 일찍부터 책을 읽어줄수록 아이들의 언어 발달에 긍정적인 영향을 미치므로, 어떤 종류의 책이든 많이 읽어주면 좋습니다. 이 시기에는 움직이는 물체에 반응하기 때문에 움직임이 있는 팝업북을 보여주는 것이 아이의 관심을 끌기에 적당합니다. 3개월 이후 누워서 스스로 책을 잡고 탐색하기 시작할 때는 팝업

북보다는 안전하게 잡고 탐색할 수 있도록 작고 가벼운 헝겊책을 준비해주세요.

- **인지 발달을 위한 놀잇감**

미각, 후각은 거의 완성되어 출생하지만, 시각과 청각은 출생 후 1년까지 지속적으로 발달합니다. 따라서 출생 후 시각과 청각에 자극을 줄 수 있는 것이 필요한데 부모의 움직임, 얼굴 표정, 목소리가 가장 크게 발달에 도움이 된답니다. 놀잇감으로는 초점책, 움직이는 모빌, 움직일 때 소리가 나는 공, 잔잔한 음악 등이 필요합니다. 또한 4개월 이후부터는 오뚝이나 자동차류의 놀잇감을 제공해 스스로의 행동에 따른 결과를 경험해보는 것이 필요합니다. 오뚝이를 손으로 쳐서 넘어지게 하는 것, 자동차를 밀어서 굴러가게 하는 것 등의 경험이 원인과 결과를 이해하고 기대하도록 도와준답니다.

- **사회·정서 발달을 위한 놀잇감**

'나'를 인지하고 나와 타인의 다름을 구분하기 시작합니다. '나'를 인지하여 자아가 발달하는 시기에 거울을 제공해주면 도움이 되는데 처음엔 거울 속 내가 다른 사람이라고 생각하다가 4~6개월경 거울 속 사람이 '나'임을 인지하기 시작합니다. 또한 부모에게 애착을 느끼는 것처럼 인형이나 이불에도 애착을 느끼며 정서적 안정감을 느끼게 되므로 부드러운 촉감의 이불이나 인형을 준비해주면 도움이 됩니다.

0~6개월 시각 발달을 위한 초점책 놀이

엄마 뱃속에서 대부분의 감각이 완성되어 태어나지만, 시각은 출생 후에도 지속적으로 발달하는 감각 중 하나입니다. 초점책이나 모빌을 통해 흑과 백의 뚜렷한 경계에 초점을 맞추고, 색의 대비를 구분해보는 경험을 통해 출생 후 시각 발달에 도움을 줄 수 있습니다.

놀이 과정

- 아이의 시선이 닿는 곳(20~30cm 이내)에 초점책이나 모빌을 놔주세요. 책을 놓아주면서 "엄마가 우리 OO이 잘 보라고 여기다 놔둘게. 어떤 모양이 있나 볼까?"라고 이야기해주세요.
- 출생 직후는 흑과 백의 차이만 구분할 수 있으므로 흑백 초점책이나 흑백 모빌을 놔주어야 합니다. 시간이 지나 생후 3~4개월경이 되면 흑과 백보다 더 구체적인 색깔을 구분할 수 있게 됩니다. 알록달록 여러 가지 색깔에 집중하며 반응한다면 컬러 초점책이나 컬러 모빌로 바꿔주세요.
- 아이의 시선이 머무는 곳을 엄마도 함께 보면서 이야기해주세요. "동그라미 모양을

보고 있구나? 빨간 동그라미도 있고, 파란 동그라미도 있네.", "모빌이 돌아가네. 나비 모빌이 빙글빙글 돌아가고 있구나." 하며 아이가 바라보는 곳과 엄마의 목소리가 함께 들리도록 해준다면 시각과 청각의 통합적 발달을 도울 수 있습니다.

놀이 확장

- ✔ 초점책이나 모빌보다 아이의 시각 발달을 더 도와줄 수 있는 것은 바로 엄마의 얼굴입니다. 눈동자에 있는 흑과 백, 진한 눈썹과 콧구멍, 입의 움직임 등이 바로 초점책을 대신할 수 있는 놀잇감이 되어준답니다.
- ✔ 엄마가 화려한 색의 무늬가 있는 옷을 입는 것도 도움이 됩니다.
- ✔ 초점책을 바닥에 놓아두는 것보다, 엄마가 들어서 책을 읽어주듯이 보여주는 것이 좋아요. 책을 보여줄 때는 "여기 동그라미가 많이 있네. 동글동글 큰 동그라미도 있고, 작은 동그라미도 있구나."라고 이야기하며 책에 그려져 있는 그림들을 설명하듯 읽어준다면 더 오래 집중하고 볼 수 있답니다.

주의사항

- **초점책이나 모빌을 한쪽에만 두지 마세요.**
한쪽에만 놔주면 아이가 한 방향만 바라볼 수 있으니, 초점책이나 모빌의 위치를 바꿔주는 것이 좋아요. 아이의 고개가 한쪽으로만 돌아가는 경우가 있어요. 반대쪽으로도 책을 놔주어 목의 근육을 균형있게 사용할 수 있도록 도와주세요.

- **시선이 닿는 모든 곳에 초점책을 두지 마세요.**
초점책이 아이의 시각 발달에 좋다고 해서 시선이 닿는 모든 곳에 초점책을 둘 필요는 없습니다. 명암과 대비가 분명한 부분이 있고 그렇지 않은 부분이 있을 때, 명암과 대비가 분명한 곳에 시선이 머물게 되고, 시각 발달에 도움이 되는 것입니다.

- **초점책과 모빌만 보여주면 된다고 생각하지 마세요.**
초점책과 모빌만 보여주는 것으로 놀이가 될 수 없어요. 시각 발달을 위해 필요하지만 보여주는 것만으로는 점점 심심함을 느끼게 된답니다. 엄마가 함께 보며 이야기를 나누어주세요. 엄마의 따뜻한 목소리와 시선이 함께 필요하답니다.

0~6개월 소근육 발달을 위한 엄마, 아빠 손 놀이

긴장한 듯 손에 힘을 꽉 주고 태어난 아이는 출생 후 2개월경이 되면 손목과 손바닥 근육이 발달하여 손바닥을 펼 수 있게 됩니다. 손바닥을 살짝 벌렸을 때, 엄마의 손을 가져가면 잡기 반사 행동을 보이며 손가락을 꽉 잡습니다. 엄마, 아빠 손가락을 꽉 잡으며 손바닥, 손가락, 손목, 팔근육을 사용하게 되고, 이를 통해 신체 발달에 도움이 됩니다. 또한 눈을 맞추고 손을 잡으며 부모와의 친밀감을 형성하고 정서적 안정감을 얻을 수 있습니다.

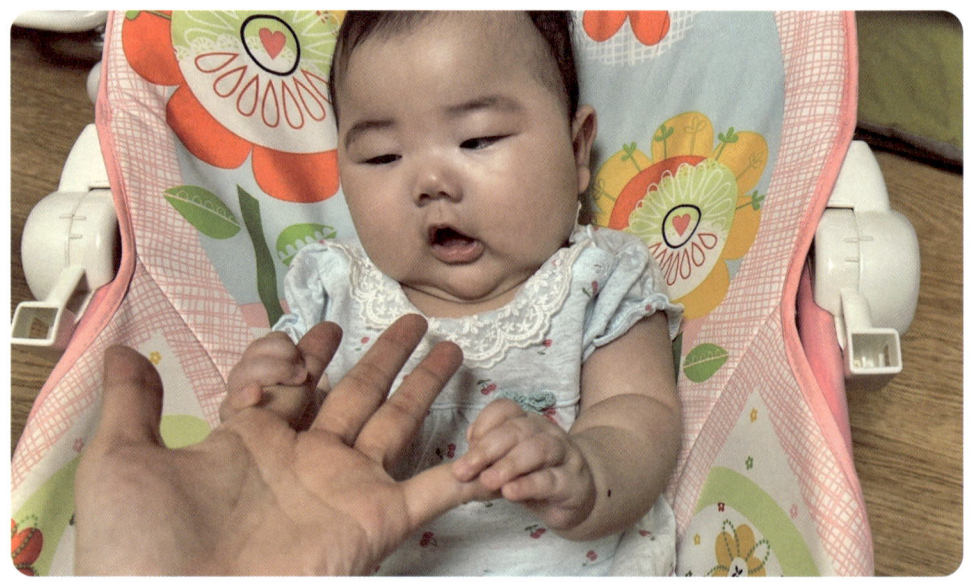

놀이 과정

- ✔ 아이가 살짝 벌린 손바닥 사이로 엄마나 아빠의 손가락을 넣어보세요.
    - "우리 OO이가 엄마 손을 꽉 잡았네!"
    - "아빠 손이지? OO이가 아빠 손가락을 잡았구나."
- ✔ 엄마나 아빠 손가락을 천천히 움직여보세요.
    - "엄마 손가락이 흔들흔들 춤을 추네."
    - "아빠 손가락이 옆으로 옆으로~ 우리 OO이 손도 옆으로 옆으로~"
    - "이번엔 위로 위로~ OO이 손이 머리 위까지 올라갔네?"

✔ 양손으로 모두 손가락을 잡도록 한 후 두 손을 서로 부딪치며 놀이해보세요.

"○○이 손이 쿵! 하고 만났네!"

"짝짜꿍~ 짝짜꿍~ 박수도 잘 치네!"

✔ 손을 움직이며 노래를 불러주세요. 엄마가 불러주는 노래에 맞춰 아이와 함께 손을 움직여보세요.

"엄마 앞에서 짝짜꿍~ 아빠 앞에서 짝짜꿍~"

"나비야~ 나비야~ 이리 날아오너라~"

놀이 확장

✔ 양손을 잡고 놀이할 때 잡은 손을 부모 쪽으로 당기면 아이 몸이 따라 올라올 정도로 잡는 힘이 세답니다. 아이 몸이 살짝 딸려올 정도로 손을 당겨주면, 아이의 손가락, 팔, 목 근육까지 힘이 들어가게 되어 신체 발달에 도움이 됩니다.

"영차! 영차! 위로 올라왔네!"

"우리 ○○이가 정말 힘이 세구나!"

✔ 아이와 손을 잡고 놀이한 후 아이 손바닥을 펼치고 살살 마사지하듯 문질러주세요. 손바닥도 손가락도 살살 만져주면 손의 감각 발달에 도움이 되며, 엄마와의 친밀감 형성에도 도움이 됩니다.

"우리 ○○이 손바닥이 이렇게 작구나!"

"엄마 손바닥이랑 우리 아가 손바닥이랑 문질문질~ 아이 기분이 좋네!"

주의사항

• **한 가지 자극만 주지 마세요.**
눈을 맞추고, 손을 잡고, 부모의 목소리를 듣는 것은 시각, 촉각, 청각의 감각을 한꺼번에 받아들이는 감각 통합적 경험을 의미합니다. 이러한 통합적 감각이 아이의 발달을 촉진할 수 있으므로, 아이와 놀이할 때에는 여러 자극을 동시에 경험할 수 있도록 도와주는 것이 좋습니다.

• **너무 오래, 너무 높이 매달리게 하지 마세요.**
아이의 손을 잡고 들어 올리면, 몸이 따라 올라올 정도로 손을 꽉 잡습니다. 그렇다고 해서 손만 잡은 채 번쩍 들어 올리거나 오래 매달리게 하지 마세요. 아직 근육이 덜 발달되어 있는 상태이므로, 누워있는 곳에서 상체가 살짝 들썩일 정도로만 당기면 된답니다.

0~6개월 청각 발달을 위한 딸랑이 놀이

출생 직후에도 다른 사람과 엄마의 목소리를 구분할 수 있을 정도로 청각이 발달되어 있습니다. 출생 이후에는 엄마 목소리 이외에도 초인종 소리, 전화벨 소리 등 구체적인 소리들을 구별해낼 수 있게 되는데, 청각 발달을 위해서는 다양한 소리를 듣고 관심을 가지는 경험이 필요합니다. 엄마가 딸랑이를 흔들며 여러 가지 방향에서 소리를 들려주거나, 아이 스스로 팔을 흔들어 소리를 만들어 보는 놀이가 청각 발달에 도움이 됩니다.

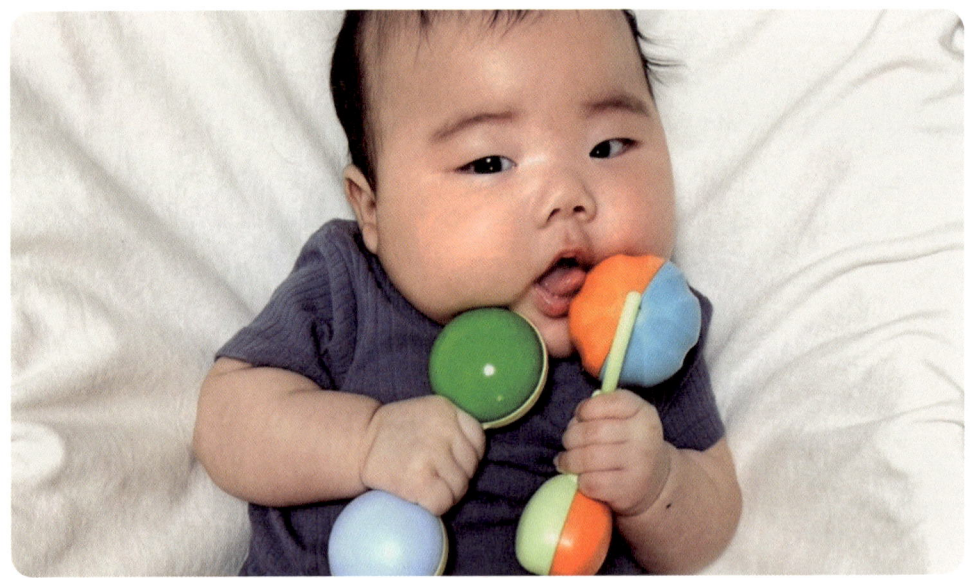

놀이 과정

- 아이의 눈을 바라보고, 아이의 시선이 닿을 만한 거리에서 딸랑이를 흔들어 보여줍니다. 딸랑이를 흔들며 아이에게 말을 걸어주세요.
    "어? 소리가 나네?"
    "엄마가 딸랑이를 흔들었더니 소리가 나지?"
- 딸랑이를 왼쪽, 오른쪽, 위, 아래로 천천히 움직이며 흔들어주세요. 아이의 시선이 소리가 나는 쪽을 향해 움직이는지 관찰해주세요. 딸랑이의 움직임, 딸랑이를 따

라 움직이는 아이의 움직임을 말로 이야기해주세요. 아이는 눈으로 보고, 딸랑이에서 나는 소리와 엄마의 말을 귀로 들으며 여러 가지 자극을 한꺼번에 받아들이게 됩니다.

"딸랑이가 옆으로 가네?"

"이번에는 딸랑이가 위로 올라갑니다. 딸랑딸랑~"

"딸랑이가 아래로 아래로~ OO이 얼굴도 아래로 아래로 내려오네?"

✔ 딸랑이를 아이의 시선 밖에 두고 흔들어주세요. 아이가 소리 나는 쪽으로 고개를 돌리는지 관찰해보세요. 아이가 소리를 찾았다면 딸랑이를 꺼내어 확인해주세요.

"어? 어디에서 소리가 나지?"

"그쪽에서 소리가 나는구나?"

"맞네! 딸랑이가 여기 있었네!"

놀이 확장

✔ 딸랑이 소리 외에 청각 발달에 도움을 주기 위해서는 엄마, 아빠의 목소리를 많이 들려주는 것이 좋아요. 아이에게 이야기를 할 때는 높낮이를 다양하게 해서 말을 건네주세요.

✔ 청각 자극을 위해 음악을 들려주는 것도 좋아요. 음악을 들려줄 때는 꼭 동요만이 아니라 클래식, 가요, 국악 등 다양한 악기와 음을 들려주는 것이 좋으며 작고/크게, 천천히/느리게 등의 변화를 주어 들려주면 더 다양한 자극이 된답니다.

주의사항

- **너무 큰 소리를 들려주지 마세요.**
  영아는 벨소리에 깜짝 놀라 우는 등 소리에 민감하게 반응합니다. 다양한 청각 자극이 좋다고 해서 영아에게 너무 큰 소리로 음악을 들려주거나 큰 소리의 자극을 지속적으로 준다면 불안함을 느끼게 되고 작은 소리를 구분해 내는 능력이 떨어진답니다.

- **소리에 반응 없는 아이, 그냥 넘기지 마세요.**
  딸랑이를 흔들거나 노래를 들려주며 소리에 대한 아이의 반응을 살펴보세요. 딸랑이를 옆으로 움직였을 때 소리에 따라 아이의 시선이 움직이는지, 아이를 불렀을 때 소리에 반응하는지 등을 꼭 체크해야 합니다. 이러한 소리에 아이가 반응하지 않는다면 청각에 문제가 있을 수 있으니 병원에서 청각 검진을 받아보세요.

0~6개월 소근육 발달을 위한 손수건 놀이

긴장한 듯 손에 힘을 꽉 주고 태어난 아이는 출생 후 2개월경이 되면 손목과 손바닥 근육이 발달하여 손바닥을 펼 수 있게 되며, 출생 후 3개월경 손바닥을 펴고 있는 시간이 길어지고 물건을 잡을 수 있게 됩니다. 스스로 물건을 잡기 전에는 아이가 긴장을 풀고 손바닥을 펼 수 있도록 손바닥에 부드러운 인형이나 수건을 대어주면 손바닥 근육 발달에 좋습니다. 이후 스스로 물건을 잡을 수 있게 되면 손 가까이에 손수건처럼 쉽게 잡힐 수 있는 물건을 놓아주세요. 손으로 잡고 흔들며 팔, 손목, 손바닥, 손가락 근육의 발달에 도움이 된답니다.

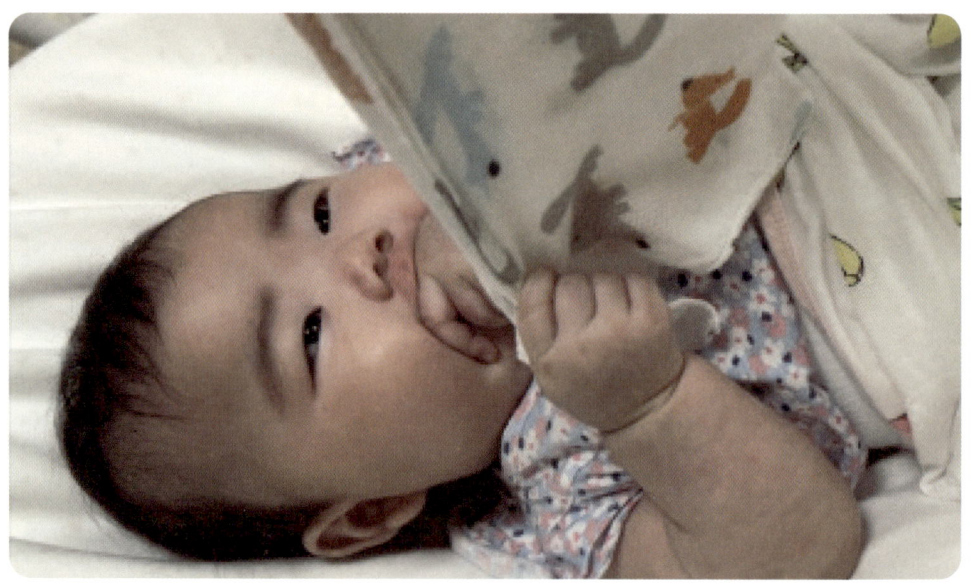

놀이 과정

- ✔ 아이의 시선이 닿는 곳에 손수건을 보여주세요.
  "여기 손수건이 있네?"
  "손수건에 주황색 멍멍이도 있구나."
- ✔ 아이가 쉽게 잡을 수 있도록 손 가까이에 가져가 주세요.
  "OO이가 손수건을 잡았네?"
  "우와, 손수건을 잡고 흔들흔들 흔들기도 했네?"

✔ 아이가 손으로 잡은 손수건을 함께 잡고 놀아주세요.

"영차영차~ 힘이 엄청 센데?"

"손수건을 잡아당겼네? 엄마도 영차영차! 당길게!"

✔ 아이가 팔을 뻗을 수 있다면, 손수건을 점점 멀리해서 보여주세요.

"손수건이 멀리 갔네? 잡아볼까?"

놀이 확장

✔ 손수건으로 놀이할 때는 선명한 그림이 그려져 있는 손수건을 선택하세요. 촉감책이나 모빌처럼 선명한 대비를 통해 아이들에게 시작적인 자극을 줄 수 있습니다. 손수건에 그려진 그림들을 함께 보며 움직임을 관찰할 수 있게 해주어도 좋답니다.

"손수건 안에 야옹이가 있지?"

"야옹~ 야옹이가 옆으로 옆으로 움직이네?"

✔ 손수건으로 엄마의 얼굴을 가리거나 아이의 얼굴을 가리며 까꿍 놀이를 할 수 있습니다. 눈앞에 보이지 않는 물건이 "까꿍!" 하고 나타나는 까꿍 놀이를 통해 안 보였던 것이 갑자기 나타나는 즐거움을 경험하게 됩니다. 이러한 경험은 9~10개월 이후 눈앞에 보이지 않는 사물도 여전히 존재함을 알게 되는 '대상 영속성' 개념의 발달에 도움이 된답니다.

"우리 OO이 어디 갔지? 우르르 까꿍! 여기 있었네?"

주의사항

- **입에 넣은 손수건을 빼앗지 마세요.**
  입 주변의 촉감으로 세상을 탐색하는 아이들은 무엇이든 입으로 가져갑니다. 아이가 입으로 탐색하고 입으로 빨아보는 욕구를 충분히 해소할 수 있도록 잠시 기다려주세요. 또한 손으로 잡은 손수건을 입으로 가져가는 것은 두 가지 행동을 이어서 할 수 있는 능력이 발달하고 있다는 증거입니다.

- **아이의 작은 노력을 지나치지 마세요.**
  아이가 팔을 뻗어 잡은 손수건, 부모와 힘겨루기하며 꽉 잡은 손수건, 이에 대한 부모의 긍정적인 반응을 통해 아이는 성취감을 경험할 수 있답니다. 아이의 작은 노력 하나도 놓치지 말고 인정해주어야 또 노력하려는 의지가 생기게 된답니다. "팔을 쭉 뻗었네!", "힘을 주어 꽉 잡았네!" 등의 구체적인 반응을 보여준다면 성취감 형성에 도움이 될 것입니다.

0~6개월 정서 발달을 위한 빨기 놀이

프로이드의 발달 단계에 따르면 출생~생후 1년까지를 '구강기'라고 하며, 모든 욕구가 입에 집중되어 있는 시기라고 설명합니다. 이 시기에 부모는 아이가 보이는 빨기 욕구의 원인을 파악하고 민감하게 반응해야 합니다. 배가 고프거나 졸린 경우, 빠르게 욕구를 해소해서 정서적 안정을 경험하게 해주어야 합니다. 심심해서 빠는 경우에는 입에 넣어도 안전한 쪽쪽이, 치발기, 너무 길거나 작지 않은 놀잇감, 세척한 인형 등을 제공해주어 구강기의 빨기 욕구가 놀이를 통해 충분히 충족될 수 있도록 도와주어야 합니다.

놀이 과정

✔ 아이가 왜 빨기 욕구를 보이는지 관찰하고 파악해보세요.

"배가 고파서 손가락을 빨았구나?"

"눈을 비비며 빠는 걸 보니 졸렸구나?"

"우유도 먹고, 잠도 잤는데… 심심했구나?"

✔ 적절한 해결방법으로 빨기 욕구를 충족시켜주세요.

"(배고픈 경우) 엄마가 얼른 우유 타올게. 조금만 기다려줘."

"(졸린 경우) 졸리면 엄마가 재워줄게. 쪽쪽이 물고 잘까?"

"(심심한 경우) 심심해서 손가락을 2개나 빨고 있었어? 손가락이 쏙 들어갔네!"

✓ 심심해서 손을 빠는 경우라면, 손가락을 대체할 수 있는 적절한 놀잇감을 제공해 주세요.

"여기 옥수수 모양 치발기 있네. 이거 먹어볼까?"

"인형도 OO이 입속으로 쏙 들어갔네! 인형에서 바스락 소리도 나네?"

놀이 확장

✓ 평균적으로 6~8개월 사이에 앞니가 나기 시작하면서, 4~5개월경에는 이가 나올 준비를 합니다. 이가 잇몸을 뚫고 나올 준비를 하면서 대부분 잇몸을 간지러워하는 경우가 많습니다. 4~5개월경 앞니 쪽으로 무언가를 씹거나 문지르는 모습을 보이면 치발기를 주어 간지러운 잇몸을 편안하게 만들어주는 것이 좋답니다.

주의사항

- **손 빠는 행동을 제지하지 마세요.**
  아이가 손을 빨기 시작하면 부모는 구강구조에 문제가 될까 봐 혹은 안 좋은 습관이 오래 지속될까 봐 손 빠는 행동을 제지합니다. 손 빠는 행동을 제지할 때에는 쪽쪽이나 치발기와 같이 대체할 수 있는 물건을 주는 것이 좋습니다. 그러나 간혹 대체 가능한 물건보다는 꼭 손을 빨기 원하는 아이들이 있어요. 그런 경우에는 그냥 손을 빨도록 두어도 괜찮아요. 신체가 발달하면서 앉아서 물건을 만지고, 기어가면서 여기저기 탐색할 수 있는 능력이 생기면 더 이상 손을 빨며 욕구를 충족할 일이 없어진답니다.

- **종일 쪽쪽이를 물리지 마세요.**
  아이의 빨기 욕구를 충족시키기 위해 혹은 잠투정이 심한 아이의 정서적 안정을 위해 쪽쪽이를 물게 합니다. 그러나 종일 쪽쪽이를 물고 있다면 4~6개월경 시작하는 옹알이를 준비할 시간이 없어집니다. 입을 크게 벌려보고, 이런저런 소리를 만들어 볼 시간이 없기 때문입니다. 쪽쪽이를 좋아하는 아이일지라도, 부모와 눈을 맞추고 이야기하며 놀이하는 시간을 꼭 가져야 합니다.

0~6개월 언어 발달을 위한 옹알이 놀이

출생 직후 분화되지 않은 울음으로만 표현하던 아이는 출생 후 3개월경 스스로 목소리를 만들어 낼 수 있게 됩니다. 4~6개월경에는 옹알이를 하며, 엄마의 반응에 따라 다른 모습을 보이기도 합니다. 엄마의 입 모양을 따라 하기도 하고, 엄마의 질문에 대답하듯 주고받는 대화의 형태가 나타나기 시작합니다. 따라서 이 시기에 부모는 아이가 만들어 낸 소리에 반응하고, 자주 말을 걸어주어 언어 발달에 도움을 주어야 합니다.

놀이 과정

- ✔ 아이가 만들어 내는 소리에 반응해주세요.
    - "응, 그랬어?"
    - "우리 ○○이가 심심해서 엄마 불렀구나?"
- ✔ 아이와 눈을 맞추고 아이에게 자주 말을 걸어주세요.
    - "일어났구나? 기분은 어때?"
    - "아구구, 잘 자고 일어났더니 기분이 좋다고?"

✔ 엄마의 입 모양이 보이도록 가까이에서 이야기해주세요.

"아! 엄마랑 똑같이 아! 했네?"

"이번엔 엄마 입이 어떻게 움직이나 볼까?"

✔ 아이가 엄마 말에 대답하듯이 옹알이로 반응한다면, 아이의 말을 기다려주고 속도에 맞춰 천천히 주고받아주세요. 순서에 맞춰 주고받는 것이 대화의 시작을 의미한답니다.

"아, 그랬구나!"

"응, 그랬어?"

"우리 OO이가 대답도 잘하네!"

놀이 확장

✔ 아이가 거실에 누워있고, 엄마가 주방에서 일하는 경우에도 아이들은 엄마 쪽으로 시선을 돌리고 있을 때가 많아요. 이럴 때는 멀리서도 꼭 말을 걸어주세요. 엄마가 무얼 하고 있는지 이야기해주면 좋답니다.

"엄마가 쓱싹쓱싹~ 우유병 닦고 있지?"

"엄마가 금방 닦고 갈게, 조금만 기다려줘~"

✔ 아이에게 말을 할 때는 "쭈쭈쭈, 빠빠빠"와 같이 다양한 모음과 자음을 반복해서 들을 수 있도록 해주세요. 아이는 들은 소리를 따라 하기도 하는데, 다양한 음을 듣고 만들어 내면서 성대, 목, 입과 혀의 근육이 발달하게 됩니다.

주의사항

- **아이가 말할 때는 기다려주세요.**
  아이가 스스로 소리를 만들어 내고 옹알이할 수 있도록 충분한 시간을 기다려주세요. 엄마의 이러한 반응은 엄마가 내 말을 기다린다고 믿게 만들며, 더 편안하게 말할 수 있는 환경을 제공하게 됩니다.
- **반응이 없다고 그만하지 마세요.**
  아이마다 좋아하는 소리가 다릅니다. 우리 아이가 좋아하는 말을 찾으려면 여러 가지 말을 들려줘야 해요. 관심을 보이고 웃거나 따라 하려고 하는 모방행동을 보이는 모음과 자음을 찾아 반복적으로 들려주는 것이 중요합니다. 대개 높은 음조로 반복해 이야기하는 것을 좋아한답니다.

0~6개월 촉각 발달을 위한 촉감인형 놀이

많은 연구결과를 통해 아이는 태어나면서부터 촉감을 구분할 수 있으며 부드러운 촉감을 더 선호하는 것을 알 수 있습니다. 따라서 아이들에게 부드러운 촉감의 이불이나 인형을 제공해주면 정서적인 안정감을 경험하게 됩니다. 또한 촉각의 발달을 위해서 여러 가지 재질의 천이나 인형을 제공해주어 다양한 자극에 노출되도록 하는 것이 좋습니다. 천으로 만든 헝겊 책이나 촉감인형은 다양한 재질뿐 아니라 여러 가지 소리도 함께 경험할 수 있도록 만들어진 놀잇감이기 때문에 아이들의 감각 발달에 적합합니다.

놀이 과정

✔ 아이의 시선이 닿을 만한 거리에서 촉감인형을 보여주세요.

"이게 뭐지?"

"알록달록 여러 가지 색깔이 들어있는 인형이네"

"여기는 동그란 점도 있고, 까만 끈도 달려있어!"

✔ 아이의 손이 닿을 만한 곳에 촉감인형을 놓아주세요.

"○○이도 만져볼래?"

"○○이가 만지니 인형이 움직이네?"

✔ 아이가 충분히 만지고 탐색할 시간을 주세요. 어떤 느낌인지, 어떤 소리가 나는지 부모가 말로 표현해주세요.

"만져보니 느낌이 어때?"

"바스락 바스락 소리도 나네?"

"흔드니까 딸랑딸랑~ 딸랑이 소리랑 똑같네?"

놀이 확장

✔ 촉감인형을 아이 시선이 닿는 곳에서 움직여주면 모빌을 대신할 수 있습니다. 인형을 움직이며 인형이 이야기하듯이 인형극을 해보세요. 움직이는 인형을 보며 엄마의 목소리로 재미있는 이야기까지 듣게 되므로 시각, 청각, 언어 발달에 도움이 될 것입니다.

"안녕? 나는 무당벌레야. 넌 누구니?"

"휭~ 나는 날개가 있어서 하늘을 날아다녀. 휭~ 배 위로 날아갈게~"

✔ 촉감인형을 손으로 만지고 탐색하기도 하지만, 여전히 구강기인 아이들은 인형을 입으로 탐색하는 경우가 많습니다. 대부분의 촉감인형에는 끈이나 매듭이 달려있어서 아이들이 그 부분을 입으로 씹거나 빨 수 있도록 만들어져 있습니다. 손으로 만지는 것뿐만 아니라 혀, 입술로도 다양한 촉감을 느껴볼 수 있도록 해주세요.

주의사항

- **안전과 위생 점검을 놓치지 마세요.**
  촉감인형 중에 건전지가 들어있는 인형이 종종 있습니다. 아이가 입으로 물고 뜯다가 건전지가 들어있는 부분을 열 수 있는지 확인해 건전지가 노출되지 않도록 안전에 유의해주세요. 또한 손으로 만지고 입으로 물고 빠는 놀잇감이므로 주기적으로 세탁해주면서 위생적으로 안전한 상태인지 체크해줘야 합니다.

0~6개월 대근육 발달을 위한 잡기 놀이

3~4개월경 아이는 의도를 가지고 팔을 뻗어 물건을 잡을 수 있게 됩니다. 손을 뻗어 닿을 만한 거리에 놀잇감을 매달아주면 아이는 물건을 잡기 위해 팔을 뻗고 손가락으로 움켜쥐며 놀이합니다. 이를 통해 목표를 향한 신체조절능력이 발달하며 눈과 손의 협응력을 기를 수 있습니다.

놀이 과정

- 아이가 손을 뻗어 닿을 만한 위치에 놀잇감을 매달아줍니다. 모빌이나 빨래건조대의 봉을 활용하여 아이가 좋아할 만한 놀잇감을 끈으로 묶어주세요.
  "○○이 위에 뭐가 달려 있네?"
  "알록달록한 게 매달려 있네. 이게 뭐지?"
- 아이가 팔을 뻗어 놀잇감을 잡는지 관찰하세요. 아이가 의도를 가지고 한 행동을 인정해주고, 격려해주는 것이 중요합니다.
  "우와, ○○이가 팔을 쭉 뻗어서 잡았어?"
  "위에 매달려 있는 동그라미 잡으려고 팔을 쭉 뻗었구나?"

"○○이가 손으로 꽉 잡았네."

✓ 팔을 흔들며 만들어 내는 소리나 움직임을 언어로 표현해주세요. 내가 만들어 낸 결과에 대해 언어로 표현해주면 인지와 언어 발달에 도움이 될 수 있습니다.

"손으로 잡고 흔드니까 딸랑딸랑 소리도 나네?"

"동그라미를 흔들흔들 옆으로 옆으로 움직였구나!"

놀이 확장

✓ 잡아당겨서 늘어날 수 있는 고무줄에 달아주면 고무줄의 탄성으로 인해 더 큰 움직임을 관찰할 수 있습니다. 또한 입으로 가져가는 등 여러 방향으로 자유롭게 움직여볼 수 있습니다. 고무줄에 놀잇감을 묶어줄 때는 플라스틱처럼 딱딱한 것은 적합하지 않습니다. 인형이나 풍선처럼 튕겨서 맞아도 아프지 않을 만한 놀잇감으로 매달아주세요.

✓ 만졌을 때 느낌이 다른 소재, 소리가 나는 놀잇감을 달아주면 다양한 감각 자극이 될 수 있습니다. 줄을 잡아당기면 줄이 쭉 늘어나거나, 줄을 잡아당기면 소리가 나는 놀잇감을 활용하면 영아 스스로의 행동에 따른 청각 자극까지 경험할 수 있습니다. 다양한 느낌이나 소리를 언어적으로 표현해주면 언어 발달에도 도움이 된답니다.

 **주의사항**

• **쓰러질 만한 것에 놀잇감을 매달지 마세요.**
아이가 얼굴 위쪽에 매달린 물건을 잡아당기다가 모빌대나 거치대가 얼굴 위로 쓰러지는 경우가 있습니다. 아이가 잡아당겨도 균형을 잘 잡을 수 있는 곳에 놀잇감을 매달아주세요.

0~6개월 정서 발달을 위한 마사지 놀이

누워서 생활하다가 팔다리를 들고 몸을 뒤집기 시작하면서 점차 다양한 근육들을 사용하게 됩니다. 마사지를 통해 긴장된 근육의 이완을 도울 수 있으며, 부드러운 신체접촉은 아이에게 안정감과 친밀감을 전달하게 됩니다. 또한 마사지를 통한 피부의 접촉은 몸의 순환과 대사를 도와 면역체계를 강화하고 신경전달물질의 발달을 촉진하는 역할을 합니다.

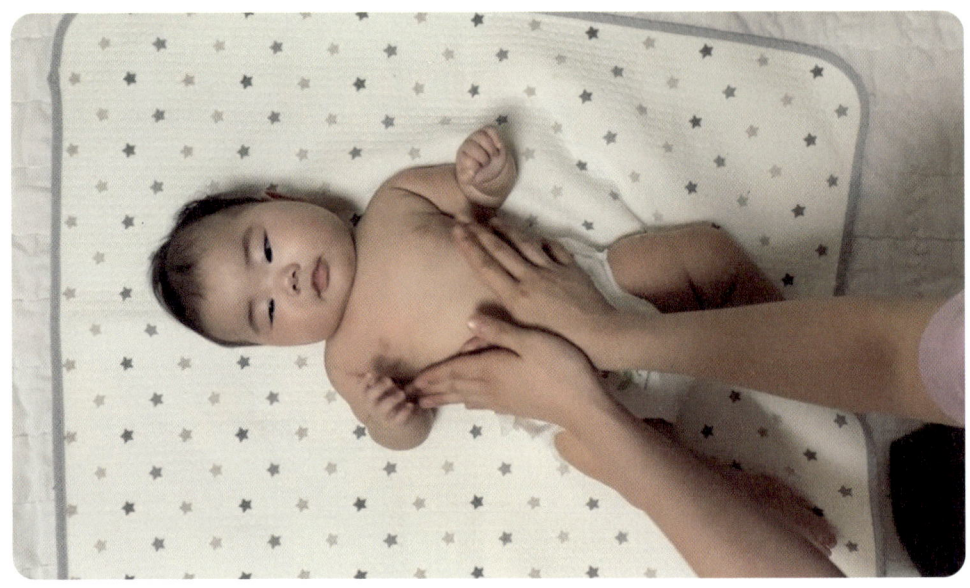

놀이 과정

- ✔ 실내온도(23~25도)를 따뜻하게 유지하고, 엄마의 손도 따뜻하게 해주세요. 아기를 바닥에 눕히고 로션이나 오일을 준비합니다.
    "우리 ○○이, 누워볼까?"
    "엄마가 로션으로 문질문질 마사지해줄게."
- ✔ 아이와 눈을 마주치며 팔, 다리를 먼저 마사지해주세요.
    "우리 ○○이 팔을 꾹꾹 눌러볼까?"
    "이번엔 팔을 위로 쭉쭉~"

"다리도 조물조물~ 허벅지에서 발끝까지 쭉쭉~"

✔ 아이의 목, 등, 배도 차례로 마사지해주세요. 마사지하면서 신체 부위의 이름과 마사지하는 모습을 이야기해주면 좋습니다.

"엄마 손이 OO이 목 뒤로 들어가서 등으로 쭉~ 내려옵니다."

"엉덩이도 꾹꾹 눌러주고~"

"OO이 배꼽은 어딨지? 배꼽 위로 문질문질~"

✔ 마사지 받으며 어떤 기분이 드는지 이야기해주고, 사랑을 표현해주세요.

"엄마가 문질문질 마사지해주니 기분이 좋구나?"

"엄마도 우리 OO이 마사지해주니 기분이 좋네. OO아, 사랑해."

놀이 확장

✔ 로션이나 오일을 이용해 마사지 놀이를 한 후 다리와 팔 운동을 같이 해주세요. 자전거 타듯이 다리를 배 쪽으로 밀어주면 장운동과 소화에 도움이 됩니다. 다리와 팔을 여러 각도로 움직여주면 평소에 쓰지 않던 근육들이 자극되어 신체 발달에 도움이 됩니다.

✔ 매일 일정하게 목욕-마사지-잠자기의 순서를 반복한다면, 아이들도 일과에 안정적으로 적응하고 마사지 후 자연스럽게 잠자리에 들 수 있습니다. 마사지 후에는 정서적 안정뿐 아니라 근육이 이완되고, 몸의 순환이 잘 이루어진 상태라 숙면에 도움이 될 수 있답니다.

주의사항

• **음식물을 먹은 직후에 하지 마세요.**
아이들은 식도의 근육이 미성숙해서 먹은 음식을 잘 게워냅니다. 따라서 우유나 이유식 등의 음식을 먹은 직후에 누워서 마사지를 받지 않도록 주의해주세요.

• **마사지하면서 간지럼을 태우지 마세요.**
마사지를 하면서 근육 이완을 돕고 정서적으로 안정된 상태가 됩니다. 아이의 기분을 좋게 하려고 겨드랑이를 간지럽히는 것은 아이가 갑자기 흥분하게 되어 마사지에 방해가 된답니다.

0~6개월 대근육 발달을 위한 몸 놀이

아이의 몸은 가장 훌륭한 놀잇감이 될 수 있습니다. 손을 입으로 가져가 빠는 동안 손은 최고의 놀잇감이 될 수 있으며, 우연히 쭉 뻗은 팔이나 움직이는 손은 모빌과 같은 역할을 합니다. 또한 4~5개월경 쭉 들어 올려 잡은 발은 새로운 자극을 더해주는 가장 재미있는 놀잇감이 될 수 있습니다. 내 몸을 가지고 논다는 것은 신체조절능력과 신체인지능력이 발달하도록 도와주며, 아이에게 주도적인 경험을 제공해주어 주도성 발달에 도움을 줍니다.

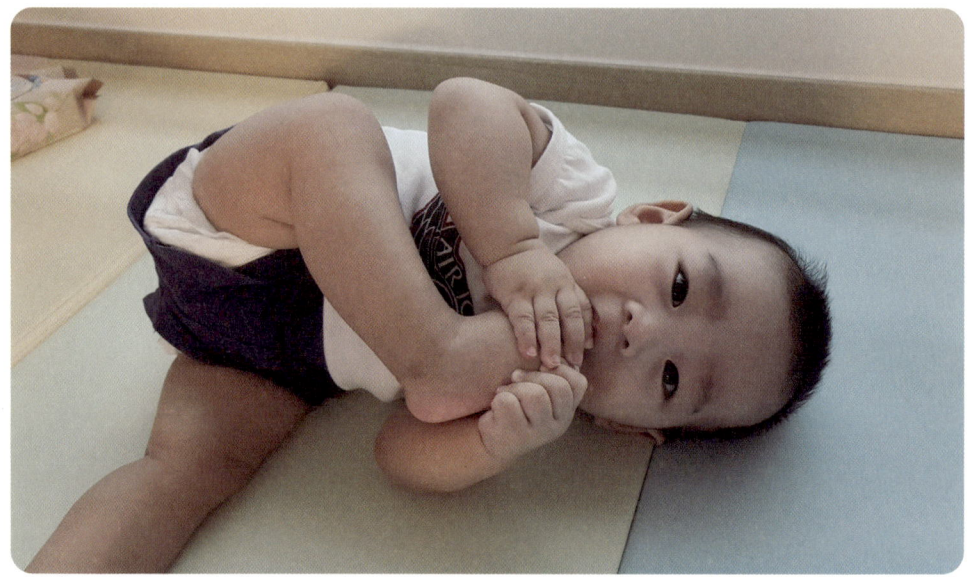

놀이 과정

✔ 우연히 눈에 들어온 신체 부위에 관심을 보이는지 관찰하세요. 신체를 자유롭게 조절하기 전에 얼굴 앞에서 우연히 맞잡은 손을 한참 쳐다보기도 합니다.

"그게 뭐지?"

"OO이 앞에 손이 올라왔네?"

"OO이가 두 손을 꼭 잡고 있네!"

✔ 아이가 두 발을 들어 올려 손으로 잡을 수 있는지 관찰하세요. 아래를 쳐다볼 수

있는 목의 근육, 배와 등의 근육이 발달해야 발을 들어 올려 잡는 것이 가능해집니다.

"○○이가 발을 쭉 올렸네."

"우와! 발을 두 손으로 잡았네."

"발을 입까지 가지고 갔어? 발을 빨아보니 기분이 좋지?"

✔ 손과 발 이외의 다른 신체에도 관심을 갖게 됩니다. 아이가 스스로의 몸에 관심을 갖고 만져볼 때, 언어적으로 표현해주면 신체인지능력이 발달하게 됩니다.

"지금 만지고 있는 건 ○○이 귀야. 얼굴 옆에 있지?"

"○○이가 머리카락도 찾았네! 머리카락 만져보니 부드럽지?"

놀이 확장

✔ "손은 어디 있나? 요기! 발은 어디 있나? 요기!" 노래를 부르며 몸의 부분을 찾아주세요. 스스로의 몸을 인지하고 관심을 보이는 시기에 짧게 반복되는 노래와 함께 놀이해주면 더욱 흥미로워합니다.

✔ 아이가 두 발을 잡았을 때, 몸 전체를 흔들흔들 흔들어볼 수 있도록 도와주세요. 고관절, 등과 배의 근육을 사용하면서 몸을 뒤집기 위한 준비를 하게 됩니다.

✔ 손바닥, 발바닥, 겨드랑이 등을 문지르거나 간지럼을 태우며 놀이해보세요. 신체 부위에 대한 인지뿐 아니라 엄마와의 교감을 쌓고 즐거움을 경험하는 데 도움이 될 것입니다.

주의사항

• **입으로 탐색하는 것을 제한하지 마세요.**
아이가 본인의 몸에 관심을 보이고 몸을 탐색하기 시작할 때, 가장 먼저 입으로 가져가서 빠는 행동을 보입니다. 쑥 올라온 발을 잡고 입으로 가져가서 빨기 시작할 때, 더럽다고 행동을 제한하지 마세요. 입으로 탐색하며 빨기 욕구를 충족할 뿐만 아니라 어떤 놀잇감보다 오랜 시간 집중하기 때문에 집중력 향상에 도움이 된답니다.

0~6개월 언어, 시각 발달을 위한 책 놀이

그림책은 그림과 이야기로 구성되어 있습니다. 그림책의 그림을 통해 아이들은 시각적 자극을 받고, 이야기를 통해 언어적 자극을 받습니다. 아이가 침대나 바운서에 누워있을 때는 아이 시선에 맞게 그림책을 보여주고, 3개월경 아이가 기대어 앉을 수 있을 때는 보조의자나 엄마 무릎에 앉혀 그림책을 보여주면 됩니다. 책의 그림은 크고 선명한 것이 좋으며, 의성어와 의태어가 반복적으로 나오는 짧은 이야기가 적당합니다.

놀이 과정

- ✔ 아이의 시선이 닿을 만한 거리에서 책을 보여주세요.
    - "달님이 나오는 책이네."
    - "달님이 '안녕?' 하고 있네. 달님 안녕?"
- ✔ 아이가 어떤 그림에 관심을 보이는지, 어떤 어휘에 관심을 보이는지 관찰해보세요.
    아이가 관심을 보이는 부분을 반복해서 읽어주세요.
    - "꼬꼬댁~ 꼬꼬~ OO이는 꼬꼬닭이 꼬꼬댁~ 하는 게 재밌구나?"
    - "꼬꼬 닭이 꼬꼬댁 꼬꼬~"

✔ 책을 읽어줄 때는 목소리, 음의 높낮이를 다양하게 하여 등장인물이 살아있는 것처럼 실감나게 읽어주는 것이 좋습니다.

"(슬픈 목소리로) 삐약삐약 우리 엄마는 어디 있지?"

"(깜짝 놀라며) 아이쿠, 깜짝이야!"

"(호랑이 목소리를 흉내 내며) 어흥~ 나는 호랑이 아저씨야. 안녕?"

놀이 확장

✔ 책을 보며 함께 보았던 사물이나, 의성어와 의태어를 일상에서도 사용해주세요.

"우리가 책에서 본 달님이 여기도 있네. 달님 안녕?"

"뒤뚱뒤뚱~ 책에서 오리가 뒤뚱뒤뚱 걸어갔었지? 꼬꼬닭도 뒤뚱뒤뚱 걸어가고 있네."

✔ 5~6개월경 아이가 손으로 책을 만지고 책장을 넘길 때는 입체 책이나 얇은 종이 책처럼 쉽게 찢어지는 책보다는 하드 북이나 헝겊 책을 준비해주세요.

주의사항

• **세이펜으로 들려주지 마세요.**
세이펜에서 나오는 기계음보다는 부모의 목소리로 들려주는 것이 좋습니다. 부모가 책을 읽어주면 내가 가장 좋아하는 엄마, 아빠의 목소리를 통해 정서적 안정감을 얻고 애착 형성에 도움이 됩니다. 부모가 아이의 반응에 따라 속도에 맞추어 책을 읽으며 아이의 요구에 민감하게 반응할 때, 아이는 부모나 세상에 대한 신뢰감을 형성할 수 있답니다.

• **억지로 책의 처음부터 끝까지 읽지 마세요.**
아이들에게 그림책이란 내가 좋아하는 그림과 이야기가 담긴 놀잇감입니다. 책은 꼭 처음부터 끝까지 읽지 않아도 됩니다. 아이가 펼친 부분부터 읽어도 되고, 아이가 좋아하는 장면만 반복해서 보여줘도 괜찮습니다. 아이가 책을 통해 즐거움을 경험할 수 있도록 도와주세요.

0~6개월 — 대근육, 인지 발달을 위한 풍선 차기 놀이

4~5개월경 두 발을 높이 올릴 수 있게 되면, 발이 닿을 만한 높이에 풍선을 매달아주세요. 발로 차서 풍선을 움직이게 되면 아이는 놀이에 흥미를 보이며 발을 더 움직이려 할 것입니다. 이러한 과정에서 배와 등의 근육, 다리의 근육을 사용하게 되어 신체 발달에 도움을 줄 수 있답니다. 또한 내가 발을 움직여 풍선이 움직였다는 원인-결과의 관계를 이해하게 됩니다.

놀이 과정

- ✔ 발을 들어 올려 닿을 만한 높이에 풍선을 매달아주세요. 모빌대나 빨래건조대를 이용하면 쉽게 매달 수 있습니다.
  "엄마가 끈에 동글동글 풍선을 달아놨어."
  "풍선이 ○○이 발 위에 있지?"
- ✔ 아이가 발로 찬 행동으로 인해 풍선이 어떻게 움직이는지 말로 이야기해주면 원인과 결과를 이해하는 데 도움이 됩니다.
  "○○이가 발로 뻥~ 찼더니 풍선이 움직이네?"

"두 발 모두 뻥 찼더니 풍선이 2개나 움직이고 있어!"
✔ 아이의 노력을 충분히 인정해주세요. 나의 노력을 알아주는 부모에게 신뢰감을 형성하고 자신감을 갖게 됩니다.

"○○이가 발을 정말 열심히 움직이는구나."

"우와, 어떻게 발을 그렇게 높이 올렸어?"

놀이 확장

✔ 풍선에 무늬가 있는 것을 달아주거나 풍선 안에 소리 나는 방울을 넣어주면 시각과 청각 자극이 더 풍부해질 것입니다.

"하트 그림이 그려진 풍선이 있네."

"○○이가 풍선을 뻥 찼더니 딸랑딸랑 소리도 나는구나."

✔ 엄마도 풍선을 가지고 함께 놀아주세요. 엄마가 함께 놀이할 때 아이들은 더 즐겁게 놀이에 참여하게 됩니다.

"엄마는 풍선을 손으로 뻥~ 쳤어!"

"노란 풍선이 저기 멀리까지 갔지?"

✔ 헬륨가스를 넣은 풍선을 놀이에 활용해보세요. 헬륨 풍선에 끈을 달아 아이의 발목이나 손목에 묶어주면 팔, 다리를 움직일 때마다 풍선의 움직임을 관찰할 수 있게 됩니다.

"풍선이 하늘에 둥둥 떠 있네?"

"○○이가 발을 움직이니까 풍선도 따라서 움직이는구나!"

주의사항

• **풍선을 너무 크게 불지 마세요.**
아이 가까이에 매달아 둔 풍선이 놀이하다가 터지게 되면 큰 소리에 아이가 놀랄 것입니다. 아이가 큰 소리에 놀랄 일이 일어나지 않도록 풍선을 적당히 불어서 놀이해주세요.

0~6개월 청각, 촉각 발달을 위한 비닐봉지 놀이

비닐봉지나 지퍼백에 바람을 넣어 밀봉해주면, 새로운 자극을 주는 놀잇감이 됩니다. 비닐은 손가락에 힘이 없는 아이도 쉽게 잡을 수 있고 팔을 흔들어도 손에서 쉽게 떨어지지 않아 가볍게 놀이할 수 있습니다. 비닐봉지를 만질 때마다 나는 바스락 소리와 손에 잡히는 대로 울퉁불퉁 모양이 변하는 비닐은 아이에게 촉각, 청각 발달은 물론 손과 팔의 움직임 발달까지 도와줄 수 있답니다.

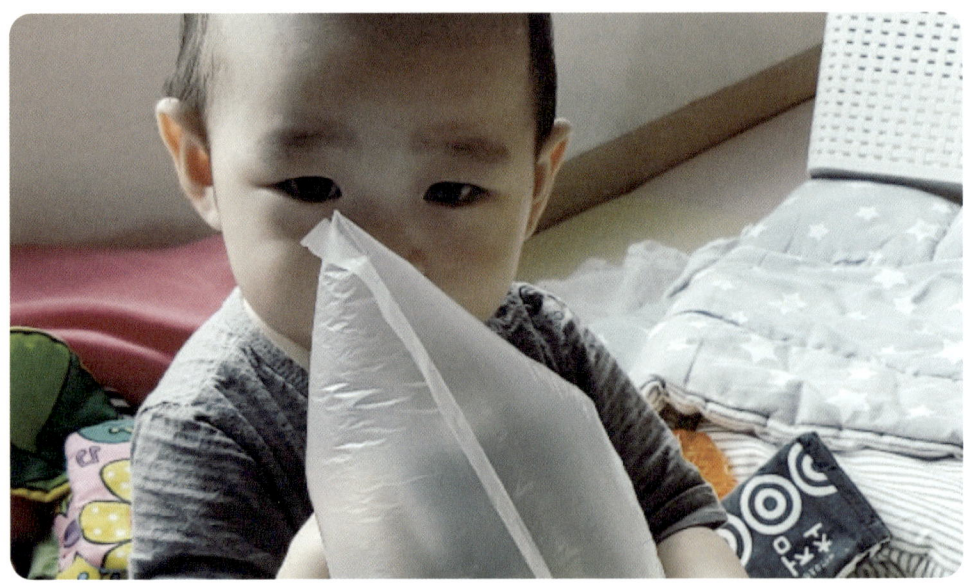

놀이 과정

- ✔ 아이가 심심해할 때, 주방에 있는 비닐봉지나 지퍼백을 가져다주세요.
    - "엄마가 주방에서 쓰는 건데, 한번 만져볼래?"
    - "○○이가 만지니까 바스락바스락 소리가 나네."
- ✔ 비닐봉지를 만지며 손을 어떻게 움직이는지 관찰하고 이야기해주세요.
    - "○○이가 비닐봉지를 문질문질 문질렀네."
    - "○○이 손으로 비닐봉지를 탁탁 쳐봤구나!"

- 아이가 비닐을 충분히 가지고 놀았다면, 봉지 안에 공기를 불어 넣은 후 밀봉해주세요.
    - "엄마가 비닐 안에 후~ 하고 바람을 넣었어."
    - "비닐봉지가 커졌지? 아까보다 더 커졌네!"
    - "이건 어떤 느낌일까? 만져볼까?"
- 바람을 넣은 비닐봉지로 아이와 즐겁게 놀이해보세요.
    - "바람을 넣었더니 말랑말랑해졌나봐!"
    - "엄마 비닐봉지는 OO이 머리 위로 올라갔네."
    - "엄마 앞에서 짝짜꿍~ 아빠 앞에서 짝짜꿍~ OO이는 짝짝짝 봉지 두 개가 만났네."

 **놀이 확장**

- 비닐봉지 안에 좋아하는 놀잇감을 넣어놓고, 꺼내는 놀이를 해보세요. 손으로 비닐 안의 놀잇감을 꺼내는 것이 어려우므로, 부모가 봉지를 잡아주고 아이가 꺼내볼 수 있도록 해주세요. 까꿍 놀이처럼 눈에 보이지 않던 물건이 짠! 하고 나타나는 즐거움을 경험할 수 있으며, 눈에 보이지 않는 물건도 존재함을 이해하는 대상영속성 개념 형성의 기초가 될 수 있습니다.

주의사항

- **바람 빠진 비닐봉지를 입에 넣도록 하지 마세요.**
  바람을 넣지 않은 비닐봉지를 입에 넣고 빨다가 자칫 숨쉬기가 어려워질 수 있습니다. 손에 잡힌 것은 뭐든지 입으로 가져가는 시기이기 때문에 잘 지켜보다가 비닐봉지를 입으로 가져간다면 바람을 불어넣고 밀봉해서 놀게 해주세요.

0~6개월 대근육, 성취감 발달을 위한 뒤집기 놀이

4~5개월경 아이는 두 발을 들어 올렸다가 쿵 내리기도 하고, 옆으로 휙 돌리기도 합니다. 이러한 움직임을 반복하다가 등과 배의 힘이 세어지면 5~6개월경 몸 전체를 뒤집을 수 있게 됩니다. 누워있던 아이가 몸을 뒤집었다는 것은 내 몸 전체를 조절해 움직였다는 매우 놀랄 만한 변화이며, 아이 스스로도 큰 성취감을 경험하게 됩니다.

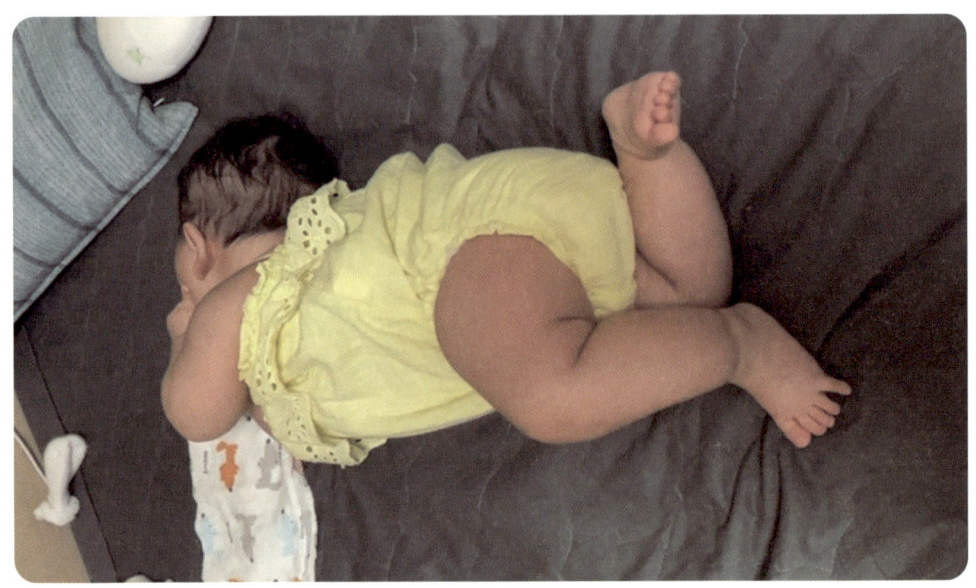

놀이 과정

- 아이들은 몸을 뒤집기 위해 발을 번쩍 들어 올리는 것부터 수도 없는 연습과 시도를 합니다. 아이들의 이러한 노력을 놓치지 말고 격려해주세요.
    "영차영차~ 뒤집고 싶어서 연습을 많이 하는구나!"
    "거의 다 뒤집었네! 조금만 더 힘을 내!"
- 노력 끝에 몸을 뒤집게 되었다면, 그 순간 함께 기쁨을 표현하고 축하해주세요.
    "우와! 드디어 해냈어!"
    "열심히 연습하더니 뒤집었구나! 너무 축하할 일이야!"

✓ 뒤집은 후 엎드린 채 놀이할 수 있도록 손이 닿는 곳에 놀잇감을 놓아주세요. 엎드려 놀이하는 시간은 아이가 힘들어하지 않을 정도로 짧게 하고, 다시 뒤집는 것을 도와주세요.

"뒤집었더니 OO이가 좋아하는 자동차가 있네!"

"고개를 계속 들고 있으니 힘들지? 이제 다시 뒤집는 건 엄마가 도와줄게."

놀이 확장

✓ 아이가 한쪽으로만 뒤집는다면, 반대쪽으로도 뒤집을 수 있도록 도와주세요. 반대쪽에 좋아하는 놀잇감을 놓아두거나, 발이나 엉덩이를 살짝 밀어주어 반대쪽 근육들도 사용할 수 있도록 도와주면 양쪽 근육이 균형을 맞춰 발달할 수 있습니다.

✓ 뒤집기를 시작하면 잠을 자다가도 몸을 뒤집어서 깊은 수면에 방해가 됩니다. 가족 모두가 잠든 밤에 아이가 뒤집은 후 고개를 들지 못해 위험한 상황이 벌어질 수 있으니 쿠션 등을 활용하여 자면서 뒤집지 못하도록 도와주세요.

주의사항

• **성인 침대 위, 푹신한 이불 위에 아이를 두지 마세요.**
아이가 뒤집기를 시작했다면, 어디서든 몇 번이든 뒤집을 수 있으므로 잠깐이라도 떨어질 위험이 있는 높은 성인 침대에 아이를 두지 마세요. 또한 푹신한 베개나 이불을 주변에 두었다가 뒤집은 채 고개를 들지 못하면 질식사의 위험이 있으므로 푹 꺼지지 않는 매트 위에 눕혀줘야 합니다.

• **뒤집기를 하지 않는다고 걱정하지 마세요.**
아이마다 발달 속도가 다릅니다. 빠른 아이는 3개월경 뒤집기도 하고, 늦은 아이는 8개월이 되어 뒤집기도 합니다. 아이가 목을 가누고 발차기를 하고 다리를 드는 등 신체운동능력이 점차 발달함이 보인다면 뒤집는 것이 다른 아이들보다 늦어지는 것은 문제가 되지 않습니다. 아이가 뒤집기 위해 발달해야 하는 여러 근육이 준비가 될 때까지 조급해하지 말고 기다려주세요.

0~6개월 대근육 발달을 위한 공놀이

아이가 뒤집기 시작하면서 엎드려 있는 시간이 점차 길어집니다. 엎드려 고개를 들었을 때 시선이 닿는 곳에 아이가 좋아하는 놀잇감을 놔주면 엎드려서 좋아하는 놀이를 할 수 있게 됩니다. 놀잇감 중에서 공처럼 작은 힘에도 쉽게 움직이는 놀잇감을 준비해주세요. 힘껏 손을 뻗어 공을 건드렸을 때, 공이 굴러가는 경험은 아이로 하여금 노력에 대한 성취감을 경험하도록 하며 인과관계를 이해하도록 돕습니다. 또한 이러한 경험은 멀어진 공을 향해 앞으로 나아가고자 하는 의지를 불러일으키고 배로 밀거나 발로 밀어서 앞으로 기어갈 수 있는 동기를 제공해줍니다.

놀이 과정

- ✓ 아이가 엎드려 있을 때, 손을 뻗어 닿을 만한 곳에 공을 놓아주세요.
  - "○○아, 앞에 동글동글 공이 있네!"
  - "공이 굴러서 ○○이 앞으로 갔네?"
- ✓ 아이가 공을 어떻게 하는지 관찰하고 난 후 아이가 한 행동에 반응해주세요.
  - "○○이가 공 쪽으로 손을 쭉 뻗었네!"
  - "손으로 쳤더니 공이 굴러갔네!"

"○○이가 공을 저기까지 보냈구나!"
- ✔ 아이가 굴러간 공 쪽으로 갈 수 있도록 도와주세요. 스스로 기어갈 수 없다면 발을 받쳐주거나 몸을 밀어서 공 쪽으로 이동하도록 도와주세요.

"공 가지러 가볼까?"

"영차영차, 다리로 밀어서 쭉쭉~ 앞으로~ 도착!"

"○○이가 공 앞까지 왔네! 이번엔 공을 어디로 보내볼까?"

놀이 확장

- ✔ 부모 중 한 명이 아이를 무릎에 앉도록 도와주고, 한 명은 거리를 두고 앉아서 공놀이를 해보세요. 부모의 도움을 받아 공을 쳐보고, 다시 받아보고 반복해서 놀이해보세요. 엄마, 아빠와 함께 하는 놀이는 아이에게 더욱 만족스러운 친밀감을 경험하게 하고, 안정감과 즐거움을 제공해줍니다.

"공이 떼굴떼굴 굴러서 ○○이한테 간다!"

"잡아보자! ○○이가 잡았다!"

"엄마, 아빠랑 같이 공놀이하니 정말 재밌네."

- ✔ 굴릴 수 있는 자동차로 놀이할 수도 있습니다. 내가 손에 힘을 주어 자동차를 밀어서 자동차가 움직인 경험은 아이 스스로의 행동에 대한 결과를 경험하게 합니다. 이를 통해 아이는 원인-결과의 인과관계를 이해하게 됩니다.

주의사항

- **건전지의 힘으로 움직이는 장난감을 주지 마세요.**
  아이가 뒤집고 엎드릴 수 있다면, 손을 뻗어 물건을 잡는 것이 가능한 시기입니다. 이 시기에는 아이 스스로의 노력으로 놀잇감을 움직여보는 놀이를 통해 성취감을 경험하고 인과관계를 이해할 수 있습니다. 나의 노력과 상관없이 건전지로 움직이는 놀잇감은 아이의 발달에 큰 도움이 되지 못합니다. 나의 힘으로 인한 예측 가능한 움직임을 경험하게 해주세요.

0~6개월 소근육 발달을 위한 지퍼백 놀이

5~6개월경이 되면 아이의 손가락에 점차 힘이 생깁니다. 손바닥으로 물건을 움켜쥐던 아이는 점차 손을 펴고 손가락으로 물건을 누르거나 만지며 느낌을 탐색하기도 합니다. 지퍼백에 물이나 젤을 담고 그 안에 단추, 솜공, 빨대 등 여러 가지 작은 물체를 담아 아이의 시선에 닿는 바닥에 놓아주세요. 손가락으로 지퍼백 안의 작은 물체들을 이리저리 눌러보고 만져보며 손가락 힘을 기를 수 있습니다. 작은 물체들을 지퍼백 안에 담아준다면, 입에 넣어 삼킬 위험 없이 안전하게 탐색해볼 수 있는 기회를 제공한답니다.

놀이 과정

✔ 지퍼백 안에 단추, 솜공과 같은 작은 물체들과 물(혹은 젤)을 담아주세요. 터지지 않도록 지퍼 부분을 꼭 닫고 테이프로 단단히 붙여주세요. 지퍼백을 바닥에 붙여도 좋습니다.

"바닥에 알록달록 뭐가 있네. 뭘까?"

"비닐 안에 뭐가 들어있네? 한번 만져볼까?"

✔ 새로운 자극에 대한 반응속도는 아이마다 다릅니다. 아이가 처음 보는 놀잇감이 낯설어 주저하더라도 억지로 만져보게 하기보다 아이 스스로 준비가 될 때까지 기다려주세요.

"처음 보는 거라 좀 낯설지?"

"OO이가 눈으로 먼저 보다가 준비가 되면 만져보자."

"엄마가 손으로 눌렀더니 쑥 들어가네."

✔ 아이가 지퍼백 안의 작은 물체들에 관심을 보이고 손가락으로 만지기 시작한다면 아이의 행동을 언어로 표현해주세요.

"OO이가 손가락으로 꾹 눌렀네."

"파란 단추도 만지고, 노란 단추도 만져봤구나."

놀이 확장

✔ 지퍼백 안에 색이나 모양이 다양한 작은 물체들을 담아주면 아이의 촉각과 시각 발달을 촉진하게 됩니다. 손가락으로 작은 것들을 만져보며 소근육 발달뿐 아니라 다양한 감각적 경험을 할 수 있습니다.

✔ 지퍼백 안에 물과 작은 물체 대신에, 여러 색깔의 물감을 짜서 담아주어도 좋습니다. 손가락으로 누르며 물감이 움직이거나 색이 섞이는 것을 경험할 수 있답니다.

주의사항

• **한 번 보여주고 치우지 마세요.**
아이들은 같은 놀이를 수없이 반복해서 합니다. 부모가 보기에 '여러 번 했으니 재미없겠지' 생각하더라도 아이들은 또 다른 새로운 재미를 발견하고 반복해서 놀이합니다. 어떤 놀이든 반복해야 숙달되고, 결국 내 능력이 되는 것입니다. 한참 가지고 놀다가 흥미가 떨어진 것 같다면 지퍼백 안의 내용물을 바꿔주세요. 단추를 넣었다면 솜공으로 바꿔주고, 빨대를 잘라서 넣어줘도 됩니다. 여러 색의 물감을 섞어 만들어주어도 좋습니다.

0~6개월 호기심, 신체 발달을 위한 꺼내기 놀이

생후 6개월경이 되면 아이는 배밀이를 하거나 기어 다니며 이것저것 만지는 것을 좋아합니다. 특히 엄마가 담아놓은 기저귀, 손수건, 로션 등을 하나씩 꺼내기 시작합니다. 이때, 바구니나 상자에 아이가 평소 좋아하는 장난감 혹은 자주 보던 물건을 여러 종류 담아 넣어 둔다면 그 자체가 훌륭한 놀잇감이 됩니다. 다양한 크기와 모양, 다양한 재질과 느낌의 물건들을 꺼내고 탐색할 수 있으며 스스로 꺼내어 감각적으로 탐색해보는 경험은 이후 세상에 대한 호기심과 탐구심을 불러일으키게 됩니다. 또한 아이가 물건을 꺼냈을 때 물건의 이름을 이야기해주거나 행동을 말로 표현해주는 것은 아이의 언어 발달에 도움을 줍니다.

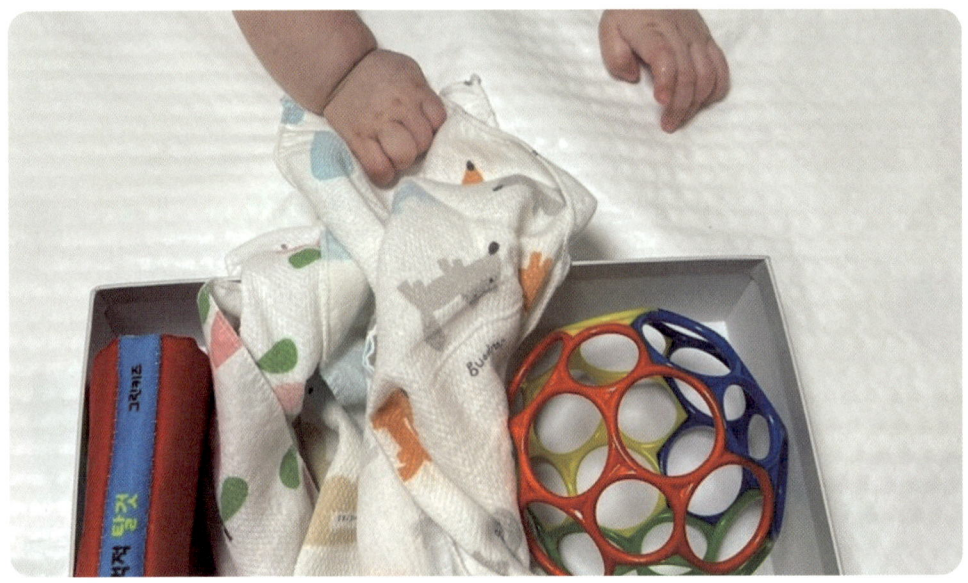

놀이 과정

✔ 바구니에 아이가 평소에 좋아하는 물건이나 장난감 등을 담아 준비하고, 바구니를 아이의 손이 닿을 만한 곳에 놓아주세요.

"저기 바구니엔 뭐가 들었을까?"

"○○이가 궁금해서 바구니 쪽으로 기어가고 있구나!"

✔ 아이가 만지고 꺼내는 물건들이 어떤 것들인지 이야기해주세요. 꺼낸 물건에 대해

이야기해주면 사물에 대한 이해력, 언어능력이 발달하게 됩니다.

"OO이 기저귀를 꺼냈네!"

"OO이가 좋아하는 책도 꺼내고, 파란 공도 꺼냈구나!"

"바스락 바스락 소리가 나는 그건 뭐지? 책이었구나!"

✔ 꺼낸 물건들로 아이와 함께 놀이해봅니다.

"(손수건으로 얼굴을 가리며) OO이 없다! 까꿍!"

"OO이가 꺼낸 공이 데굴데굴 굴러가네."

"바스락거리는 책 속에는 고양이가 야옹~ 야옹~ 숨어있었네!"

🔤 놀이 확장

✔ 꺼내놓은 물건들을 다시 바구니에 담아보도록 도와주세요. 아이가 관심을 보이지 않는다면 엄마가 대신 바구니에 담는 모습을 보여주세요.

"OO이가 물건을 다 꺼냈네! 이제 바구니에 쏙쏙 해볼까?"

"엄마는 책도 쏙! 넣었고, 공도 쏙! 넣었네."

✔ 엄마가 손에 쥐여줬거나 눈앞에서 보여주던 놀잇감으로 놀이했던 아이가 이동능력이 생기면서 점차 스스로 놀잇감을 꺼내고 자발적으로 탐색할 수 있게 됩니다. 이러한 놀이경험은 점차 아이가 살아갈 세상에 대한 기대감과 호기심을 불러일으키게 됩니다. 아이의 자발적인 놀이를 지지해주어 '세상엔 궁금한 게 많구나!'를 느낄 수 있도록 도와주세요.

✋ 주의사항

- **아이가 만지면 안 되는 물건은 바닥에 두지 마세요.**
생후 6개월경이 되면 뒤집거나 배밀이, 기어가기를 하면서 조금씩 이동능력이 생깁니다. 아이가 꺼내고 만져도 될 만한 물건을 바구니에 담아두면 아이에게 놀잇감이 될 수 있지만, 아이가 만지거나 입에 넣기에 적절하지 않은 것들은 아이 눈에 띄지 않는 곳에 치워두어야 합니다.

2장

6~12개월, 엄마표 발달 놀이

이렇게 발달해요

✓ 신체 발달

- **몸을 일으켜 혼자 앉을 수 있게 됩니다.**

  6~7개월경 허리와 엉덩이, 하체 근육이 발달하면서 엎드려 있던 자세에서 허리를 세우고 엉덩이를 밀어 스스로 앉을 수 있게 됩니다. 앉은 자세에서 눈앞에 보이는 물건을 잡기 위해 앞으로 몸을 기울이고 손을 뻗어 잡는 것이 가능해지며 7~8개월경에는 앉아있다가 옆으로 몸을 돌려 방향을 바꾸는 것도 가능해집니다.

- **배밀이 혹은 팔다리를 이용해 기어갈 수 있습니다.**

  6~7개월경 배를 바닥에 대고 손바닥이나 발바닥의 힘으로 앞으로 나아가는 배밀이의 모습에서 8개월경 팔, 다리의 힘이 생겨 네발로 기어서 움직일 수 있게 됩니다. 앉아있다가 상체를 앞으로 숙여 기어가고, 기어가다가 다시 앉는 것이 점차 자연스러워집니다. 이렇듯 자유롭게 이동할 수 있는 능력이 생기게 되면서 아이는 주변에 관심이 더 많아지고 적극적으로 탐색하며, 호기심이 왕성해지게 됩니다.

- **잡고 일어날 수 있으며, 옆으로 움직이는 것이 가능합니다.**

  9개월경 점차 다리와 무릎에 힘이 생겨 소파와 같이 안정적인 것을 잡고 일어날 수 있게 됩니다. 앉았다가 다리에 힘을 주어 일어나고, 다시 무릎을 구부려 바닥에 앉는 것이 가능해집니다. 앉거나 기어 다니던 아이가 스스로 잡고 일어나게 되면서 시야가 더 넓어지고 자신감이 생기기 시작합니다. 또한 소파를 잡은 채 옆으로 움직이며 걷기를 준비합니다.

- **11~12개월경 손을 잡고 도움을 받아 걷거나, 혼자 걷기 시작합니다.**

  소파를 잡고 옆으로 이동하게 된 아이는 11개월경 성인의 손을 잡고 앞으로 걸어갈 수 있습니다. 처음엔 양손을 잡고 걷다가, 한 손만 잡고도 걸을 수 있게 되며 12개월경 도움 없이 스스로 몇 발짝씩 걸을 수 있게 됩니다. 걷기 시작하는 시기는 아이마다 개인차가 있으므로, 부모가 무리하게 걷기 연습을 시키거나 오랜 시간 세워두지 말고 신체가 준비될 때까지 기다려주는 것이 좋습니다.

- **손가락 사용이 정교해집니다.**

  6~7개월경 손바닥 전체로 물건을 두드리거나 물건을 잡던 아이는 8개월경 손가락 근육의 발달로 엄지와 검지를 이용해 물건을 잡을 수 있게 됩니다. 이후 9~10개월경이 되면 검지로 정확한 부분을 누를 수 있게 되고, 빵 조각이나 과자를 집어 먹을 수 있습니다. 12개월경이 되면 작은 콩, 바닥에 떨어진 머리카락을 잡을 수 있을 정도로 손가락 사용이 정교해집니다.

✅ 언어 발달

- **친숙한 소리에 적극적으로 반응하며, 친숙한 단어의 의미를 이해하게 됩니다.**

  친숙한 목소리에 반응하던 아이는 6개월 이후 신체가 발달하며 몸을 자유롭게 움직이기 시작하면서 더 적극적으로 좋아하는 소리에 반응합니다. 몸 전체를 돌려 이름을 부르는 소리에 반응하거나 친숙한 엄마 목소리를 향해 기어가기도 한답니다. 9개월경부터는 자주 듣는 단어를 이해하기 시작하고 '내 이름, 엄마, 아빠, 까까, 맘마, 물, 기저귀' 등 자주 듣는 단어에 각각 다른 반응을 보입니다. 가족사진을 보며 "아빠 어딨지?" 물으면 아빠라는 단어를 이해하고 찾을 수 있으며 "까까 먹을까?" 이야기하면 '까까'라는 단어를 이해하고 평소에 과자를 넣어두는 주방 수납함을 쳐다보는 모습이 나타납니다.

- **언어모방의 폭이 넓어지고, 첫 단어를 말하기 시작합니다.**

  엄마의 입 모양 혹은 억양을 옹알이하며 모방하던 아이는 9~10개월경 점차 다양한 소리를 흉내 낼 수 있습니다. '엄마' 소리를 따라서 '맘마마', '아빠' 소리를 따라서 '빠빠빠'로 따라 말할 수 있게 됩니다. 정확하지 않지만 소리를 듣고 모방하려는 태도를 인정하고 격려하는 부모의 반응이 아이의 언어 발달을 촉진할 수 있으므로 부모가 적극적인 반응을 보여야 합니다. 10~12개월경에는 '엄마', '맘마'와 같은 단어를 처음으로 말하게 됩니다. 12개월경이 되면 2~8개 정도의 단어를 이야기할 수 있게 되는데 '엄마, 아빠, 맘마, 까까' 등 일상에서 자주 듣던 단어를 말할 수 있게 됩니다.

- **원하는 것을 표현하기 위해 단어 혹은 몸짓으로 이야기합니다.**

  신체가 발달해 이동능력이 생기면서 주도성이 발달하게 됩니다. 따라서 자기주장이 생기고 원하는 것을 표현하려고 노력하는 모습이 나타납니다. 말할 수 있는 단어로 의사를 표현하기도 하고, 몸짓을 함께 표현하며 다른 사람과의 의사소통을 시도합니다. 양팔을 벌리며 "엄마"라고 말하면서 안아달라는 의사를 표현하고, 높이 있는 물건을 손가락으로 가리키며 "엄마"라고 말하면서 물건을 꺼내달라고 표현합니다. 이처럼 몸짓을 이용해 다양하게 의사소통을 시도하는 시기에는 부모가 아이의 몸짓, 손짓, 만들어 내는 소리 등에 민감하게 반응하여 '원하는 것을 표현하면 되는구나.', '내가 표현하면 반응하는구나.'를 경험하게 해주어야 합니다.

- **말하는 사람의 기분, 메시지의 의미를 이해할 수 있습니다.**

  말하는 사람이 어떤 기분으로 이야기하는지 이해하며 칭찬을 하는 것인지, 안 된다고 하는 것인지 구별할 수 있습니다. 칭찬을 하면 눈을 맞추며 웃음을 짓고, 안 된다고 하면 긴장한 듯 표정이 굳거나 울음을 보이며 상대의 기분에 따라 다른 반응을 보입니다. 12개월경 걷기 시작하면서 높은 곳에 올라가거나 위험한 물건을 만지는 등의 상황에서 부모가 안 된다고 하는 것의 의미를 이해할 수 있습니다. 그렇지만 스스로 행동을 조절하거나 멈추는 것이 불가능한 시기이므로, 안아서 내려오게 도와주거나 위험한 물건은 안 보이는 곳에 치워두는 것이 중요합니다.

✅ 인지 발달

- **구체적으로 소리를 구별해 낼 수 있게 됩니다.**

  들리는 소리가 위에서 나는 소리인지, 아래에서 나는 소리인지, 멀리서 나는 소리인지, 가까이에서 나는 소리인지를 구별해 낼 수 있습니다. 7개월 된 아이에게 깜깜한 방에서 거리를 다르게 하여 소리를 들려주었을 때, 가까이에서 나는 소리에만 손을 뻗어 물건을 잡으려 했다는 연구결과를 통해서 소리의 거리를 구분한다는 것을 알 수 있었습니다. 또한 내 이름을 알아들을 수 있으며 간단한 소리의 의미를 이해하고 친숙한 사물이나 언니, 할머니와 같은 사람을 부르는 호칭을 구분할 수 있습니다.

- **시각적으로 깊이를 지각할 수 있습니다.**

  미국의 심리학자가 6~7개월 된 아이들을 대상으로 깊이지각 실험을 한 적이 있습니다. 실험결과 6~7개월 된 아이들도 낭떠러지 앞에서 조심하는 모습을 보여 깊이에 대해 지각하고 있음을 알게 되었으며, 10~12개월경에는 더욱 완벽하게 지각해 낭떠러지 근처에도 가지 않는 모습이 관찰되었습니다. 가정에서는 6~7개월 된 아이를 소파 위에 올려놓고 바닥까지의 깊이를 지각하여 조심하는지 살펴보면 깊이지각능력을 가졌는지 알아볼 수 있습니다. 이 시기에 필요한 부모의 태도는 아이에게 깊이를 지각할 만한 기회를 주어야 한다는 것입니다. 아이가 위에서 아래를 내려다볼 기회조차 주지 않고 무조건 아이를 번쩍 안아 안전한 곳으로 데려간다면, 아이에게는 깊이를 지각해볼 기회조차 주어지지 않을 것입니다.

- **눈에 보이지 않는 사물도 존재함을 인지합니다.**

  9개월 이전의 아이들은 눈에 보이지 않는 것은 존재하지 않는다고 생각해 손수건으로 물건을 가리면 없어졌다고 여겨 찾지 않습니다. 9개월경이 되면 눈에 보이지 않는 사물도 존재한다는 것을 알게 되는 '대상 영속성' 개념이 생겨납니다. 물건을 손수건으로 가려도 수건 밑에 물건이 존재함을 이해하게 됩니다. 엄마가 잠깐 보이지 않아도 엄마가 집에 있음을 알게 되고, 까꿍 놀이나 숨바꼭질 놀이를 할 때도 이불이나 커튼 뒤에 사람이 존재함을 이해하기 시작합니다. 이러한 대상 영속성의 개념은 계속 발달하여 숨거나 숨기는 과정을 보지 않더라도 물건을 찾을 수 있게 됩니다.

- **목표를 위해 두 가지 행동의 협응이 일어납니다.**

8개월 이후의 아이들은 목표를 가지고 두 가지 행동을 할 수 있습니다. 좋아하는 인형을 잡기 위해 인형 앞에 놓인 공을 치우고 인형을 잡을 수 있게 됩니다. 즉, 목표를 달성하기 위해 방해되는 요인을 제거하고 목표물을 잡는 두 가지 행동의 협응이 일어난다는 것입니다. 수건 밑에 숨겨진 놀잇감을 꺼내기 위해 수건을 들추는 것도 같은 맥락입니다.

- **의미가 부여된 행동을 할 수 있습니다.**

원하는 것을 말로 표현할 수 없지만 행동으로 표현하며 자발적 의사소통이 시작됨을 알 수 있습니다. 안아달라고 두 팔을 벌리는 행동, 고개를 저으며 싫다고 표현하는 행동, 물건을 손가락으로 가리키며 꺼내달라고 표현하는 행동 등 여러 가지 의미가 부여된 행동을 하게 됩니다. 따라서 이 시기에는 부모가 아이의 손짓, 발짓, 표정, 눈빛 등 어떤 의미를 가지고 보이는 모습인지 잘 관찰하여 성공적인 의사소통의 경험을 갖도록 도와주어야 합니다.

✓ 사회·정서 발달

- **다른 사람의 정서를 인식하고 영향을 받습니다.**

6~7개월경부터 다른 사람의 정서를 인식하기 시작하는데, 얼굴 표정을 구분해 다른 사람의 정서를 이해합니다. 어떤 상황에서 다른 사람의 정서적 반응을 살피는 행동을 '사회적 참조'라고 합니다. 사회적 참조를 통해 그 상황이 안전한지, 위험한 상황인지를 구분할 뿐만 아니라 아이의 정서에도 영향을 미치게 됩니다. 낯선 상황에서 부모의 표정이 찡그린 얼굴인지, 웃는 얼굴인지를 구분한 후, 부모가 웃으며 반기면 아

이도 긍정적으로 반응하는 모습을 보입니다.

- **불안한 감정으로 인해 낯가림과 분리불안이 나타납니다.**

  4~6개월경 시작된 낯가림은 12개월까지 지속됩니다. 4~6개월경엔 낯선 사람에 대한 공포나 불안감으로 울기 시작하지만, 6개월 이후 사회적 참조를 통해 부모가 반기는 사람이라면 금세 정서가 안정되기도 합니다. 8~9개월경부터 친숙한 사람과의 분리에 대한 불안으로 분리불안 반응이 나타납니다. 이러한 분리불안 반응은 2세까지도 지속되는데, 불안정 애착을 형성한 영아가 분리불안 반응을 더 보입니다. 아이와 헤어질 때 몰래 사라지는 것보다 아이가 울더라도 이유를 이야기해주고 짧은 시간 내에 돌아오는 경험을 하게 되면 '엄마가 다시 돌아오는구나.'라는 믿음을 주어 분리불안을 최소화할 수 있습니다.

- **타고난 기질에 따라 정서표현과 정서조절에 차이를 보입니다.**

  아이는 타고난 기질에 따라 같은 상황이라도 보이는 모습이 다릅니다. 같은 강도의 스트레스 상황일지라도 크게 울며 불편한 정서를 강하게 표현하는 아이가 있고, 불편한 정서를 크게 드러내지 않는 아이가 있습니다. 6~7개월 이후 신체운동능력이 발달하면서 소리 지르며 발을 구르거나 머리를 치는 등 몸을 이용해 불편한 정서를 강하게 표출하기도 하는데, 이러한 행동을 걱정하기보다는 기질에 따른 표현의 차이로 이해하고 정서가 안정되도록 도와주어야 합니다. 12개월경 아이들이 기거나 걸어 이동하는 것이 가능해지면 낯선 상황에서 느끼는 불안과 공포를 해결하기 위해 스스로 엄마 품에 안기거나 엄마 뒤에 숨는 등의 행동으로 정서를 조절할 수 있습니다.

이렇게 놀아주세요

▶ **놀이 코칭 1** ▶ 자유롭게 탐색하고 놀이할 수 있도록 집 안의 환경을 점검해주세요.

엄마가 깔아 둔 매트 위에서만 누워있던 아이가 점점 신체가 발달해 이동능력이 생기면서 집 안 곳곳을 돌아다니게 됩니다. 눈 깜짝할 사이에 화장실에 들어가 있기도 하고, 책장 밑에 떨어져 있던 작은 조각을 집어 먹기도 합니다. 잡고 일어날 수 있게 되면 선반에 올려 두었던 유리병을 잡아끌기도 하고, 식탁 위에 잠시 올려 둔 칼을 만지기도 합니다. 따라서 아이가 움직이기 시작하면 가장 먼저 집 안의 환경을 점검해보아야 합니다. 뾰족한 모서리는 없는지, 더러운 먼지가 쌓여있는 곳은 없는지, 바닥에 떨어진 작은 조각들은 없는지, 아이 손에 닿을 만한 곳에 위험한 물건은 없는지 등등 집 안 곳곳을 점검하고 안전하게 만들어줘야 합니다. 아이에게 안 된다고 행동을 제지해야 하는 환경이 아닌, 자유롭고 안전하게 탐색할 수 있는 환경을 만들어주는 것이 이 시기 부모의 역할입니다.

▶ **놀이 코칭 2** ▶ 친숙한 공간에서 안정감을 느끼도록 도와주세요.

아이들은 친숙한 사람, 친숙한 냄새, 친숙한 공간에서 안정감을 느낍니다. 낯선 사람을 보고 낯가림을 시작하고, 엄마와 떨어지는 것을 불안해하는 이 시기에는 낯설고 새로운 곳에서의 불안 경험보다 친숙한 곳에서의 안정적인 경험이 필요합니다. 기질에 따라 낯선 것이 특히 힘든 아이들이 있습니다. 이런 경우라면 더더욱 새로운 곳보다는 안정적인 환경에서 놀이할 수 있도록 도와주어야 합니다. 새로운 자극을 주어야 낯선 것이 없어진다고 생각해 아이를 억지로 낯선 환경에 노출하면 오히려 불안감이 가중됩니다.

> **놀이 코칭 3** 반복해서 놀이해주세요.

좋아하는 놀잇감이 생기고 좋아하는 놀이가 생기면서 한 가지 놀이를 반복해서 하는 모습이 보입니다. 부모는 아이가 한 가지 놀잇감만 가지고 놀고, 같은 책만 반복해본다고 걱정을 하기도 하는데, 반복한다는 것은 재미가 있다는 증거이며 숙달감을 느끼고 있다는 뜻입니다. 그리고 인과관계를 이해하기 시작하면서 원인과 결과를 경험하는 것이 재미있기 때문에 계속 바닥에 떨어뜨리고 두드리며 던지는 행위를 반복하게 됩니다. 이 또한 인지가 발달하고 있다는 증거입니다. 부모는 아이의 반복적인 놀이를 전환하거나 그만하도록 유도하지 말고, 아이가 원하는 만큼 반복해서 할 수 있도록 지지해주고 긍정적인 반응을 보여주세요. 같은 것을 반복하는 것처럼 보이지만 매번 아이는 새로운 것을 발견하고 즐거움을 찾는 과정 안에 있답니다.

> **놀이 코칭 4** 안 된다고 해야 하는 상황에 대안을 제시해주세요.

움직임의 반경이 커지고, 아이 스스로 할 수 있는 것들이 많아지면서 부모는 아이에게 안 된다고 말하고 행동을 제지해야 하는 순간들이 많아집니다. 아이가 위험한 행동을 할 때, 안 된다는 메시지를 주어야 하지만 이때 "안 돼, 하지 마, 위험해."라는 부정적인 말보다는 "저쪽으로 가보자.", "이건 뭐지?" 등의 이야기로 관심을 전환하거나 시선을 돌릴 수 있도록 도와주어야 합니다. 더 중요한 것은 아이에게 안 된다고 말해야 하는 환경에 노출시키지 말아야 한다는 것입니다. 앞서 이야기했듯이 환경점검을 통해 아이에게 안전한 환경을 마련해주세요.

이런 놀잇감을 준비하세요

- **신체 발달을 위한 놀잇감**

  손가락 힘이 생기고 손가락으로 정확한 위치를 누를 수 있는 능력이 생깁니다. 이 시기에는 손가락으로 눌러 소리가 나는 인형이나 사운드북, 손으로 눌러 모양이 변하는 반죽, 찢을 수 있는 잡지나 신문지 등 아이의 노력(힘)에 의해 쉽게 변화를 경험할 수 있는 놀잇감을 준비해주세요. 손가락에 힘을 주어 누르는 것에 흥미를 보이며 소근육 조절능력이 발달하게 된답니다. 또한 신체이동능력이 급격히 발달해 기고, 앉고, 서는 것이 가능해지는 시기입니다. 기어가는 연습을 시작하는 시기에 한 손으로 쉽게 잡히는 헝겊으로 된 공이나 자동차를 아이 앞에 놓아두면 놀잇감을 잡기 위해 기어가려고 노력하는 모습을 보입니다. 손을 잡고 걸을 수 있을 때는 걸음마 보조기를 마련해주어 잡고 걸을 수 있도록 도와주세요. 앉거나 서기 시작하면 넘어지는 경우가 많으므로 아이 주변에 놀이 매트를 깔아주는 것이 좋습니다.

- **언어 발달을 위한 놀잇감**

  옹알이를 시작하던 아이는 점차 구체적인 소리를 흉내 내기 시작합니다. 12개월쯤 되면 많게는 8개의 단어를 이야기할 수 있을 정도로 언어가 발달하게 됩니다. 따라서 이 시기에는 아이가 말로 표현하는 것을 민감하게 들어주는 것이 중요하며, 일상에서 자주 사용하는 단어를 반복적으로 들려주는 것이 좋습니다. 그림책의 내용도 짧고 간결하게 반복되는 것이 좋으며, 일상에서 자주 보고 접하는 그림이 그려져 있는 그림책이 좋답니다. 또한 아이 스스로 책장을 넘기거나 문지르기, 버튼을 누르는 것이 가능해집니다. 그러므로 얇은 종이로 된 책보다는 두꺼운 종이로 된 보드북이 좋으며, 손으로 조작할 수 있는(누르면 소리가 나거나 창문처럼 열 수 있는) 책 또는 촉감책이 아이의 발달에 적합합니다.

- **인지 발달을 위한 놀잇감**

    9개월경 사물이 눈앞에서 사라져도 계속 존재한다는 대상 영속성의 개념이 발달하게 되므로, 가벼운 이불이나 수건을 이용해 까꿍 놀이를 할 수 있도록 해주거나, 큰 바구니에 들어가 몸을 숨기고 까꿍 놀이를 해볼 수 있도록 해주면 좋습니다. 반찬통과 같이 뚜껑이 있는 그릇, 물티슈 뚜껑 등을 이용해 여닫고, 숨기고 찾을 수 있도록 놀이하면 소근육 발달은 물론 대상 영속성 개념 형성에 도움이 됩니다. 그릇과 숟가락을 함께 주면 음식을 떠먹는 척하며 상상력을 자극함과 동시에 입으로 가져가는 연습을 통해 신체조절능력을 키우게 됩니다. 스스로 움직이고 만져보고 꺼내보며 호기심과 창의력, 상상력을 키울 수 있으므로 아이들의 인지 발달을 위해 스스로 탐색하고 조작해볼 수 있는 기회를 많이 제공하는 것이 중요하답니다.

- **사회·정서 발달을 위한 놀잇감**

    사람이나 물건에 대한 선호가 생기고 좋고 싫음을 감정적으로 드러내기 시작합니다. 새로운 사람이나 공간에 대한 낯가림을 하여 불안함을 느끼기 시작하므로 익숙한 성인이 안정적인 태도를 보이는 것이 중요하답니다. 외출을 할 때는 애착을 느끼는 물건(인형이나 이불)을 꼭 가지고 다니며 안정감을 느끼도록 도와주는 것이 좋습니다. 이러한 불안이나 긴장은 감각 놀이를 통해 해소할 수 있으므로 물놀이와 같은 감각 놀이를 할 수 있게 도와주세요. 자유롭게 물을 만지거나 과일을 누르고 만져보는 등 감각 자극을 통해 스트레스를 해소할 수 있답니다.

6~12개월 인지 발달을 위한 까꿍 놀이

손수건이나 이불로 얼굴을 가렸다가 "까꿍!" 하며 나타나는 까꿍 놀이는 9개월 이전에는 눈앞에 보이지 않던 것이 갑자기 나타난다는 즐거움으로 아이가 좋아합니다. 9~10개월 이후에는 눈에 보이지 않는 사물도 여전히 존재함을 알게 되는 대상 영속성의 개념이 생겨 눈에 보이지 않지만 여전히 존재한다는 기대를 만족시키는 놀이가 됩니다. 까꿍 놀이는 이러한 인지 발달 과정에 도움이 되며, 12개월 이후에도 더 높은 수준의 대상 영속성 개념이 발달하도록 도와줍니다.

놀이 과정

✔ 손수건이나 이불로 엄마 얼굴을 가렸다가 "까꿍" 나타나는 놀이를 해보세요.
  "(엄마 얼굴을 가리며) 엄마 어디 갔지?"
  "(나타나며) 까꿍! 엄마가 이불 뒤에 숨어있었네."

✔ 아이도 손수건이나 이불로 가렸다가 나타나도록 도와주세요.
  "○○이도 꼭꼭 숨어볼래?"
  "○○이가 안 보이네? 어디로 갔지?"

"까꿍! 이불 속에 숨어있었구나! 없어진 줄 알고 깜짝 놀랐네!"
✔ 신체 부위를 수건으로 가리며 찾아보는 놀이를 해보세요.
"(발을 가리며) 엄마 발은 어디 갔지? 까꿍!"
"(손을 가리며) ○○이 손이 없어졌네! 손은 어디 있지? 까꿍!"
✔ 좋아하는 인형으로 까꿍 놀이를 해보세요.
"(토끼 인형을 이불로 가린 후) 어? 토끼는 어디 갔지?"
"(이불을 치우며) 까꿍! 토끼가 여기 숨어있었구나!"
"깡총 토끼야, 없어진 줄 알았네!"

놀이 확장

✔ 까꿍 놀이는 숨고 찾는 숨바꼭질 놀이로 연결될 수 있습니다. 숨바꼭질 노래를 부르며 이불 속에 숨고 찾는 놀이를 지속해보세요.
"꼭꼭 숨어라~ 머리카락 보일라~"
"엄마 꼭꼭 숨을게. ○○이가 찾아봐."
"이번엔 토끼가 꼭꼭 숨는대. 우리가 토끼 찾아보자!"
✔ 여러 개의 컵을 바닥에 뒤집어 놓은 후 그 안에 작은 놀잇감을 넣어주세요. 아이와 함께 보이지 않는 놀잇감을 찾아보는 놀이를 해보세요.
"엄마가 컵 안에 이 자동차를 넣어둘게."
"꼭꼭 숨어라~ 자동차가 컵 속에 꼭꼭 숨었네."
"까꿍~ ○○이가 어디 숨었나 찾아줄까?"

주의사항

• **아이 몰래 숨거나 몰래 숨기지 마세요.**
보이지 않는 사물도 존재함을 이해하지만, 아직은 눈앞에서 숨겨지는 사물에 대해 존재를 이해하는 수준입니다. 이불로 가리거나 컵 속에 숨길 때 아이가 숨기는 과정을 볼 수 있게 해주어야 찾을 수 있답니다. 아이 몰래 숨기고 찾으라고 하면 관심을 보이지 않을 수 있습니다. 또한 엄마가 몰래 다른 방에 숨거나 이불 속에 숨으면 엄마가 사라졌다고 생각해 불안해할 수 있습니다.

6~12개월 대근육 발달을 위한 기어가기 놀이

배밀이를 하던 아이는 팔로 상체를 지탱하고 무릎으로 엉덩이를 지탱하며 네발로 기어가기 시작합니다. 네발로 기어가며 팔다리와 허리의 근육이 발달하고 이후 몸을 지탱하고 설 수 있게 됩니다. 이렇게 기어 다니며 집 안 곳곳을 탐색하고 뒤지기 시작하죠. 집 안 곳곳을 기어 다니는 것 자체가 이 시기에 가장 재미있는 놀이입니다. 자유롭게 원하는 곳을 탐색할 수 있도록 안전한 가정환경을 만들어주어야 합니다.

놀이 과정

- ✔ 기어가는 아이에게 긍정적인 반응을 보여주세요.
    "OO이가 엉덩이를 번쩍 들었네!"
    "이제 팔이랑 다리가 더 튼튼해졌구나!"
    "앞으로 앞으로~ 열심히 가고 있어!"
- ✔ 아이와 함께 따라가며 놀이해주세요.
    "OO이가 어디로 가는 걸까?"

"엄마도 OO이랑 같이 가봐야겠네."
✔ 기어 다니는 아이와 같은 곳을 바라보며 보이는 것을 언어적으로 표현해주세요.
"OO이가 인형을 가지러 가는 중이었구나."
"그쪽은 엄마가 맘마 만드는 곳이지?"
"여기에는 OO이가 좋아하는 이불이 있네?"

놀이 확장

✔ 아이와 함께 기어가며 잡기 놀이를 해보세요. 아이 앞에서나 뒤에서 "OO이 잡으러 간다~!" 이야기하며 다가가면 놀이에 함께 참여할 수 있게 됩니다. 이러한 놀이는 몸의 방향을 전환하거나 속도를 높이는 데 도움이 되어 신체 발달을 촉진할 수 있습니다. 또한 "OO이 발 잡으러 간다.", "OO이 엉덩이 어디 있나?" 등의 신체 부위를 언급한다면 신체 인지 및 언어 발달에도 도움이 된답니다.

✔ 기어가는 아이와 동물 흉내를 내보세요. 동물의 이름, 동물의 움직임이나 소리를 의태어와 의성어로 표현해주면 신체 움직임을 인지하게 되며 언어 발달에 도움을 줄 수 있습니다.
"OO이 고양이가 살금살금 기어가고 있네?"
"엄마 고양이도 살금살금~ 아기 고양이를 찾으러 간대~."

주의사항

- **삼킬 만한 작은 조각을 바닥에 두지 마세요.**
아이가 기어 다니기 시작할 때는 부모가 가장 부지런해야 하는 시기입니다. 손가락 힘이 생겨 바닥에 떨어진 작은 조각도 집을 수 있으며, 손으로 잡은 것은 자연스럽게 입으로 들어가는 경우가 많습니다. 먹지 말아야 할 조각들을 삼킬 위험이 있으므로 바닥에 떨어진 것이 없는지 항상 살펴봐야 합니다.

- **아이 손이 닿는 곳을 더럽게 두지 마세요.**
수납장 밑, 침대 밑 어디든 기어 들어갈 만한 공간이 있으면 아이가 들어갈 수 있습니다. TV 뒤쪽, 평소에 잘 닦지 않던 창틀도 아이의 손이 닿을 수 있습니다. 자주 기어 다니는 바닥뿐 아니라, 창틀에 껴있는 먼지까지도 깨끗하게 닦아주세요. 아이에게 "더러워, 이쪽으로 가자.", "거긴 먼지 있으니 만지지 말자."라는 제한 대신에 위험한 상황이 아니라면 충분히 만져보고 탐색해볼 수 있는 기회를 주는 것이 더 좋습니다.

6~12 개월 언어 발달을 위한 책장 넘기기 놀이

이 시기의 아이들은 더 다양한 소리를 구분할 수 있으며, 평소에 많이 듣던 단어와 소리를 이해하고 몇 단어를 말할 수 있을 정도로 언어가 발달합니다. 또한 손가락 사용이 정교해지고 자기주도성이 커지면서 그동안 엄마가 책장을 넘기며 읽어줬던 것처럼 스스로 책장을 넘기려 하는 모습이 보입니다. 책을 고르고 책장을 스스로 넘기는 것 자체가 아이들에게는 놀이이며, 이 과정을 즐겁게 경험한 아이들이 이후 책을 좋아하게 된답니다.

놀이 과정

- ✔ 아이가 지내는 집 안 곳곳에 그림책을 놔주세요. 아이가 자는 곳, 깨어서 놀이하는 곳, 이동하는 차 안 곳곳 아이가 머무는 공간 여기저기에 책을 놔두세요. 책은 언제든 눈에 띄는 것이 좋고 언제든 펼쳐볼 수 있도록 해주는 것이 책에 대한 관심을 키우는 방법입니다.
- ✔ 스스로 그림책을 고르고 책장을 넘기는 아이를 지지하고 격려해주세요. 부모의 지지와 격려를 받으면 그림책을 더 좋아하는 아이로 자랄 수 있습니다.

"○○이가 책 가져왔구나?"

"○○이 혼자서도 책 볼 수 있구나? 한 장씩 잘 넘기네!"

✓ 그림책을 넘기면 나오는 그림에 대해 이야기해주세요.

"삐뽀삐뽀 자동차가 나왔네? 삐뽀삐뽀~"

"여긴 누구네 집일까? 똑똑똑 문 좀 열어주세요!"

놀이 확장

✓ 그림책에서 본 내용이나 장면을 일상에서 연관 지어 이야기해주면 책에서 본 내용이나 어휘를 기억하고 쉽게 떠올릴 수 있답니다.

"우리가 책에서 본 달님이네. 달님 안녕?"

"책에서 본 문이 여기도 있네? 누구네 집인가요? 똑똑똑~ 문 좀 열어주세요."

✓ 평소 좋아하는 그림책에 문을 대신하여 포스트잇을 붙여 떼었다 붙였다 하면서 까꿍 놀이를 할 수 있습니다.

"이 종이 뒤엔 누가 숨어있을까?"

"짠! 토끼가 숨어있었네!"

✓ 문지르기, 버튼을 누르기, 문 열기, 잡아당기기 등의 조작 가능한 책들을 제공해주면 아이 스스로 손가락 힘을 주어 조작해보려는 모습이 보입니다. 9~10개월경이 되면 손가락 힘이 더 세져서 버튼을 눌러 노래를 틀 수 있게 된답니다.

주의사항

• **팝업북이나 얇은 종이로 된 책은 잠시 치워두세요.**
스스로 책장을 넘기고 조작하려고 하는 시기에는 팝업북이나 얇은 종이로 된 책을 찢을 가능성이 큽니다. "찢으면 안 돼."라고 말하기보다는 발달에 적합한 책을 제공해주는 것이 좋습니다. 쉽게 찢어지지 않는 두꺼운 보드북이나 헝겊으로 된 책을 자유롭게 만져볼 수 있도록 도와주세요.

• **엄마가 책장을 넘기며 읽어주지 마세요.**
아이가 책을 보다 보면 거꾸로 보기도 하고, 여러 장 한꺼번에 넘기기도 하고, 뒤에서부터 보기도 합니다. 이런 것들을 지적하고 고쳐주면서 "엄마가 읽어줄게. 엄마가 책장 넘길게."라고 한다면 아이는 점점 책에 관심을 잃게 됩니다. 이 시기의 아이들에게 책은 꼭 순서대로 읽어야 하는 것이 아니라, 내가 좋아하는 그림을 찾고 만져볼 수 있는 재미있는 놀잇감이어야 합니다.

6~12개월 청각, 소근육 발달을 위한 페트병 놀이

누워서 바닥을 치고 손을 허공에서 휘두르던 아이는 6개월 이후 점차 신체조절능력이 생기면서 정확한 목표를 향해 손바닥으로 치거나 손으로 잡고 흔드는 것이 가능해집니다. 이 시기에 손바닥으로 두드리거나 잡고 흔들어서 소리가 나는 놀잇감은 아이에게 청각적 자극을 주게 되고 흥미를 불러일으키게 됩니다. 탬버린이나 마라카스와 같은 악기가 없다면 페트병에 콩이나 쌀을 넣어 소리가 나도록 만들어주세요. 흔들고 두드리며 신체조절능력을 키울 수 있습니다.

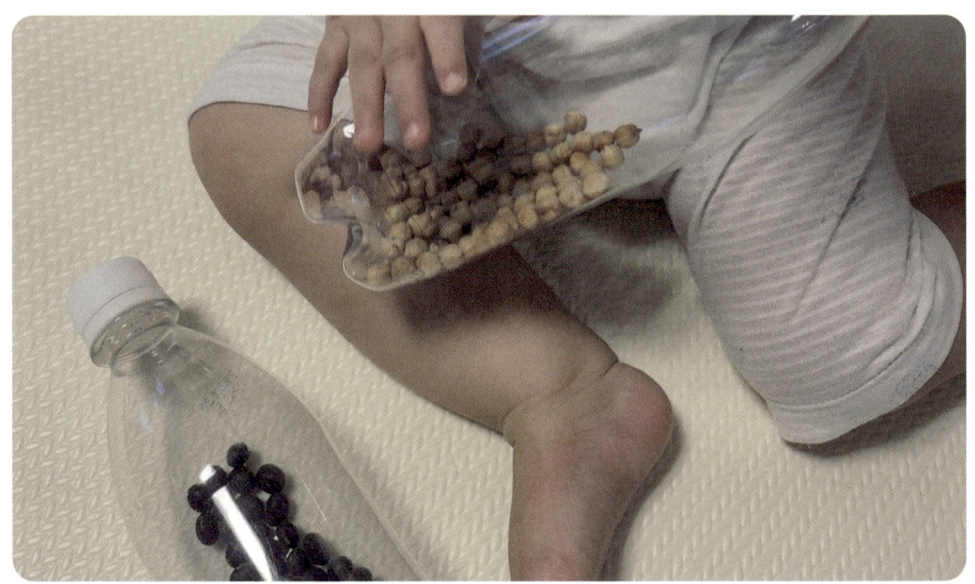

놀이 과정

- ✔ 아이의 신체 발달 정도를 관찰해보세요. 손바닥으로 원하는 부위를 치거나 놀잇감을 위아래로 흔드는 것이 가능하다면, 손바닥으로 쳐서 소리가 나거나 흔들어서 소리가 나는 놀잇감을 아이 주변에 놓아주세요.
- ✔ 아이가 어떤 소리를 만들어 내는지 듣고, 언어적으로 표현해주세요.
    "통 안에 뭐가 들어있네?"
    "OO이가 손바닥으로 치니까 소리가 나네?"

"두 개를 잡고 짝짝짝! 만나게 하니 소리가 더 크네?"

"흔들흔들~ 위로 아래로 흔들어도 소리가 나는구나!"

✔ 아이가 좋아하는 노래를 불러주며 놀이해보세요.

"곰 세 마리가 한집에 있어~ 아빠 곰 엄마 곰 아기 곰~"

"엄마가 노래하는 동안 ○○이가 흔들흔들 연주해주었네."

🔤 놀이 확장

✔ 페트병 안에 크기와 재질이 다양한 것을 넣어주면 여러 가지 소리를 경험하게 됩니다. 이때, 큰 소리, 작은 소리의 차이를 느낄 수 있도록 이야기해주면 좋습니다.

"이 병은 소리가 크게 들리네."

"이건 작은 소리가 들리는구나."

✔ 페트병을 굴리며 놀이해보세요. 흔들고 두드리고 놀이했다면, 우연히 페트병이 굴러가는 순간들이 있을 겁니다. 그때 페트병이 굴러가는 모습, 굴러가는 소리 등에 대해 이야기해주세요.

"○○이가 통을 밀었더니 떼굴떼굴 굴러가네?"

"떼굴떼굴 굴러가면서 소리도 나네?"

✔ 페트병 2~3개를 볼링핀 대신하여 세워두고 공을 던져 쓰러뜨리는 볼링 놀이를 할 수 있습니다. 목표를 향해 정확히 공을 던지는 것이 어렵기 때문에 가까운 거리에서 공을 굴리거나 살짝 던져 맞을 수 있도록 해주세요. 내가 던진 공이 페트병을 쓰러뜨리는 결과를 보게 되면 즐거움을 느낄 수 있답니다.

✋ 주의사항

- **뚜껑이 쉽게 열리는 통을 사용하지 마세요.**
  손가락 힘이 세어지면서 로션 통이나 페트병 뚜껑을 열 수 있는 아이도 있습니다. 뚜껑을 열어 안에 있는 작은 것들을 빼내 입으로 가져갈 수 있으니 아이가 열 수 있는 뚜껑인지 확인해주세요. 세게 닫아 아이가 열지 못하게 하거나 뚜껑 부분을 테이프로 붙여주는 것도 좋은 방법입니다.

6~12개월 사회·정서 발달을 위한 거울 놀이

6개월 이후 아이들은 거울을 통해 내 얼굴을 익히고, 자신의 존재를 인지하기 시작합니다. 거울을 보며 웃으면 거울 속 내가 웃고 엄마가 웃으면 거울에 비친 엄마가 웃는 것을 경험하면서 점차 자기를 인식하고 거울 속 존재가 자신임을 알게 됩니다. 거울을 보며 자기를 인지하게 된 아이들은 이후 18개월경이 되면 얼굴에 스티커를 붙이고 거울을 봤을 때 거울 속 얼굴이 아닌 실제 내 얼굴에 붙은 스티커를 뗄 수 있을 정도로 자기인식이 발달하게 된답니다.

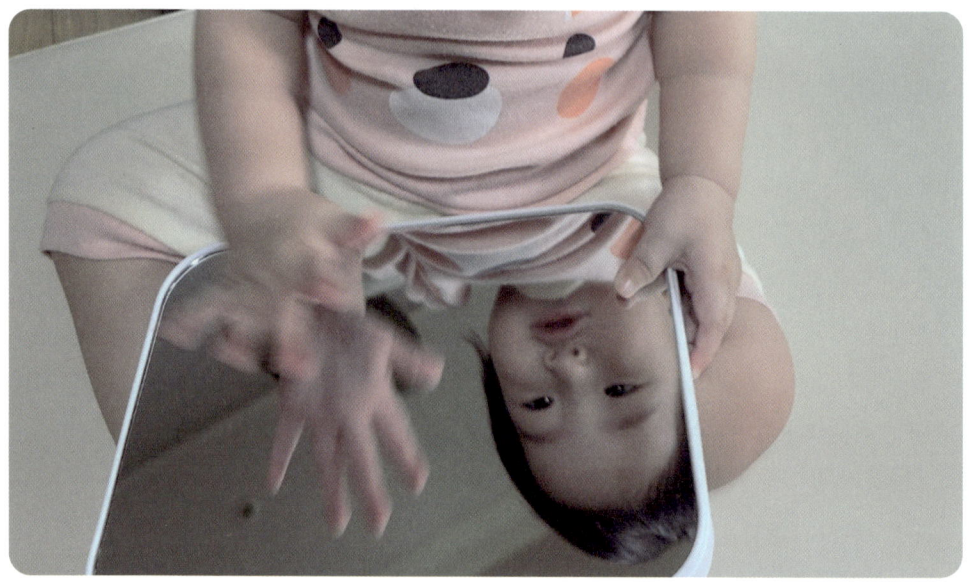

놀이 과정

✔ 집 안에 거울이 있는 곳에서 아이와 놀이해주세요. 아이가 손으로 쳐도 쓰러지지 않을 벽에 붙어 있는 거울 앞에서 놀이하거나 날카롭지 않은 손거울 등을 아이 주변에 놓아주세요.

"여기 거울이 있네?"

"거울 속에 누가 있지?"

✔ 거울 속에 비치는 모습에 대해 이야기해주세요. 아이가 보는 것을 말로 표현해준다

면 시각적 자극에 언어적 자극이 더해져 언어와 인지 발달에 도움이 됩니다.

"거울 속에 OO이가 있네!"

"거울 속에 엄마 얼굴도 있고! 엄마 까꿍!"

✔ 거울 속에 비친 얼굴에서 눈, 코, 입을 찾아보세요.

"OO이 코 어디 있지? OO이 코 여기 있네!"

"엄마 코는 어디 있지? 엄마 코 여기 있네!"

✔ 다양한 얼굴 표정 혹은 다양한 몸짓을 하며 거울 속 모습을 관찰해보세요.

"엄마가 하하하 입을 크게 벌리고 웃고 있네."

"OO이도 엄마처럼 입을 크게 벌렸구나!"

놀이 확장

✔ 스티커나 머리핀 등을 이용해 아기의 몸 여기저기에 붙이고 거울을 본 후 떼어내는 놀이를 해보세요. 아직 아이가 거울 속 모습을 보고 실제 몸에 붙은 스티커를 떼어내지는 못합니다. 부모의 도움으로 함께 놀이해보세요.

"거울 속 얼굴에 스티커가 붙었네? 떼어볼까?"

"스티커가 어디 있지? 여기 OO이 진짜 얼굴에 붙어있네!"

✔ 평소 좋아하는 인형이나 놀잇감을 가져와 거울에 비춰보세요. 실제 사물과 거울 속 사물의 차이를 관찰해볼 수 있답니다.

"OO이가 좋아하는 토끼가 여기도 있고, 거울 속에도 있네."

"토끼가 깡충깡충! 뛰어가니 거울 속 토끼도 깡충깡충 뛰어가네!"

✔ 거울을 보며 아이에게 사랑하는 감정을 표현해보세요. 거울을 통해 사랑받는 나의 모습을 보는 것은 정서적 안정, 만족에 도움이 된답니다.

"엄마가 우리 OO이 사랑해, 엄마가 꼭 안아줄게."

주의사항

• **쓰러지거나 깨질 위험이 있는 거울은 보여주지 마세요.**
아이들의 힘은 생각보다 셉니다. 비스듬히 세워두는 전신거울은 이 시기에 잠시 치워두어야 하며 모서리가 날카롭거나, 테두리 마감이 되어 있지 않은 거울은 보여주지 않는 것이 좋습니다.

6~12개월 호기심, 소근육 발달을 위한 그릇 놀이

기어 다니기 시작하면서 주변에 대한 호기심이 커지고, 특히 엄마가 사용하는 물건들에 관심을 가지게 됩니다. 엄마가 사용하는 그릇들을 놀이에 활용한다면 호기심을 충족시키고 주변 사물에 대한 이해를 높일 수 있습니다. 또한 그릇들을 만지고 뚜껑을 열고 닫고, 두드리면서 소근육 발달에 도움이 되며, 우연히 만들어 낸 다양한 소리를 경험하게 됩니다.

놀이 과정

- 아이가 엄마가 사용하는 그릇들에 관심을 보인다면, 그릇을 마음껏 꺼내고 탐색할 수 있는 기회를 주세요. 아이가 관심을 보이는 그릇들 중에 깨지거나 뾰족해 위험한 것들은 손이 닿지 않는 상부장으로 옮겨줍니다.

  "엄마 그릇이 궁금했어? 재미있어 보이는 게 많지?"

- 아이의 행동을 관찰하다가 아이가 보이는 행동을 말로 표현해주세요.

  "영차! 무거운 냄비도 들었구나? 정말 힘이 세네!"

  "냄비 뚜껑도 꽝 닫았구나?"

"손바닥으로 두드리니 쿵쿵 소리가 나네?"

✓ 그릇을 두드릴 수 있는 조리도구를 활용해 놀이할 수 있도록 해주세요. 엄마도 아이처럼 그릇을 두드리고 만져본다면 아이가 더 흥미를 느끼게 됩니다.

"이 국자로 두드려볼까? 국자로 두드리니 더 큰 소리가 나는데?"

"엄마 냄비에서는 쨍! 이런 소리가 나네."

놀이 확장

✓ 아이가 그릇을 두드리기 시작했다면, 평소 아이가 좋아하는 노래를 불러주세요. 노래를 부르고 그릇을 두드리며 악기연주의 경험을 할 수 있답니다.

"쿵쿵 두드리니 북을 치는 것 같네."

✓ 이유식을 시작한 아이라면, 숟가락을 함께 내어주세요. 숟가락질하는 것, 입으로 가져가는 것 등을 놀이를 통해 연습해볼 수 있도록 해주면 됩니다. 숟가락으로 먹어본 아이들은 그릇과 숟가락만 봐도 '떠먹는 척'을 하며 '상상 놀이'의 초기 모습을 보이기 시작한답니다. 엄마도 함께 상상 놀이를 하며 놀이의 상대가 되어준다면 아이들의 상상을 더욱 풍부하게 만들 수 있습니다.

"OO이가 맘마 먹고 있구나?"

"엄마도 지글보글~ 음~ 맛있다!"

주의사항

- **주방 문을 닫지 마세요! 아이가 주방을 탐색할 수 있는 기회를 주세요.**
  아이가 주방에 관심을 보이면 주방에 들어오지 못하도록 간이 문을 설치하거나 무조건 안 된다고 하는 부모들이 많아요. 무조건 안 된다고 하기보다는, 아이가 탐색 가능한 안전한 것들을 제공해주는 것이 좋아요. 싱크대를 모두 잠가놓기보다는 싱크대 하부장 한 칸쯤은 아이를 위해 안전한 그릇들을 모아놓고 자유롭게 꺼내볼 수 있도록 해준다면 어떤 것보다도 좋은 놀잇감이 될 수 있습니다.

- **모든 것을 허용하지 마세요! 정확한 한계를 설정해주세요.**
  그렇다고 싱크대 하부장 모두를 허용하라는 말은 아닙니다. 칼이나 양념류가 들어있는 장을 열려고 하면 "여긴 위험해. 엄마가 쓰는 위험한 칼이 있어."라고 정확히 알려주세요. "대신 이쪽(안전한 그릇이 담긴 장)을 열자."라고 대안을 주고 시선을 돌릴 수 있도록 도와주어야 합니다. 돌 이전의 아이들도 되는 것과 안 되는 것을 꾸준히 알려주면 충분히 이해할 수 있답니다.

6~12개월 신체 발달을 위한 자동차 놀이

자동차에는 바퀴가 달려있기 때문에 아이가 손으로 잡고 움직이는 대로 움직여집니다. 팔을 옆으로 하면 자동차가 옆으로 움직이고 앞으로 밀면 앞으로 움직입니다. 이렇게 신체 움직임에 따라 자동차가 움직이는 것은 아이에게 신체를 더 즐겁게 움직이도록 도와주는 놀잇감이 될 수 있습니다. 또한 태엽을 감는 자동차는 팔을 쭉 당겼다 손을 놓으면 자동차가 앞으로 쭉 나아가게 되는데, 이러한 원리를 우연히 경험했다가 반복해보는 모습도 볼 수 있답니다.

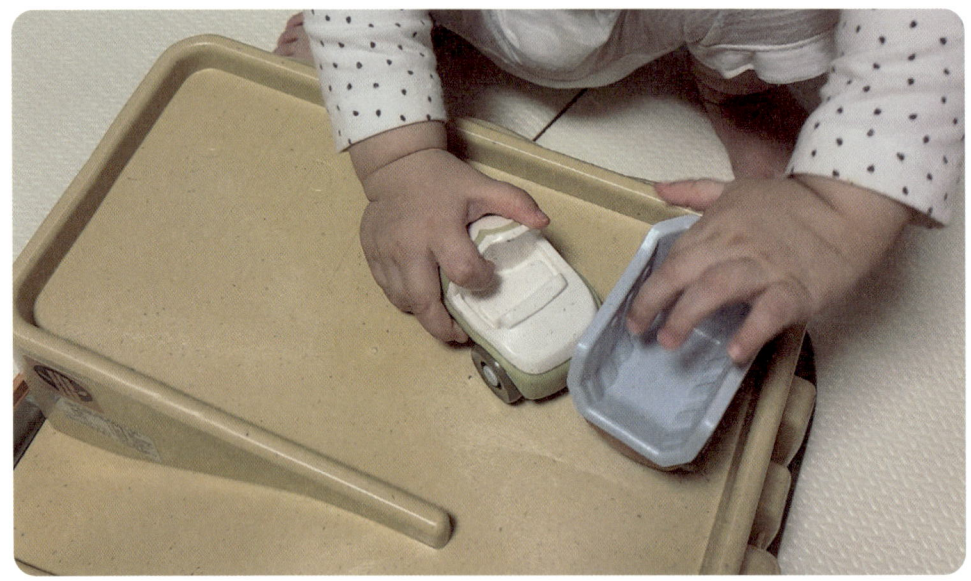

놀이 과정

✔ 아이 주변에 자동차를 놓아주고 관심을 보이는지 관찰해봅니다.
  "자동차가 있네?"
  "자동차 가지고 놀고 싶구나?"

✔ 아이가 자동차를 만지고 움직인다면 아이의 행동을 언어로 표현해주세요. 나의 행동을 언어로 표현해준다면 동작인지능력, 언어 발달에 도움이 된답니다.
  "○○이가 자동차를 옆으로 왔다 갔다 하는구나."

"이번에는 자동차가 앞으로 앞으로 가네?"

"OO이가 자동차를 밀고 식탁까지 갔구나."

✔ 부모도 자동차를 한 대 가지고 아이와 함께 놀이해보세요. 아이는 부모가 함께 놀이해주었을 때, 더 즐거움을 느끼고 놀이를 지속할 수 있답니다.

"엄마 자동차도 OO이 따라서 갑니다~ 부릉부릉~"

"아빠 자동차는 옆으로 옆으로~ 여기까지 도착!"

놀이 확장

✔ 아이가 자동차 놀이에 관심을 보인다면, 리본이나 털실을 이용해 끈을 달아주세요. 손으로 잡고 미는 것과 다른 자극을 줄 수 있습니다. 특히 걸음마를 시작한 아이가 끈을 잡고 걸어가면 자동차가 따라오는 재미를 경험할 수 있게 됩니다.

"끈을 당기니까 자동차가 움직인다!"

"OO이가 끈을 잡고 걸어가니까 자동차가 따라가네?"

✔ 책이나 박스 등을 이용해 경사로를 만들어주세요. 경사로 위에서 자동차를 놓으면 더 빠른 속도로 내려가는 모습을 보게 될 것입니다. 비스듬한 길을 새로 경험할 뿐만 아니라 '빠르다'라는 말을 사용하면 어휘습득에 도움이 될 것입니다.

"내려가는 길이 생겼네."

"이 길에서는 자동차가 빨리 내려간다!"

주의사항

- **놀이를 주도하지 마세요.**
  부모가 먼저 "여기에 주차하자.", "이 길을 따라가야지.", "이쪽으로 가야 해." 등의 이야기로 놀이를 주도한다면, 아이는 점점 놀이가 재미없어질 것입니다. 당장 부모의 주도대로 잘 따라가더라도, 이후 주도성이 떨어지는 아이가 될 수 있습니다. 아이가 놀이하는 것을 관찰하고, 속도에 맞추어 함께 놀이해주세요. 아이가 하는 그대로를 따라 하기만 해도 됩니다.

- **너무 크고 무거운 자동차를 주지 마세요.**
  이 시기에는 작은 힘을 주어도 움직이는 자동차가 좋습니다. 조금만 노력해도 결과가 금방 드러나 다시 시도하고 반복할 욕구를 만들어주기 때문입니다. 또한 크기가 작더라도 아이가 바닥에 내리치고 던질 위험이 있으므로 철제 자동차는 피하는 것이 좋습니다. 가벼운 나무나 플라스틱으로 된 자동차, 한 손으로 잡을 수 있는 자동차가 적합합니다.

6~12개월 소근육 발달을 위한 숟가락 놀이

아이는 5~6개월경 이유식을 시작하면서 숟가락을 처음 접하게 됩니다. 처음엔 엄마가 주는 숟가락으로 이유식을 잘 받아먹다가 점점 주도성이 생기고 숟가락을 잡고 싶어 합니다. 이유식을 처음 시작했을 시기에는 숟가락으로 음식을 떠서 입으로 가져가는 것이 익숙하지 않으나 숟가락으로 놀이할 수 있도록 내어주면 연습할 기회가 됩니다. 놀이를 통해 반복하면서 소근육이 발달하면 숟가락을 정확히 입으로 가져가는 것이 가능해집니다.

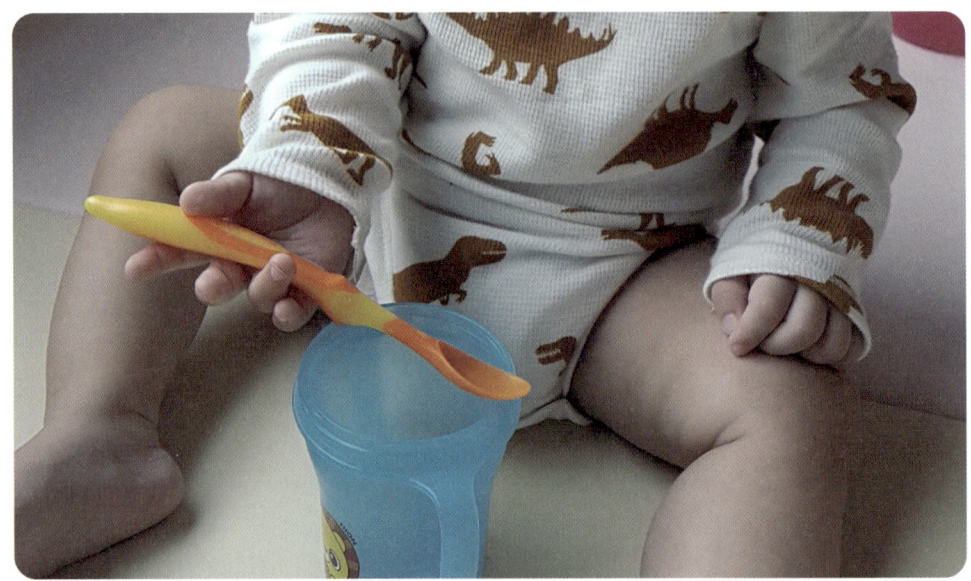

놀이 과정

- ✔ 이유식을 시작하고 숟가락에 관심을 보인다면, 빈 그릇과 숟가락을 놀이할 수 있도록 내어주세요.

  "○○이가 맘마 먹을 때 쓰는 숟가락이지?"

  "맘마를 담는 그릇도 있네?"

- ✔ 아이가 숟가락으로 놀이하는 모습을 관찰하고, 언어로 표현해주세요.

  "○○이가 숟가락으로 먹어볼까?"

"한 숟가락 떠서 입으로 쏙!"

"○○이 혼자서도 잘 먹는구나!"

✔ 다 먹은 그릇과 숟가락을 정리할 수 있는 바구니를 마련해주고, 아이가 보이는 곳에 상시 놓아주세요. 아이 입에 닿은 숟가락과 그릇은 수시로 소독해주세요.

"숟가락 다 썼으면 여기 바구니에 쏙~ 할까?"

"그릇도 여기 바구니에 쏙~"

"다음에 또 여기에서 꺼내서 먹자!"

놀이 확장

✔ 쌀 튀밥이나 과일과 같이 숟가락으로 잘 떠지는 간식을 그릇에 담아주고 숟가락으로 먹도록 도와주세요. 스스로 숟가락질을 해본 경험이 있어야만 신체조절능력이 발달한답니다.

"엄마가 그릇에 까까 담아왔네? ○○이가 숟가락으로 먹어볼까?"

"숟가락으로 떠서 입속으로 쏙!"

✔ 음식 모형을 추가로 제공해주면 음식을 차리고 먹는 시늉을 하며 상상 놀이로 이어질 수 있습니다.

"○○이가 그릇에 음식을 가득 담았구나"

"○○이도 먹고, 엄마도 한 입 줄래?"

주의사항

- **이유식 먹을 때 숟가락을 빼앗지 마세요.**
  이유식을 먹을 때 숟가락을 스스로 잡고 싶어 하는 아이가 많습니다. 이때 흘릴 것이 걱정되어 "엄마가 줄게." 하고 숟가락을 빼앗아 간다면 아이는 연습할 기회를 빼앗기는 것입니다. 숟가락을 빼앗지 마시고 2개를 준비하세요. 하나는 엄마가 아이가 먹을 만큼 떠 먹여주고, 하나는 아이 손에 쥐여주세요. 손에 쥔 숟가락으로 이유식 그릇을 휘저을 수 있으니 이유식은 먹어야 하는 양보다 여유 있게 준비하는 것이 좋습니다.

- **놀이용 숟가락은 안전한 것으로 준비해주세요.**
  놀이용 숟가락은 너무 길거나 딱딱하지 않은 것으로 준비하고, 숟가락으로 놀이할 때 항상 가까이에서 지켜봐주세요. 입 깊숙이 넣거나, 숟가락을 들고 걸어 다니지 않도록 주의를 기울여야 한답니다.

6~12개월 정서 발달을 위한 목욕 놀이

허리에 힘이 생겨 앉아서 놀이할 수 있다면, 목욕시간에도 앉아서 물놀이할 수 있도록 해주세요. 물은 피부에 닿아 감각적 자극을 주고 정서적 안정감을 제공하는 좋은 놀잇감이며, 손으로 만지는 대로 그릇에 담는 대로 모양이 변하는 개방적인 놀잇감입니다. 목욕하며 자유롭게 물을 만지고 충분히 탐색한다면 스트레스 해소를 통한 정서 안정, 창의적인 사고를 통한 인지 발달에 도움이 될 것입니다.

놀이 과정

- 목욕을 마친 후에 욕조에 물을 받아 놀이할 수 있는 시간을 주세요. 물과 욕실의 온도를 따뜻하게 유지해주면서 아이가 놀이할 수 있는 시간을 마련해주는 것이 중요하답니다.
- 손으로 첨벙첨벙 물을 만지고 느껴볼 수 있도록 해주세요. 부모도 같이 해주면 더 좋답니다.
  "○○이가 손으로 첨벙첨벙~"

"아이 차가워~! 첨벙첨벙했더니 물이 엄마한테 튀었네."

"엄마 손도 물속으로 첨벙~"

✔ 컵이나 그릇을 이용해 물을 담고 쏟아보는 놀이를 해봅니다. 컵 하나만 있어도 물을 담고 쏟으며 반복해서 놀이할 수 있습니다. 재활용품으로 모아 둔 투명한 플라스틱 컵이나 그릇 등을 활용하면 물이 담긴 것이 잘 보여서 더 좋답니다.

"○○이가 컵에 물을 담았네?"

"물이 주르륵~ 흘러내려요!"

"여기 그릇에 물 좀 담아주세요."

놀이 확장

✔ 물에 뜨는 것과 가라앉는 것을 경험하게 해주세요. 물에 뜨고 가라앉는 원리에 관심을 보이거나 이해하기는 어렵지만, 차이를 느끼도록 이야기해주면 됩니다.

"그릇이 물에 둥둥 떠 있네."

"그릇이 점점 점점 물속으로 쏙쏙 들어가고 있네?"

✔ 손수건이나 스펀지와 같이 다양한 재질을 물속에서 경험할 수 있도록 해주세요.

"손수건이 물에 들어갔더니 젖어버렸네."

"스펀지를 꾹 누르니 물이 주르륵~ 내려오네."

주의사항

- **아이를 욕실에 혼자 두지 마세요.**
  아이가 앉아서 물놀이할 때, 안전하게 앉아있을 수 있도록 엉덩이 받침이 되어 있는 아기용 욕조를 사용해야 합니다. 안전한 아기용 욕조 안에 아이를 두었더라도 아이를 꼭 옆에서 지켜봐주어야 합니다. 자리에서 일어나다가 미끄러지거나, 몸의 균형을 못 잡아 얼굴이 물에 잠기는 사고 등이 일어날 수 있으므로 항상 안전에 주의해주세요.

- **목욕이나 물놀이를 싫어하는 아이라면 억지로 시키지 마세요.**
  목욕시간을 너무 싫어해서 물놀이마저 거부하는 아이들이 있습니다. 이런 경우라면 억지로 물놀이를 시키지 마세요. 욕조에 몸을 담그기 전에 작은 대야에 물을 받아놓고 물을 만지고 컵에 담아보는 것부터 시작하면 됩니다.

6~12 개월 대근육 발달을 위한 휴지 놀이

뽑아 쓰는 휴지나 물티슈는 아이가 매우 좋아하는 놀잇감입니다. 반복되는 즐거움을 좋아하는 이 시기에, 뽑으면 계속 나오는 휴지는 아이의 대근육 발달 및 흥미를 충족시키기에 매우 좋은 놀잇감입니다. 그러나 일상에서 쓰는 자원이기 때문에 이를 얼마만큼 놀이에 활용해도 되는지가 늘 고민되는 부분입니다. 아이가 뽑은 휴지를 다시 잘 모아 사용하거나, 주의전환을 통해 적절히 욕구를 조절해주는 것이 가능하면 아이와 즐거운 놀이시간을 보낼 수 있습니다.

놀이 과정

✔ 아이가 주변에 놓인 뽑아 쓰는 휴지나 물티슈에 관심을 보인다면 아이의 모습을 관찰해주세요. 휴지나 물티슈 뽑는 것을 허용하지 않는 부모라면 아이가 보지 않도록 치워두세요.

"거기 휴지가 있구나."

"물 흘렸을 때나 입 닦을 때 쓰던 거지?"

✔ 아이와 휴지를 뽑으며 함께 놀이해봅니다.

"○○이가 휴지를 쏙~ 한 장 뽑았네."

"한 장 더 쏙~ 뽑았는데 자꾸 나오네?"

"쏙쏙 뽑히니 너무 재밌다. 그치?"

✔ 적절한 한계를 설정해주세요. 뽑는 것을 그만두게 만드는 것보다 뽑은 휴지로 다른 놀이를 할 수 있도록 주의를 전환해주는 것이 좋답니다.

"휴지를 많이 뽑았네. 엄마 손이 더러운데 휴지로 쓱쓱 닦아주세요."

"휴지로 여기 바닥 좀 닦아주세요."

놀이 확장

✔ 뽑아 둔 휴지를 구기거나 찢는 놀이를 함께 해보세요. 휴지는 쉽게 구겨지고 쉽게 찢어져서 손가락에 힘이 없는 아이들도 가능한 놀이입니다. 다 놀이한 후에는 휴지통에 쏙쏙 넣어보거나, 바구니에 모두 담아보며 마무리할 수 있도록 도와주세요.

"휴지를 동글동글 뭉치니 공이 됐네."

"휴지 공을 바구니에 쏙! 넣어볼까?"

✔ 휴지가 물에 닿으면 또 다른 느낌이 납니다. 다 놀이한 후 물이 조금 담긴 볼에 휴지를 퐁당 넣어보세요. 물에 닿아 새롭게 변하는 휴지를 관찰하거나 만져보면 새로운 놀이가 된답니다. 부드러운 휴지를 조물조물 만져보며 감각 놀이 시간을 가져보세요.

"물속에 풍덩~ 했더니 휴지가 변하고 있네?"

"만져보니 느낌이 어때? 부드러워졌네."

주의사항

• 즐겁게 놀고 있는 아이에게 갑자기 "그만 뽑자."라고 하면서 빼앗아 가지 마세요.
열심히 휴지를 뽑으며 놀고 있는 아이에게 갑자기 그만하라고 하면서 갑 휴지를 빼앗아 간다면 아이는 계속하고 싶은 마음에 우는 경우가 생길 겁니다. 놀기에 적당한 만큼 뽑았다 생각이 된다면, 뽑은 휴지로 다른 놀이를 시작할 수 있도록 관심을 전환해주세요.

6~12개월 인지, 신체 발달을 위한 꺼내고 담기 놀이

아이들은 반복적인 놀이를 좋아합니다. 앉아서 두 손의 사용이 가능해지는 시기에는 손으로 꺼내고 담고 쏟는 행동을 반복하며 숙달감과 흥미를 느낀답니다. 바구니 안에 좋아하는 놀잇감을 담아주면 그것만으로도 즐거운 놀이를 할 수 있습니다. 반으로 집어서 꺼내고 또 꺼내기를 반복하면서 아이는 손가락과 손목의 힘을 기르고 목표를 향해 신체를 조절해보는 경험을 지속할 것입니다. 또한 아이가 집어 드는 놀잇감에 대해 함께 이야기해주고 설명해주면 언어와 인지 발달에도 도움이 된답니다.

놀이 과정

- ✔ 큰 바구니를 준비하고 아이가 좋아하는 놀잇감을 담아주세요.
  "바구니에 우리 ○○이가 좋아하는 장난감들이 담겨 있네."
  "○○이는 어떤 거 꺼내볼까?"
- ✔ 아이가 바구니에서 꺼낸 놀잇감에 대해 이야기해주세요.
  "○○이가 딸랑이를 꺼냈네. 흔들면 딸랑딸랑 소리가 나는 거지?"

"다음으로 토끼 인형을 꺼냈네. 토끼야 안녕?"

"어제 우리가 가지고 놀았던 자동차구나! 오늘도 자동차로 저기 멀리 가볼까?"

✔ 다 꺼냈으면 다시 넣어보는 놀이도 해보세요.

"다 꺼내서 이제 집이 텅 비었네?"

"토끼가 집에 가고 싶은가 봐. '집으로 갈래~ 날 집에 데려다줘'라고 얘기하네."

"바구니에 다시 쏙쏙 다 넣었네! 만세!"

놀이 확장

✔ 정리할 때 바구니를 이용하세요. 다 놀이한 후 바구니 안에 놀잇감을 정리할 수 있도록 도와주세요. "정리하자"라는 말보다 "저기 바구니에 골인!" 하며 놀이처럼 즐겁게 정리해보세요.

✔ 바구니를 2개 준비해서 종류별로 담아볼 수 있습니다. "책은 이 바구니에, 인형은 이 바구니에 넣어주세요." 하고 알려준다면 같은 물건끼리 모아보는 분류의 개념을 경험하게 될 것입니다. 인지적으로 아직 정확하게 사물을 분류할 수 없기 때문에 "책이 이 바구니에 쏙!", "토끼 인형은 강아지 친구랑 같은 집에 쏙!" 이야기해주면서 함께 정리하면 아이도 즐겁게 참여할 수 있답니다.

주의사항

- **엄마 혼자 정리하지 마세요.**
대부분의 엄마들이 아이들이 자고 난 후 혼자서 장난감을 정리합니다. 스스로 물건을 챙기고 정리하는 습관은 놀잇감을 가지고 놀기 시작할 때부터 알려주어야 합니다. 내가 가지고 논 물건을 모두 혼자 정리할 수는 없지만, 한두 개라도 바구니에 담고 "정리했다!"라는 성취감을 가질 수 있도록 도와주세요. 내가 꺼낸 물건을 바구니에 담는 것에서부터 정리습관이 시작되는 것입니다.

6~12개월 촉각, 소근육 발달을 위한 과일 놀이

이유식을 시작하면서 아이들이 먹을 수 있는 음식 종류가 다양해지고 간식도 먹을 수 있게 됩니다. 아이에게 간식을 줄 때는 스스로 집어 먹을 수 있는 기회를 주는 것이 좋습니다. 특히 과일은 손으로 잡고 뭉갰을 때의 느낌, 냄새가 다르기 때문에 손으로 충분히 만져보고 몸의 감각을 이용해 느껴볼 수 있는 기회를 주세요.

놀이 과정

- ✔ 아이가 먹을 수 있는 과일을 보며 탐색해보고, 껍질을 함께 벗겨봅니다.
  - "엄마가 바나나를 가져왔어."
  - "바나나는 여기 껍질 속에 들어있대."
  - "껍질을 쭉 당겨볼까? 우와, 하얀 바나나가 나오네?"
- ✔ 껍질을 벗긴 과일을 접시에 담고 먹기에 적당한 크기로 잘라주세요.
  - "껍질을 벗겼더니 이런 모양이네."
  - "여기 접시에 담아보자. 엄마가 작게 잘라줄게."

✔ 적당한 크기로 자른 과일을 손으로 만져보고 먹어봅니다.

"바나나를 손가락으로 꾹 눌렀어?"

"손으로 잡아서 꾹 눌러도 보고, 먹어도 봤구나?"

"손으로 만지니 미끌미끌하지?"

놀이 확장

✔ 과일을 만지고 먹어본 후 과일이 나오는 그림책을 함께 보세요. 내가 경험한 것을 그림책을 통해 다시 한번 보고 기억해낼 수 있습니다.

"우리가 아까 먹은 바나나가 책에도 있네?"

"아까 껍질 벗기고 잘라서 먹었지?"

✔ 과일뿐 아니라 채소 또는 쌀 튀밥과 같은 간식도 만져보고 스스로 먹을 수 있게 기회를 주세요. 특히 이유식을 하면서 거부했던 채소를 만져볼 수 있게 해주면 냄새나 촉감에 노출되어 점차 친숙해진답니다.

주의사항

• **스스로 먹을 수 있는 기회를 빼앗지 마세요.**
음식을 먹으며 손에 묻히고 바닥에 흘리는 것이 싫어서 엄마가 다 먹여주면 아이가 스스로 신체를 조절하여 음식을 먹어보는 경험을 하지 못하게 됩니다. 숟가락으로 음식을 뜨고 입으로 가져가고 입을 벌려 먹는 과정이 단순해 보이지만 여러 번의 연습을 통해 숙달되어야 하는 과정입니다. 이러한 과정은 이후 손으로 하는 모든 놀이와 활동의 기초가 됩니다. 그러므로 아이들의 신체조절능력 발달을 위해 스스로 먹을 수 있는 기회를 주세요.

• **손에 묻고 흘리는 것을 계속 닦아주지 마세요.**
아이들은 끊임없이 반복하며 신체조절을 위해 연습하는 과정에 있기 때문에, 이유식이나 과일과 같은 음식을 흘리지 않고 먹는 것이 어렵습니다. 아이가 흘리고 묻힐 때마다 더럽다는 메시지를 주며 닦아주고 씻겨준다면, 아이는 점점 스스로 하는 것에 재미를 느끼지 못하고 결국 손에 어떠한 것도 묻히기 싫어할 것입니다. 아이가 온몸의 감각으로 세상을 경험하고 알아갈 수 있도록 충분한 기회와 시간을 주어야 합니다.

6~12개월 인지, 소근육 발달을 위한 밀가루풀 놀이

밀가루풀과 같은 무른 반죽은 아이가 조금만 힘을 주어도 모양이 쉽게 변하기 때문에 원인과 결과를 경험하여 인과관계를 이해하기에 적절한 놀잇감입니다. 손으로 직접 만져봐도 좋지만, 비닐 안에 넣어주면 모양의 변화를 더 쉽게 관찰할 수 있고 여러 번 반복해서 놀이할 수 있습니다. 손바닥으로 치고 손가락으로 누르며 팔과 손의 근육을 사용하게 되어 신체 발달에도 도움이 된답니다.

놀이 과정

✔ 밀가루에 물을 섞고 약한 불에 끓이면 밀가루풀을 만들 수 있습니다. 밀가루풀을 한 김 식혀 지퍼백에 담아 준비해주세요. 이때 식용색소나 물감을 한 방울 떨어뜨리면 원하는 색의 밀가루풀을 만들 수 있습니다.

✔ 지퍼백에 담은 밀가루풀을 아이가 자주 놀이하는 매트 위에 테이프로 붙여 고정해주세요. 아이가 밀가루풀을 보고 새로운 변화에 어떤 반응을 보이는지 관찰해보세요. 바닥에 붙은 새로운 것에 관심은 보이지만 선뜻 만져보기 어려워하는 아이라면 엄마가 먼저 시범을 보여주어도 됩니다.

"바닥에 뭐가 붙어있네?"

"이게 뭘까? 엄마가 먼저 만져볼까?"

✔ 자유롭게 탐색하는 과정을 언어로 표현해주세요. 부모도 함께 두드리고 눌러보면 더 즐겁게 놀이할 수 있습니다.

"○○이가 손가락으로 꾹 눌렀네?"

"큰 북을 울려라. 둥둥둥~ 작은 북을 울려라. 둥둥둥~ 엄마는 북을 치고 있어."

놀이 확장

✔ 밀가루풀로 즐겁게 놀이했다면 다음 날 밀가루풀 안에 단추나 솜공, 스팽글과 같은 작은 알갱이들을 넣어주세요. 작은 알갱이들이 반죽 안에서 이리저리 움직이도록 아이가 손가락으로 만져볼 수 있답니다.

"오늘은 반죽 속에 구슬이 들어있네?"

"구슬을 만지니까 자꾸 도망가네?"

✔ 평소에 좋아하던 놀잇감을 가져와 같이 놀이하면 흥미가 지속될 수 있습니다.

"자동차가 초록 웅덩이로 들어간다!"

"토끼도 여기 만져보고 싶은가 봐."

주의사항

- **한 번 놀이하고 치우지 마세요.**
  어떤 놀이든 한 번 하고 치우지 말고 지속적으로 반복해서 놀이해주세요. 반죽의 색깔을 바꿔주거나, 반죽 안에 작은 조각들을 넣어주면 작은 변화에 다시 즐거움을 느끼고 놀이할 수 있답니다. 아이가 선택한 놀이를 여러 번 반복해서 참여했을 때, 여러 영역의 능력이 발달하고 숙달감을 느끼게 된답니다.

- **놀이를 강요하지 마세요.**
  기질적으로 새로운 변화에 호기심을 보이고 두려움 없이 다가가는 아이가 있는 반면, 작은 변화에도 적응하는 데 시간이 걸리는 아이가 있습니다. 작은 변화에도 민감하고 두려워하는 아이라면 바닥에 붙여놓은 반죽에 적응하는 데 시간이 필요합니다. 그런 아이에게 "만져봐, 눌러봐."라고 강요하지 말고 기다려주세요. 엄마가 먼저 시범을 보여주는 것이 도움이 될 수 있습니다. "엄마가 먼저 만져볼게. 물렁물렁 느낌이 좋은데?"라고 엄마가 먼저 관심을 보이면 아이도 조금씩 용기를 내어볼 수 있답니다.

6~12개월 시각, 촉각 발달을 위한 물티슈 뚜껑 놀이

다 쓴 물티슈 뚜껑을 모아 박스지에 붙여주면 뚜껑을 여닫으며 놀이할 수 있는 놀잇감이 됩니다. 이때 뚜껑 안쪽에 아이가 흥미를 보일 만한 다양한 재질의 물건을 붙여주면, 뚜껑을 열고 다양한 재질을 감각적으로 느끼며 놀이할 수 있습니다. 이러한 촉감 자극은 아이들에게 호기심과 즐거움은 물론, 세상의 모든 물건을 적극적으로 탐색하고 경험할 수 있도록 도와준답니다.

놀이 과정

- ✔ 박스지에 물티슈 뚜껑 크기만큼 양면테이프를 붙인 후 물티슈 뚜껑을 붙여주세요. 뚜껑을 열어 안쪽에는 수세미, 포장용 에어캡, 빨대, 단추 등 집에 있는 다양한 재질의 물건을 붙여주세요.
- ✔ 준비된 놀잇감을 아이의 시선이 닿을 만한 곳에 놓아두고, 아이가 관심을 보이면 함께 탐색해보세요.

  "○○이가 좋아하는 물티슈 뚜껑이 여기 많이 붙어있네?"

  "○○이가 뚜껑 열고 싶구나?"

✔ 물티슈 뚜껑 안의 다양한 재질을 함께 만져보고, 느낌에 대해 이야기해주세요.

"짠! 뚜껑을 열었더니 안에 뭐가 들어있네?"

"만져보니 느낌이 어때?"

"엄마가 만져보니 이건 까슬까슬하네."

놀이 확장

✔ 충분히 탐색하고 놀이했다면 새로운 재질의 물건들로 바꾸어주세요.

"어? 오늘은 뚜껑 안에 새로운 물건들이 있네?"

"또 어떤 것들이 숨어있는지 찾아볼까?"

✔ 물티슈 뚜껑 안쪽에 가족사진을 붙여주세요. 엄마, 아빠, 내 얼굴을 붙여주면 뚜껑을 열며 내가 좋아하는 얼굴을 찾아볼 수 있답니다.

"엄마 얼굴 어디 있었지? 까꿍! 거기 있었구나!"

"아빠 얼굴 찾았네! 아빠 사랑해요."

"사랑하는 우리 OO이 얼굴은 어디 숨어있나?"

 주의사항

- **아이가 관심을 보이지 않는다고 해서 속상해하지 마세요.**
  엄마가 열심히 놀잇감을 준비했을 때, 아이가 관심을 보이고 잘 놀이해준다면 너무 좋지만 그렇지 않을 수도 있습니다. 뚜껑을 열거나 물건을 만져보는 것에 관심이 없는 아이라면 엄마가 물티슈 뚜껑으로 만들어준 놀이판에 관심이 없을 수 있답니다. 그렇다고 실망해서 바로 치우기보다는 아이가 왔다 갔다 하며 볼 수 있는 곳에 놔두면 이후에 관심을 가지기도 한답니다. 엄마표 놀잇감을 만들기 전에 꼭 우리 아이의 흥미에 적합한 것을 준비해주어야 합니다.

- **작은 조각들이 떨어지지 않도록 주의하세요.**
  물티슈 캡 안쪽에 붙여둔 작은 조각들이 쉽게 떨어질 수 있습니다. 단단히 붙여 아이가 쉽게 떼어내지 못하도록 해주고, 잘 붙였더라도 아이가 떼어 입에 넣을 수 있으니 잘 지켜봐주세요.

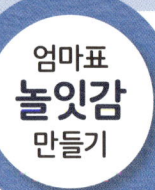

물티슈 뚜껑 놀잇감 만드는 방법

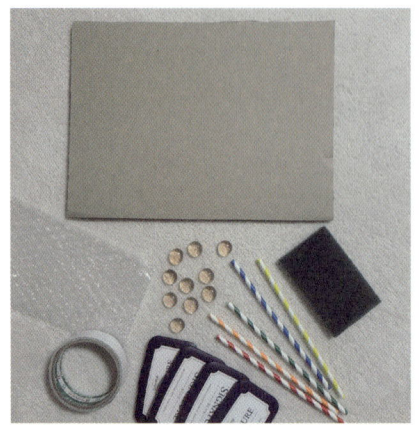

① 박스지, 물티슈 뚜껑, 빨대, 돌, 수세미, 안전포장지, 양면테이프를 준비한다.

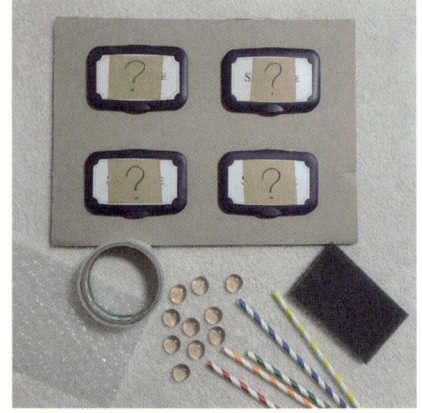

② 양면테이프를 이용해 물티슈 뚜껑을 박스지에 붙인다.

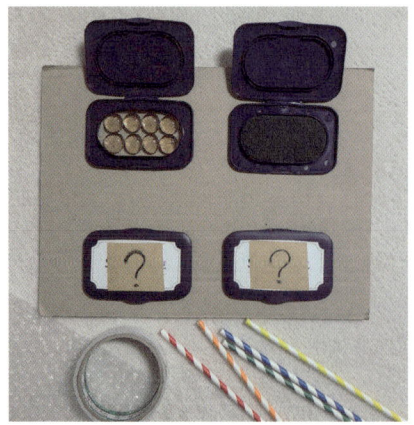

③ 뚜껑을 열어 안쪽에 준비해 둔 재료를 붙인다.

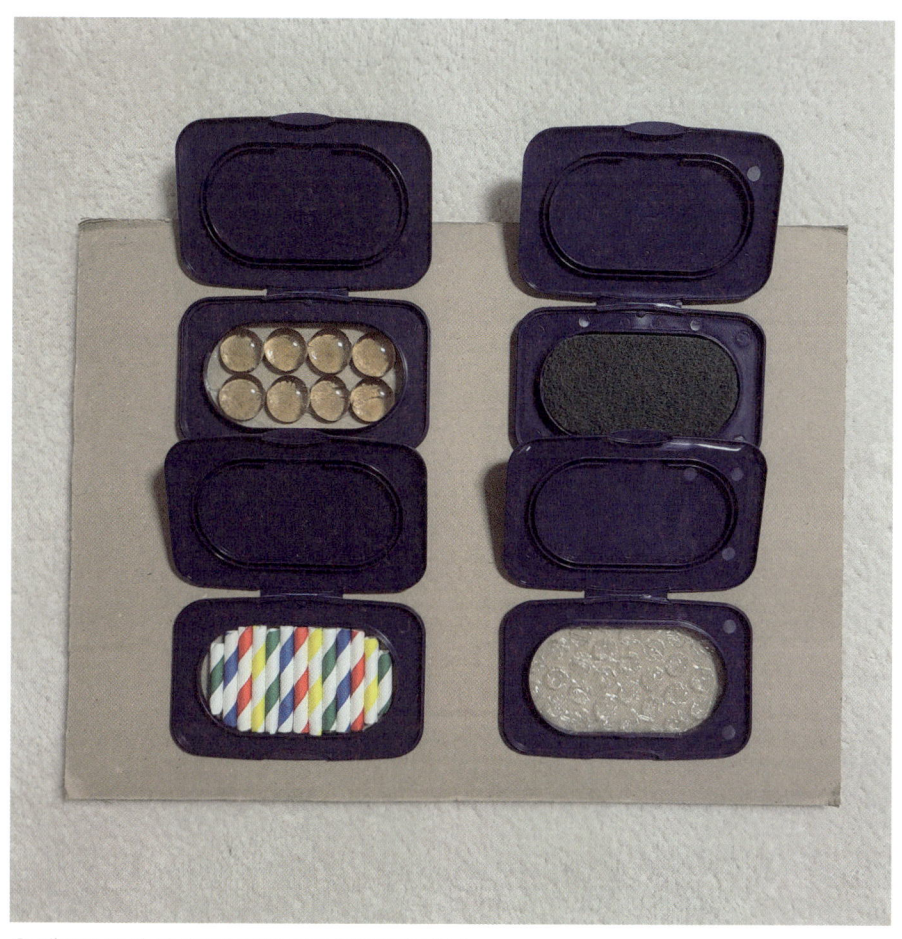

④ 재료를 뚜껑 사이즈에 맞춰 모두 붙여주면 완성!

6~12개월 촉각 발달을 위한 국수 놀이

손으로 감각을 느끼는 촉감 놀이는 정서적 안정뿐 아니라 아이의 뇌 발달도 자극합니다. 이 시기의 아이들은 손뿐만 아니라 입으로도 함께 탐색하기 때문에 입에 넣어도 안전할 만한 것으로 촉감 놀이를 즐기는 것이 필요합니다. 국수는 아이들의 입에 들어가도 안전하며 부드럽고 길쭉한 느낌을 느껴볼 수 있어서 촉감 놀이로 좋은 놀잇감입니다.

놀이 과정

- ✔ 국수를 물에 삶고 찬물에 헹궈 식혀주세요. 너무 차가운 것보다는 미지근한 온도로 준비해주는 것이 거부감 없이 만질 수 있도록 도와줍니다. 색을 원한다면 식용 색소 또는 채소 물을 활용해보세요.
- ✔ 준비한 국수를 아이가 놀이하는 곳에 놔주세요. 손에 묻는 것을 싫어하거나 새로운 자극을 조심스러워하는 아이라면 만져보아도 괜찮다고 이야기해주세요. 엄마의 괜찮다는 말이 아이를 안심시켜줄 수 있답니다.

"엄마가 국수를 삶아 온 거야. OO이가 만져도 괜찮아."

✔ 아이가 탐색하는 과정을 지켜봐주고 말로 표현해주거나 함께 놀이해주세요.

"○○이가 국수를 들었더니 쭉~ 올라왔네."

"양손으로 잡았더니 쭉 늘어나네?"

"엄마 국수는 위로 위로 ○○이 머리 위로 올라간다~"

놀이 확장

✔ 숟가락이나 포크를 제공해주면 소근육 발달에 도움이 됩니다. 이쪽 그릇에서 저쪽으로 옮겨보기도 하고 입으로 가져가기도 하면서 놀이할 수 있습니다.

"포크로 국수를 집었네?"

"국수를 집어서 그릇에 담고 있구나."

✔ 식사시간에 잔치국수나 비빔국수를 만들어주세요.

"아까 우리가 만지고 놀았던 국수지? 엄마가 맘마로 만들어왔어."

"국물 속에 퐁당 한 건 어떤 맛인지 먹어볼까?"

✔ 국수 외에도 물놀이, 밀가루 놀이, 불린 미역 놀이, 두부 놀이, 과일 으깨기 놀이, 젤라틴 놀이, 쌀 튀밥 놀이 등 다양한 감각 놀이를 경험하게 해주세요. 12개월 이전의 아이들에게는 입에 넣어도 안전한 먹을 수 있는 재료를 활용해 감각 놀이를 할 수 있도록 해주세요.

 주의사항

- **국수로 촉감 놀이를 하기 전에 밀가루 알레르기가 없는지 먼저 확인해주세요.**
  이유식을 시작하면서 식품별로 섭취 가능한 시기가 다르며 새로운 음식을 먹일 때는 항상 알레르기 반응이 있는지 살펴봐야 합니다. 밀가루는 다른 음식들에 비해 알레르기 반응을 일으킬 확률이 높은 식품이기 때문에 놀이하기 전에 미리 확인하는 것이 좋습니다.

6~12개월 | 대근육 발달을 위한 걸음마 놀이

아이가 소파나 의자를 잡고 움직일 때 부모가 손을 잡아주면 앞으로 걸어볼 수 있습니다. 이렇게 부모 손을 잡고 걸음마를 연습하다 보면 12개월을 전후로 혼자서 걷게 된답니다. 몸의 중심을 잡고 허리로 몸을 지탱하여 한 발 한 발 내딛는 겨로운 수가, 부모의 긍정적인 반응은 아이에게 성취감을 느끼게 해줍니다.

놀이 과정

- ✓ 11~12개월경 아이가 걸을 수 있는 준비가 되었는지 신체 발달 정도를 관찰해보세요. 소파나 의자, 걸음마 보조기를 잡고 한 발 한 발 움직여보려고 한다면 신체가 준비되고 있는 것입니다.
- ✓ 잡고 스스로 걸으려 한다면 부모가 양손을 잡아주세요. 양손을 잡아주면서 걸음마를 할 수 있도록 도와주세요.

  "걸음마 걸음마~ 우리 OO이 정말 잘 걷네!"

  "하나둘 하나둘~ 엄마 손 잡고 저기까지 걸어볼까?"

- ✓ 양손을 잡고 걷는 것이 익숙해지면 한 손만 잡고 걸을 수 있도록 도와주세요. 몸에 중심이 생기면 한 손만 잡고도 걷는 것이 가능해진답니다.

    "엄마랑 한 손 잡고 아빠 있는 곳까지 가볼까?"

    "아빠~ ○○이가 걸어서 가고 있어요~"

놀이 확장

- ✓ 아이가 걸음마를 시작하면 한두 발짝 정도 떨어진 곳에서 엄마나 아빠가 아이를 반겨주세요. 스스로 걸어서 사랑하는 엄마, 아빠 품에 안긴다면 큰 만족감을 느끼게 될 것입니다.

    "○○아, 아빠 여기서 기다릴게. 어서 와!"

    "○○이가 혼자서 엄마한테 걸어왔구나! 사랑해!"

- ✓ 아이가 걸음마를 시작하면 실내뿐만 아니라 실외에서도 걸을 수 있도록 도와주세요. 걷다가 넘어져서 까지거나 충격이 있을 수 있는 시멘트 바닥보다는 흙바닥이나 잔디밭에서 걷게 해주는 것이 좋답니다. 신발은 너무 무겁고 크지 않은 것이 좋으며, 양말처럼 발에 착 붙고 가벼운 것으로 선택해주세요.

주의사항

- **억지로 걸음마를 시키지 마세요.**

    평균적으로 돌 전후로 걷기 시작하지만 빠르면 10개월 늦으면 15개월 이후에 걸음마를 시작하기도 합니다. 아이가 다른 아이들보다 늦게 걷는다고 억지로 세워두거나 걷게 시키면 허리에 무리가 될 수 있으니, 억지로 시키지 말고 아이가 신체적으로 준비가 될 때까지 기다려주세요. 15개월이 지나도 걷지 않는다면 다른 영역의 발달 수준은 어느 정도인지 점검하고 의사와 상의한 후 도움을 받아보세요.

6~12 개월 소근육, 정서 발달을 위한 찢기 놀이

손가락에 힘이 생기고, 스스로 힘을 주어 변하는 결과를 경험하는 것에 즐거움을 느끼는 시기입니다. 신문지나 잡지 등의 종이를 구기고 찢어보는 놀이를 통해 손가락 힘을 기르고 소근육 조절능력을 키울 수 있습니다. 또한 종이를 쭉쭉 찢고 구기며 스트레스를 해소하고 정서적으로 안정감과 즐거움을 경험할 수 있답니다.

놀이 과정

- ✔ 신문지나 잡지 등의 종이를 준비해주세요. 조금만 힘을 주어도 쉽게 찢을 수 있도록 종이 끝부분에 미리 칼집을 내주면 좋습니다.
- ✔ 종이에 관심을 보이면 아이가 종이를 탐색하는 과정을 지켜봐주세요.
  "○○이가 종이를 잡았구나."
  "종이에 글자도 있고 그림도 그려져 있네."
- ✔ 종이를 만지거나 잡아당겨서 찢게 되었을 때, 아이의 행동과 종이의 변화에 대해 이야기해주세요.

"종이를 양손으로 잡아당겼더니 쭉~ 찢어졌네?"

"종이가 긴 줄처럼 변했다!"

"다시 한번 쭉~!"

✔ 종이를 만지고 당기고 찢는 과정들을 반복할 수 있도록 충분한 시간을 주세요.

"○○이가 종이를 정말 잘 찢네!"

"종이가 이만큼이나 쌓였네."

놀이 확장

✔ 작게 찢어진 종이를 구겨도 보고 던져도 보세요. 종이를 구겨 작게 뭉쳐본 후 공처럼 멀리 던지며 공놀이를 할 수 있답니다.

"종이를 꾹꾹 뭉쳤더니 동그란 공이 되었네?"

"엄마도 공을 만들어볼게. 엄마 공을 슛~ 엄마 공이 저기 멀리까지 갔네."

✔ 찢어진 종이를 서로 잡고 줄다리기처럼 당겨보세요.

"○○이가 잡은 종이 엄마도 같이 잡았네?"

"영차~영차~ 누구 힘이 더 센지 당겨볼까? 영차영차~"

 주의사항

• **놀이 방법을 먼저 알려주지 마세요.**
부모가 어떤 목표를 가지고 놀이를 구상해 재료를 준비했을 때, 부모는 미리 '아이와 어떻게 놀아야지!' 라고 정해놓는 경우가 많습니다. 그러나 놀이는 아이의 흥미에서 시작되어야 하며, 아이가 원하는 방향으로 놀이를 이끌어 갈 수 있도록 기다려주고 지지해주어야 합니다. "이렇게 찢는 거야. 이쪽 잡고 쭉 당겨봐" 등의 이야기를 부모가 먼저 하고 방법을 알려준다면, 아이는 스스로 탐색하고 방법을 찾는 과정을 경험할 수 없게 된답니다.

3장

12~18개월, 엄마표 발달 놀이

이렇게 발달해요

✅ 신체 발달

- **점차 안정적으로 걸을 수 있으며, 걷다가 방향을 바꿀 수 있게 됩니다.**

  12~15개월경 아이는 혼자 걷기 시작하지만 불안정해서 잘 넘어지거나 두 다리를 벌린 채 걸어가기도 합니다. 15개월 이후 점차 무릎을 붙이고 안정적으로 걸을 수 있고, 16~18개월경 걷다가 멈추고 걷다가 방향을 바꾸는 등 더 익숙해지고 자연스러워집니다. 또한 걷는 속도도 점차 빨라지며 뒤뚱거리긴 하지만 조금씩 뛰는 것이 가능하기도 합니다.

- **계단을 오를 수 있습니다.**

  성인의 도움으로 계단을 오르고 내려올 수 있습니다. 처음에는 두 손으로 계단을 짚으며 엎드려 기어오르듯 계단을 올라가다가 18개월경이 되면 계단에 설치된 난간을 잡고 계단을 오를 수 있을 정도로 몸을 세우고 균형을 잡을 수 있게 됩니다.

- **공을 던질 수 있습니다.**

  공을 잡고 놀던 아이는 점차 공을 더 멀리 보낼 수 있게 됩니다. 공을 멀리 던지려면 어깨와 팔의 근육이 발달해야 하고, 잡고 있던 공을 적절한 순간에 놓아야 합니다. 18개월쯤 되면 어깨와 팔의 근육들이 발달하고, 공을 잡았던 손을 놓아 공을 던질 수 있는 능력이 생깁니다.

• **색연필이나 크레용을 쥐고 그릴 수 있습니다.**

대근육 발달뿐 아니라, 손가락 힘이 생기고 원하는 방향으로 팔과 손목을 움직이는 것이 가능해지면서 색연필이나 크레용을 손에 쥐고 그림을 그릴 수 있게 됩니다. 작은 그림보다는 팔 전체를 움직여 큰 그림을 그릴 수 있으며, 큰 종이와 두껍게 잘 나오는 그리기 도구들을 제공해주는 것이 적합합니다.

✓ 언어 발달

• **표현언어보다 이해할 수 있는 수용언어가 더 많습니다.**

9개월경부터 자주 듣는 단어를 이해하고, 사람이나 사물의 명칭을 이해하기 시작하면서 12개월 이후 이해할 수 있는 언어가 폭발적으로 늘어납니다. 이 시기에는 표현하는 언어보다 듣고 이해하는 수용언어가 훨씬 많으며, 언어를 얼마나 이해하는지가 아이들의 언어 발달 수준의 기준이 됩니다. 따라서 아이가 얼마나 많은 단어를 이야기하는가보다는 얼마나 많은 단어를 이해하는지에 관심을 두어야 합니다.

• **어휘습득이 폭발적으로 증가하며, 두 단어를 붙여 말할 수 있게 됩니다.**

12개월 이후 이해할 수 있는 어휘가 폭발적으로 늘기 시작해 18개월경이 되면 하루에 여러 개의 단어를 한꺼번에 습득할 수 있을 정도로 어휘가 발달하게 됩니다. 또한 두 단어를 붙여서 이야기할 수 있게 되는데, "엄마 까까", "엄마 물"과 같이 일상에서 주로 쓰는 익숙한 두 단어를 붙여 의사를 표현하기 시작합니다.

• **여전히 원하는 것을 표현하기 위해 몸짓과 표정을 더 많이 사용합니다.**

자주 듣는 익숙한 단어들을 말하기 시작하고, 두 단어를 붙여서 이야기하기도 하지만 여전히 몸짓과 표정을 이용해 의사를 표현합니다. 같은 단어라도 표정과 몸짓에 따라 의미하는 바가 다르므로 부모가 아이의 제스처를 보고 뜻을 이해하는 것이 중요합니다. "엄마 물"이라는 말을 하면서 손을 내민다면 물을 달라는 뜻이고, "엄마 물"

이라고 하며 손가락으로 젖은 바지를 만진다면 바지가 물에 젖었다는 뜻이며, "엄마 물"이라고 하면서 쏟아진 물을 문지르고 있다면 물이 쏟아졌다는 것을 의미합니다.

인지발달

- **상대방의 언어를 이해하고, 간단한 지시에 따를 수 있습니다.**

    언어이해력이 발달하면서 상대방이 하는 말을 이해하기 시작합니다. 반복적으로 자주 듣는 단어를 이해하고, 점차 문맥과 의미를 이해하기 시작하면서 "기저귀 갖다 주세요.", "쓰레기통에 쏙 넣어주세요." 등과 같은 간단한 지시를 이해하고 따를 수 있게 됩니다.

- **반복적인 일의 순서를 기억하고 다음에 일어날 일을 예측할 수 있습니다.**

    반복적인 경험을 통해 눈에 보이지 않는 것도 기억하고 예측할 수 있는 능력이 생깁니다. 주로 반복해서 경험한 일과에서의 순서를 기억하여 밥을 먹은 다음 세수를 하러 화장실에 먼저 가 있거나, 불을 끄면 책을 챙겨 침대에 가 있는 모습을 보입니다. 매일 반복되는 일과가 아니더라도 병원과 같이 가끔 가는 곳에서 경험한 것을 기억했다가 일어날 일을 예측하기도 합니다.

- **경험한 것을 기억했다가 따라 하는 지연모방이 나타납니다.**

    지연모방이란, 어떤 것을 관찰한 후 그 순간 바로 따라 하는 것이 아니라, 시간이 지난 후 따라 하는 것을 의미합니다. 아이들의 기억력이 발달하면서 경험한 것을 기억했다가 시간이 지난 후 따라 하는 지연모방의 모습이 나타납니다. 병원에서 의사 선생님의 행동을 보고 온 후 집에 와서 인형에게 똑같은 행동을 하는 것, 집에 놀러 온 친구가 막대기로 위에 있는 물건을 꺼내는 장면을 본 후 다음날 똑같은 행동을 따라 하는 것 등이 지연모방의 모습입니다.

• **자기주도성이 커지면서 자기가 원하는 것을 강하게 표현합니다.**

운동성의 증가로 스스로 할 수 있는 것이 많아지면서 원하는 것이 분명해집니다. 엄마가 먹여주는 이유식을 거부하고 스스로 숟가락질을 하길 원하고, 칫솔질도 혼자 하길 원하는 등 스스로 하려는 모습이 많이 보입니다. 잘하지 못하더라도 스스로 하려는 모습을 지지하고 기다려주는 것이 아이의 자조력과 주도성을 키우는 것에 도움이 됩니다. 또한 원하는 것을 표현하고, 해결되지 않았을 때는 여러 가지 방법을 사용해 욕구를 표현합니다. 밖에 나가는 것을 좋아하는 아이는 신발장에 가서 신발을 들고 나가고 싶은 욕구를 표현하며 욕구가 해결되지 않았을 경우 울거나 엄마를 끌어당기는 등의 행동을 보입니다. 기억력이 증가하면서 어제 먹은 과자를 달라고 표현하기도 합니다. 이처럼 신체 및 인지능력의 발달로 인해 자기주도성이 강해지고, 원하는 것을 얻기 위해 떼를 쓰는 경우가 많아집니다.

✓ 사회·정서 발달

• **자기를 인식하기 시작합니다.**

다른 사람과 분리해 나를 인식하기 시작하던 아이들은 18개월경이 되면 거울을 보며 얼굴에 붙은 스티커를 떼어낼 수 있을 정도로 온전히 자기에 대한 인식이 생겨납니다. 또한 나의 이름을 알고, 내가 느끼는 감정을 알아가기 시작합니다. '내가'를 외치며 스스로 하고 싶어 하고, '내 것'이라는 소유에 대한 개념이 생기기도 합니다.

• **좋아하는 것과 싫어하는 것이 생깁니다.**

자기에 대한 인식이 생기면서 내가 어떤 것을 좋아하는지, 어떤 것을 싫어하는지 정확하게 인지하고 표현하기 시작합니다. 좋고 싫은 사람, 좋고 싫은 음식, 좋고 싫은 장난감 등 선호가 분명해집니다. 이러한 선호에 따라 내가 원하는 것을 얻기 위해 좋아하는 사람을 따라가 미소를 짓거나, 좋아하는 음식을 달라고 표현하기도 합니다. 좋고 싫음에 대한 아이의 표현에 민감하게 반응하고 인정해주는 경험을 통해 적극적인 자기표현을 격려할 수 있습니다.

- **욕구좌절로 인한 분노를 표출합니다.**

  할 수 있는 일이 많아지면서 하고 싶은 것이 많아집니다. 하고 싶은 것을 제지당하거나 성취하지 못했을 경우 분노의 감정을 느끼며, 분노를 울음이나 발을 구르는 등의 모습으로 표출합니다. 기질에 따라 분노표출의 정도에 차이는 있으나 대부분 이 시기의 아이들이 스스로 화를 조절하거나, 원하는 것을 쉽게 포기하는 것이 어렵기 때문에 주로 어떤 상황에서 분노를 표출하고 고집과 떼를 부리는지 파악하고 미리 그 원인을 제거해주는 지혜가 필요합니다.

이렇게 놀아주세요

놀이 코칭 1 **주도적으로 탐색하고 시도할 수 있도록 충분한 기회를 주세요.**

대부분의 부모에게서 아이와 놀이할 때 놀잇감을 본래의 목적에 맞게 사용하도록 놀이를 지시하거나 알려주는 모습이 많이 보입니다. 크기대로 컵을 쌓게 하기 위해 구입한 놀잇감을 아이가 크기대로 쌓지 않으면 계속해서 "이렇게 쌓는 거야."라고 방법을 알려줍니다. 그러나 컵을 두드리고 컵 안에 물건을 담는 것에 관심을 보이며 즐겁게 놀이하는 아이에게 크기대로 쌓는 방법을 알려준다면 아이는 어떤 마음이 들까요? 집중하며 즐겁게 하던 놀이도 하기 싫어질 것입니다. 주도적인 아이, 집중력 있는 아이로 키우고 싶다면 아이가 스스로 탐색해 놀이하는 방법을 인정해주고, 아이의 생각대로 놀이할 수 있도록 충분한 시간을 주세요.

놀이 코칭 2 **예측 가능한 환경을 경험하도록 해주세요.**

이 시기의 아이들은 반복적인 경험을 기억하고 다음에 일어날 일을 예측할 수 있게 됩니다. 어떤 사물이 일정한 장소에 놓여 있다는 것을 예측할 수 있고, 일이 일어나는 순서를 기억해 다음에 어떤 일이 일어날 것인지를 예측할 수도 있습니다. 아이가 경험하고 예상한 대로 일이 일어난다면 아이는 정서적으로 안정적이고, 스스로를 계획하고 조절할 수 있게 됩니다. 반대로 비일관적인 일과가 지속되고 예측 불가능한 상황이 반복된다면 아이는 심리적으로 불안감을 느끼게 됩니다.

놀이 코칭 3 **실외에서 놀이할 수 있는 기회를 주세요.**

실외에서의 경험은 아이들에게 또 다른 새로운 자극이 됩니다. 밖에서 부는 바람을 느끼는 것, 지나가는 사람과 차를 보는 것, 다양한 소리를 들을 수 있는 것, 바닥에 떨어진 자연물을 주워보는 것, 나뭇잎을 만져보는 것 등이 모두 아이들에게는 새로운 자극이며 감각 및 인지 발달을 위한 소중한 경험입니다. 또한 모래 바닥을 밟고, 울퉁불퉁한 길을 걸어보면서 신체균형능력을 키울 수 있게 됩니다. 실외에서의 새로운 경험을 주기 위해 매번 새로운 곳을 찾아다닐 필요는 없습니다. 매일 같은 장소에 가도 아이들은 새로운 것을 보고 새롭게 느낍니다. 아이에게 많은 경험을 쌓게 해주기 위해 매번 새로운 공간을 찾아가는 것보다는 익숙하고 친숙한 실외 공간에서 자연의 변화와 다양함을 경험할 수 있게 해주는 것이 더 좋습니다.

놀이 코칭 4 ▶ 아이의 욕구를 빠르게 이해하고 적절히 반응해주세요.

아이들은 언어와 인지가 발달하면서 자기주장이 정확해지고 원하는 것을 언어나 몸짓으로 표현하기 시작합니다. 놀이하며 원하는 것이 해결되지 않을 경우 다양한 방법으로 분노를 표출하여 발을 구르거나 들고 있던 놀잇감을 집어 던지는 등의 모습이 나타납니다. 따라서 분노를 표출하기 전에 아이가 원하는 것이 무엇인지 빨리 파악해 욕구 해소를 위한 도움을 주는 것이 좋습니다. 화가 나면 손에 들고 있던 것을 자주 던지는 아이의 경우, 블록을 끼우려 여러 번 시도하다가 얼굴을 찌푸리기 시작한 순간, "끼우는 게 어렵구나, 좀 도와줄까?" 먼저 감정에 공감하고 도움을 주세요. 분노를 표출하기 전, 화나는 감정을 조절하는 것에 도움이 될 것입니다.

이런 놀잇감을 준비하세요

- **신체 발달을 위한 놀잇감**

  도움을 받아 조금씩 움직이던 아이들이 혼자 걷고 뒤뚱거리며 뛰기 시작하는 시기입니다. 대근육 발달이 정상적으로 이루어지기 위해서는 자유롭게 걷고 뛸 수 있는 넓은 공간이 필요합니다. 집 안에는 놀이 매트를 깔아주어 자유롭게 걸어 다닐 수 있도록 해주고, 계단과 미끄럼틀이 붙어있는 신체 놀잇감, 구멍 안으로 들어갈 수 있는 큰 상자 등을 두어 신체조절능력을 키울 수 있도록 도와주세요. 실내뿐 아니라 실외에서의 경험도 필요합니다. 넘어져도 안전한 잔디밭, 집 앞 놀이터나 공원에서 몸을 움직여보는 기회를 많이 가지는 것이 좋습니다. 또한 손가락에 힘을 주어 조절해보는 경험을 할 수 있도록 스티커, 물감 도장, 퍼즐 등의 놀잇감을 제공해주어 소근육 발달을 도와주세요.

- **언어 발달을 위한 놀잇감**

  이 시기는 언어이해력이 폭발적으로 성장하는 시기입니다. 아이가 성인의 말을 잘 이해할 수 있도록 최대한 짧고 정확하게 전달해주는 것이 좋으므로 그림책을 고를 때에도 짧은 문장이 반복적으로 나오는 것을 읽어주는 것이 좋습니다. 또한 자주 일어나는 상황이나 사용하는 물건, 좋아하는 동물이나 놀잇감 등이 나오는 그림책을 읽어주면 아이의 흥미를 끌 수 있으며 어휘습득에 도움이 됩니다. 평소 많이 본 사람을 흉내 내거나 상황에 맞는 말을 따라 할 수 있을 정도로 언어기억력 및 언어표현력이 발달합니다. 소꿉놀이, 아기 돌보기와 같은 놀이를 통해 엄마의 역할을 따라 해볼 수 있도록 음식 모형과 그릇들, 아기 인형이나 유모차 등의 놀잇감을 제공해주세요.

- **인지 발달을 위한 놀잇감**

색깔의 차이를 구분하고 모양의 다름을 인지할 수 있을 정도로 사물인지능력이 발달합니다. 자주 보는 사물의 경우 같고 다름을 더 정확히 판단하는 것이 가능하므로, 일상에서 자주 볼 수 있는 양말과 같은 사물로 짝을 찾아보도록 도와주세요. 꼭지 퍼즐 맞추기, 모양 끼우기, 링 끼우기 등의 놀잇감을 통해서도 이러한 인지적 사고을 줄 수 있으며, 다양한 재질의 놀잇감을 통해 감각적 차이를 느끼고 다양한 소리를 들어보며 청각적 차이도 구분해볼 수 있는 기회를 주면 좋습니다. 또한 숨바꼭질처럼 숨고 찾아보는 놀이에 즐거움을 느끼므로 물건을 숨기고 찾아볼 수 있도록 통이나 컵 등을 제공해주면 대상 영속성의 개념 발달 및 예측과 확인, 인과관계의 이해 등의 능력을 키우는 데 도움이 된답니다.

- **사회·정서 발달을 위한 놀잇감**

좋고 싫음이 분명해지면서 하고 싶은 것이 뚜렷해져 떼를 쓰거나 화를 표출하는 경우가 많습니다. 아이가 이러한 부정적인 감정들을 해소하고 정서 이완을 할 수 있도록 물감 놀이, 거품 놀이와 같은 감각 놀이를 경험하도록 해주세요. 또한 로션을 이용해 부드러운 촉감을 느끼고 엄마와 서로 발라주며 정서적 교감을 나누어보는 것도 좋습니다. 발달상 타인의 정서를 공감하고 이해하는 것이 어렵지만 놀이를 통해 간접적으로 경험하는 것이 가능합니다. 아기 인형이나 동물 모형 등과 같이 상상 놀이에 필요한 놀잇감을 제공해주어, 사회성 발달의 기초를 이루도록 도와주세요.

12~18 개월 감각, 대근육 발달을 위한 실외 놀이

실외에서는 바람, 냄새 등 보는 것이 새로운 자극이 될 수 있습니다. 바닥에 떨어진 돌, 모래, 풀, 나뭇가지, 열매 등도 아이들에게 호기심을 불러일으킬 수 있으며 실내의 평평한 바닥이 아닌 울퉁불퉁한 길을 걸어보는 것은 아이들의 신체 발달에 있어 꼭 필요한 경험입니다. 유모차를 타고 산책을 해도 좋지만, 유모차에서 내려 스스로 궁금한 것을 만지고 알아갈 수 있도록 도와주세요.

놀이 과정

✔ 기대감을 갖고 아이와 함께 실외 공간으로 나가봅니다.
  "신발 신고 밖에 나갈까?"
  "밖에 나가면 뭐가 있을까?"

✔ 아이와 함께 실외 공간을 둘러봅니다.
  "저쪽에는 나무도 있고, 여기는 풀도 있네."
  "어느 쪽으로 가볼까?"

✔ 아이의 시선을 따라 움직이며 아이가 관찰하고 만지는 것에 관심을 가져봅니다.

"○○이는 그 풀이 궁금했구나."

"손으로 만져보니 어때?"

"바닥에 돌멩이도 있었구나. 돌멩이가 동글동글하게 생겼네."

 놀이 확장

✔ 산책하며 주운 자연물을 집에 가져와 관찰해봅니다.

"우리가 주워 온 돌멩이, 물로 깨끗하게 씻을까?"

"물로 씻으니 더 반짝반짝해졌네!"

✔ 밖에서 보고 경험한 것들을 책에서 찾아봅니다.

"여기 책에도 돌멩이가 나오지? 우리가 주워 온 돌이랑 같은지 볼까?"

"우리가 아까 본 노란 꽃이 여기에 있네. 민들레 꽃이구나!"

✋ 주의사항

- **불안해하며 아이의 움직임을 방해하지 마세요.**
  처음 밖에 나가면 돌에 걸려 넘어지기도 하고, 걷는 속도를 조절하지 못해 넘어지기도 합니다. 울퉁불퉁한 길에서 기우뚱해 봐야 몸의 균형을 잡고, 넘어져 봐야 다시 넘어지지 않으려고 노력할 수 있습니다. 혹여나 아이가 넘어질까 봐 부모가 불안해하고 움직임에 제약을 준다면, 아이가 자유롭게 탐색하지 못하게 됩니다. 아이도 점점 불안해지고 새로운 것을 시도하기 어려워할 것입니다.

- **매번 새로운 곳에 가지 마세요.**
  부모는 아이가 조금씩 걷고 스스로 움직이기 시작하면, 아이에게 더 큰 세상을 보여주고 싶습니다. 더 다양한 자극을 주고 더 다양한 경험을 하게 해주고 싶은 마음에, 매번 새로운 장소를 찾고 사람들이 많이 몰리는 축제나 행사를 찾아가기도 합니다. 그러나 아이들은 북적대는 장소에서 정신없이 부모를 따라다니는 것보다 집 앞 놀이터나 공원과 같이 친숙한 공간에서 내가 원하는 것을 부모가 이해해주고, 내가 보는 것을 함께 바라봐줄 때 더 행복하고 더 성장할 수 있습니다. 게다가 기질적으로 새로운 장소와 사람을 싫어하는 경우, 새로운 곳에서의 경험이 부정적인 경험으로 쌓이게 됩니다.

12~18개월 인지 발달을 위한 청소 놀이

인지가 발달하여 상징적 사고와 지연모방이 가능해지면서, 내가 보았던 행동을 기억했다가 따라 할 수 있게 됩니다. 아이가 처음으로 상징적 사고를 하며 놀이로 표현할 때, 가장 많이 보는 엄마(주 양육자)의 모습을 먼저 따라 하게 됩니다. 마치 내가 엄마가 된 것처럼 엄마가 했던 행동을 기억해 따라 하는 상징 놀이가 나타나기 시작합니다.

놀이 과정

- 엄마를 따라 하는 행동, 상징 놀이가 나타나는지 관찰해보세요.
  - "○○이가 엄마처럼 청소하는구나!"
  - "엄마가 그 수건으로 물을 닦아줬었지?"
- 아이가 기억하는 경험을 놀이로 표현할 때, 놀이 행동을 언어로 표현해주세요. 나의 행동을 언어로 표현해준다면 언어를 더 쉽게 습득할 수 있습니다.
  - "팔을 움직여서 쓱싹쓱싹 열심히 닦네!"
  - "위에도 닦고 밑에도 닦고~ 수건으로 열심히 문지르고 있구나!"

✔ 아이의 놀이 행동을 인정해주며 성취감을 경험할 수 있도록 이야기해주세요.

"우와! 반짝반짝 깨끗해졌네!"

"○○이가 엄마처럼 청소했더니 바닥이 깨끗해졌어! 고마워~"

놀이 확장

✔ 흥미가 지속되어 놀이가 더 재미있어지도록 도와주세요.

"이쪽 바닥에는 고양이가 쉬를 했나 봐요! 아이 냄새~ 여기 좀 닦아주세요."

"여기는 먼지가 너무 많네요! 먼지를 잘 닦아야겠어요."

✔ 내가 사용한 수건을 물로 빨아보며 빨래 놀이로 연결해볼 수 있습니다.

"청소를 열심히 했더니 수건이 더러워졌네."

"수건이 다시 깨끗해지도록 빨래해야겠는데?"

"화장실에 가서 조물조물 빨아줄까?"

주의사항

• **"청소는 엄마가 하는 거야."라고 하면서 놀이를 중단하지 마세요.**

소중한 내 아이가 청소를 하는 게 싫어서 "너는 그런 건 하지 마." 이야기하는 부모들이 있어요. 하지만 아이들에게는 모든 것이 의미 있는 놀이이며, 내가 본 것을 그대로 따라 한다는 것은 그만큼 인지가 발달하고 있다는 결정적인 증거입니다. 어떤 놀이든 아이가 표현하고 노력한 것을 인정해주고 지지해주세요.

• **스스로 할 수 있는 기회를 주세요.**

물이나 과자를 먹다가 흘렸을 때, 아이 스스로 닦거나 정리할 수 있도록 기회를 주세요. "물이 쏟아졌네. 여기 수건으로 닦아볼까?", "다 먹은 그릇 배달 좀 해주세요." 서툴지만 기회를 준다면, 정리습관을 길러줄 수 있답니다.

12~18개월 언어 발달을 위한 전화 놀이

언어모방 능력이 발달하고, 상징적 사고가 가능해지면서 아이들은 상상하는 것을 말로 표현할 수 있게 됩니다. 전화 놀이를 통해 아이들은 전화하는 장면을 상상하고, 상상 속에서 하는 말을 표현합니다. 길쭉한 블록을 들고는 진화기가 아닌 것을 전화기라고 상상하는 모습도 보입니다. 또한 말을 주고받는 의사소통의 연습을 할 수 있으며, 언어 발달에도 도움이 됩니다.

놀이 과정

✔ 아이가 전화하는 척 무엇인가를 귀에 대고 놀이하는지 관찰하세요.
  "○○이 전화하는구나?"
  "누구한테 전화 왔어?"

✔ 아이와 말을 주고받으며 전화 놀이를 해보세요.
  "여보세요? ○○이구나? ○○이 밥 먹었어?"
  "따르르릉~ 여보세요? 거기 ○○이네 집인가요?"

✔ 평소 좋아하는 사람에게 전화하는 놀이를 해보세요.

"할머니한테 전화할까? 할머니 놀러 오시라고 할까?"

"따르르릉~ 여보세요? 할머니~"

"할머니, 내일 놀러 오세요. 내일 만나요, 빠빠이~"

놀이 확장

✔ 다른 놀이 중에도 전화하는 상황을 통해 놀이를 더 재미있게 만들 수 있습니다.

"거기 음식점이죠? 여기 주스 하나만 배달해주세요."

"여보세요~ 안녕하세요? 여기 멍멍이가 아프대요. 어디가 아픈지 봐주세요."

✔ 일상생활 속에서도 전화 놀이를 활용해보세요. 엄마가 직접 이야기하는 것보다 전화 놀이를 통해 이야기하면 아이들이 더 관심을 보인답니다.

"따르르릉~ 전화 왔네? 맘마 먹으러 오라고요? 네, 얼른 갈게요."

"여보세요? 이제 코 자는 시간이에요. 침대로 오세요."

주의사항

- **일방적으로 이야기하지 마세요.**
  대화를 하며 말을 주고받는 것이 의사소통의 기본입니다. 전화 놀이를 통해 상대방의 말을 듣고 대답하거나 반응을 하여 상호작용을 연습할 수 있습니다. 전화 놀이를 하며 부모가 일방적으로 이야기하지 말고, 아이의 속도에 맞춰 대답을 기다려주세요. 놀이상황뿐만 아니라 일상에서도 마찬가지로 아이의 반응을 기다려주는 것이 중요합니다.

- **어려운 질문을 하지 마세요.**
  이 시기의 아이들은 어휘가 폭발적으로 늘어나며 빠른 속도로 언어가 발달하지만 말할 수 있는 단어가 많지 않습니다. 전화하며 말을 주고받는 놀이를 할 때는 아이가 어떤 단어를 말할 수 있는지 수준을 파악하고, 그 수준에 맞는 질문을 해주는 것이 좋습니다.

12~18개월 인지, 사회·정서 발달을 위한 쌓고 무너뜨리기 놀이

손에 쉽게 잡히는 블록들을 옆으로 길게 늘어놓거나 위로 쌓는 것이 가능합니다. 블록을 원하는 곳에 놓고 움직여보며 도형, 모양, 균형과 공간에 대해 이해하고, 손의 힘을 조절하고 의도대로 움직여보는 경험을 하게 됩니다. 또한 블록을 높이 쌓는 것보다 무너뜨리는 것을 더 좋아합니다. 이러한 놀이는 블록이 와르르 쏟아지는 상황을 통해 즐거운 정서가 발달하도록 도와줍니다.

놀이 과정

- ✔ 손에 쉽게 잡히는 블록을 준비해 아이가 놀이하는 주변에 놓아주세요. 놀잇감을 입에 넣는 아이라면, 입에 넣어도 안전한 소재의 블록으로 준비해주세요.
  "여기 알록달록 블록들이 있네."
  "이걸로 무얼 할 수 있을까?"
- ✔ 아이와 함께 블록으로 자유롭게 놀이합니다. 아이의 수준에 맞추어주고 아이의 행동을 언어적으로 표현해주세요.
  "○○이는 블록을 옆으로 옆으로 길게 붙였구나."

"위로 위로 올라가서 1층, 2층, 3층까지 쌓았네!"

"무너질까 봐 조심조심 쌓았구나?"

✔ 쌓아놓은 블록을 무너뜨리며 즐거움을 경험합니다.

"높이 쌓은 블록을 와르르~ 무너뜨렸네!"

"엄마가 또 높이 쌓아볼게. ○○이가 또 와르르~ 무너뜨려 볼까?"

놀이 확장

✔ 자동차나 인형 등 작은 소품을 이용해 블록 놀이를 해봅니다. 부모가 자동차나 토끼 역할이 되어 아이가 만든 구성물에서 놀이해보세요. 놀이가 더 재미있어질 수 있답니다.

"안녕? 나는 토끼야. 여기 멋진 집이 생겨서 놀러 왔어!"

"부릉부릉~ 나는 자동차야. 내가 지나갈 수 있는 길이 생겼네?"

✔ 블록의 색이나 모양이 다양하다면, 색이나 모양에 대해 이야기해주세요.

"빨간색 블록 위에 파란색 블록을 올렸구나."

"네모 블록 위에는 동그란 블록이 올라갔네?"

주의사항

- **높이 쌓으라고 강요하거나 무너뜨리지 않고 쌓는 방법을 알려주지 마세요.**
  아이들이 처음 블록을 접하면, 높이 쌓기보다는 옆으로 늘어뜨려 놓거나 만지고 내려놓고 탐색하는 것에 더 몰두합니다. 블록을 구입한 부모는 아이가 얼른 블록을 쌓아 성도 만들고 건물도 만들기를 바라는 마음에 충분한 탐색의 시간을 주기보다 높이 쌓는 거라고 지시하는 경우가 많습니다. 또 어떻게 쌓아야 무너지지 않고 쌓을 수 있는지 알려주거나 균형을 잡아주기도 합니다. 쌓고 무너지는 과정의 반복을 통해 아이 스스로 어떻게 하면 무너지지 않을 수 있을지, 어떻게 하면 균형을 잡을 수 있을지 탐구하고 깨닫게 됩니다. 그러므로 아이에게 먼저 높이 쌓는 거라고 지시하거나 방법을 알려주지 말고 충분한 시간을 주세요.

- **무너뜨리는 행동을 제지하지 마세요.**
  이 시기의 아이들은 블록을 쌓는 것보다 블록을 무너뜨리는 것을 더 좋아합니다. 작은 힘을 주어 밀어도 와르르~ 쏟아지는 장면은 나의 행동으로 인해 큰 변화와 재미난 결과를 만들어 낼 수 있기 때문입니다. 이러한 경험으로 긴장을 해소하고 정서적 안정과 즐거움까지 얻을 수 있으니, 블록을 무너뜨리지 말라고 행동을 제지하기보다는 안전한 공간에서 즐겁게 무너뜨릴 수 있도록 도와주세요.

12~18개월 대근육 발달을 위한 큰 상자 놀이

아이들은 몸을 숨길 수 있는 작은 공간을 좋아합니다. 까꿍 놀이를 좋아하는 것처럼 숨었다 나타나는 것이 즐겁고, 작은 공간에서 안정감을 느끼기 때문입니다. 아이들 몸이 들어길 만한 큰 택배 박스로 이러한 욕구를 충족시켜줄 수 있는 공간을 만드는 것이 가능합니다. 택배 박스에 문처럼 구멍만 만들어주면 들어갔다 나왔다, 숨었다 나타났다 하며 일어날 상황을 예측하고 기대하는 경험을 하게 됩니다. 또한 신체를 이용해 작은 공간에 들어갔다 나왔다 놀이하며 신체조절능력, 공간지각능력을 기를 수 있습니다.

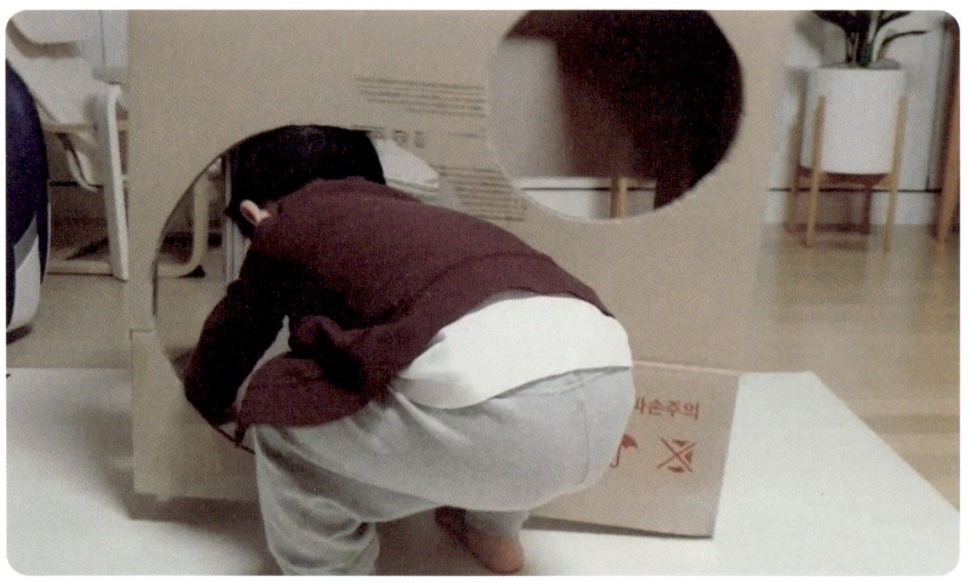

놀이 과정

- ✔ 집에 배달 온 커다란 택배 박스를 깨끗이 닦고 아이가 들어갈 수 있을 만한 큰 구멍을 만들어주세요. 열고 닫을 수 있도록 문을 만들어도 좋고 창문처럼 뚫리도록 구멍을 만들어주어도 좋습니다.
- ✔ 박스를 이용해 자유롭게 탐색해봅니다.

  "큰 집이 생겼네!"

  "집에 들어갈 수 있는 문도 있나 봐! 들어가 볼까?"

"위에는 창문도 있나 봐! OO이 얼굴이 보이네?"

✔ 아이가 박스로 자유롭게 놀이할 때 신체 부위, 문의 모양, 위치 등을 나타내는 어휘를 사용해 이야기해주세요.

"머리부터 쏙 들어가서 엉덩이까지 다 들어갔네?"

"동그라미 문으로 들어가서 네모 문으로 나왔구나!"

"옆에 있는 창문으로 OO이 머리카락이 보인다!"

놀이 확장

✔ 그리기 도구를 이용해 자유롭게 상자에 그림을 그리거나 스티커를 붙이며 꾸며볼 수 있습니다.

"어떤 색 집으로 만들면 좋을까?"

"우리가 크레파스로 칠해줄까?"

"색칠도 하고 스티커도 붙였더니 우리 집이 점점 알록달록해지고 있네."

✔ 숨바꼭질 놀이를 해보세요. 큰 이불이나 보자기를 이용해 상자 위를 덮어주면 더 꼭꼭 숨은 느낌을 줄 수 있습니다.

"꼭꼭 숨어라~ 머리카락 보인다~"

"OO이가 어디 갔지? 어디 숨었나? 어? 여기 OO이 발가락이 보이네!"

"찾았다!"

주의사항

- **놀이가 끝났다고 바로 정리하지 마세요.**

  아이들은 어제 했던 놀이를 아침에 일어나 또 생각하기도 하고, 며칠 후에 다시 하기도 합니다. 어제 못 했던 생각을 해내기도 하고, 며칠 전 만든 집을 이용해 여러 가지 상상 놀이가 이어지기도 한답니다. 집 안 가득 차지하고 있는 큰 상자를 얼른 정리하고 싶더라도, 아이의 놀이가 더 확장되고 지속될 수 있도록 치우지 말아주세요. 더 이상 놀이가 지속되지 않을 경우에는 아이에게 미리 이야기하고 정리하는 것이 좋답니다.

12~18개월 사회·정서 발달을 위한 아기 인형 놀이

선호하는 인형이 생기거나 애착인형이 있는 아이들이 많습니다. 외출하거나 잠잘 때 인형의 촉감을 통해 정서적 안정감을 느끼던 아이들은 물활론적 사고, 상징적 사고가 가능해지면서 인형이 살아있다고 여기며 엄마처럼 돌보거나 함께 놀이하는 모습을 보입니다. 인형을 돌보는 놀이를 통해 정서적 안정감, 공감능력이 발달하며 상상하는 것을 표현하는 경험을 통해 표상능력과 언어 발달에도 도움이 됩니다.

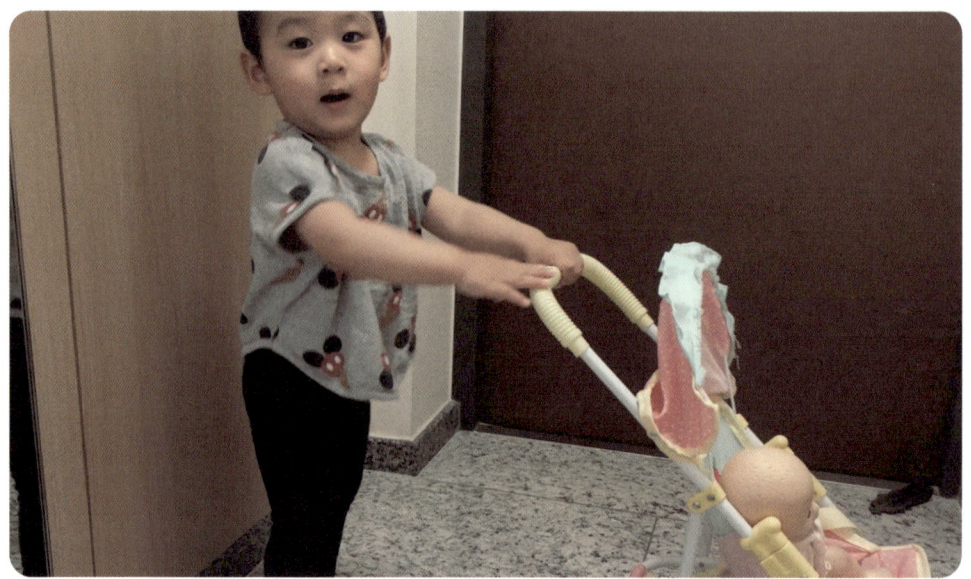

놀이 과정

✔ 아이가 좋아하는 인형으로 놀이하는 장면을 관찰한 후 놀이 행동을 말로 표현해 주세요.

"OO이가 아가를 안아줬어?"

"아기를 토닥토닥해주고 있구나."

✔ 아이가 경험했던 것을 기억해 놀이로 표현할 수 있도록 이야기해주세요.

"엄마가 OO이 재워줄 때 노래 불러줬었지?"

"아가가 졸린가 봐. 아가한테도 노래 불러줄까?"

"자장자장 우리 아가~"

✔ 놀이가 더 재미있어지도록 상황을 설정해주세요.

"응애~ 응애~"

"아기가 왜 울지? 아기가 밖에 나가고 싶은가?"

"아기 데리고 산책 좀 해야겠는데? 유모차 태워서 산책 갈까?"

놀이 확장

✔ 인형이 되어 기분을 이야기해주거나 인형의 마음을 표현해주세요. 인형 놀이를 통해 사회성의 바탕이 되는 타인을 이해하는 능력, 감정이입의 능력을 키울 수 있답니다.

"아이~ 안아주니 기분이 너무 좋아!"

"배가 고파서 응애~ 응애~ 울었는데 우유를 먹으니 기분이 좋아졌나 봐."

✔ 좋아하는 인형을 이용해 기본생활습관 형성을 도와줄 수 있습니다.

"인형이 손도 안 씻고 밥을 먹나 봐! OO이가 어떻게 손 씻는 건지 알려줄래?"

"아가가 이제 졸리대. 침대에 가서 자장자장 재워달라고 하네? 같이 침대로 가서 누울까?"

주의사항

- **애착인형, 애착이불을 떼어놓으려고 하지 마세요.**
  아이가 인형이나 이불, 손수건 등 애착을 보이는 물건이 있는 경우 부모는 걱정하며 애착을 보이는 사물을 멀리 떼어놓으려고 합니다. 그러나 부모가 떼어놓으려고 할수록 아이는 애착을 보이고 불안해하는 모습도 보입니다. 애착인형이나 이불을 통해 불안을 해소하고 심리적인 안정감을 경험할 수 있도록 아이가 애착을 보이는 사물을 부모가 먼저 챙기고 잘 지켜주세요. 세상에 대한 관심이 늘어나고 스스로 통제 가능한 상황들이 생겨 불안이 감소하면서 사물에 대한 애착도 점점 줄어들게 된답니다.

12~18개월 인지, 소근육 발달을 위한 퍼즐 놀이

이 시기에는 모양을 보고 맞는 자리를 찾는 간단한 퍼즐 놀이가 가능합니다. 처음엔 온 전한 그림을 보고 자리를 찾는 퍼즐부터 시작해 아이의 수준에 따라 점차 조각으로 분리된 퍼즐을 경험하게 해주면 됩니다. 퍼즐 놀이는 그림과 모양을 보고 1:1 대응을 해보고, 짝을 지어보는 수학적 사고를 가능하게 하며 손으로 이쪽저쪽 돌려보며 소근육 발달에도 도움을 준답니다.

놀이 과정

✔ 아이가 좋아할 만한 그림이 있는 간단한 퍼즐을 준비해주세요.
  "○○이가 좋아하는 자동차들이 있네."
  "자동차들이 각자 집이 있나 봐. 집이 어디인지 찾아줄까?"

✔ 아이가 흥미를 지속할 수 있도록 이야기를 건네며 도와주세요.
  "떴다 떴다 비행기~ 날아라 날아라! 날아가는 비행기는 어디가 자리지?"
  "비행기는 어디로 날아갈까요? 슝~"

✔ 퍼즐을 맞추며 생각하고 노력한 과정을 격려하고 인정해주세요.

"안에 쏙 넣는 게 어려운데, 열심히 맞췄네."

"퍼즐을 돌려서 방향을 바꾸니 잘 맞네?"

놀이 확장

✓ 판에 맞추는 판 퍼즐뿐만 아니라 자석 판에 붙일 수 있는 자석 퍼즐, 블록처럼 끼울 수 있는 퍼즐 등 다양한 종류의 퍼즐을 경험하게 해주면 퍼즐에 대한 흥미를 지속할 수 있습니다. 온전한 하나의 모양으로 된 퍼즐 자리를 잘 찾는다면, 반쪽으로 나뉜 반쪽 퍼즐을 경험하게 해주세요. 반쪽 퍼즐을 통해 부분과 전체의 개념도 배울 수 있습니다.

12~18개월

 주의사항

- **퍼즐의 수준으로 아이를 판단하지 마세요.**
  "몇 조각 퍼즐을 맞추나요?", "벌써 12조각을 맞추나요?" 하며 다른 아이들의 퍼즐 수준을 우리 아이와 비교하며 발달 수준을 체크하는 부모들이 많습니다. 퍼즐 조각 수만으로 결코 아이의 발달 수준을 판단할 수는 없습니다. 퍼즐 놀이를 좋아하는 아이가 있고, 퍼즐 놀이 자체에 관심이 없는 아이도 있기 때문입니다.

- **아이의 수준에 맞는 퍼즐을 준비해주세요.**
  퍼즐에 관심을 갖고 흥미를 보이려면, 아이가 좋아할 만한 그림이 그려져 있어야 하고 성취감을 느낄 수 있도록 혼자서도 해낼 수 있는 수준이어야 합니다. 다른 아이가 한다고 해서 어려운 퍼즐을 내어주지 말고, 한두 번 연습해서 아이 혼자서도 맞출 수 있을 만한 퍼즐(아이의 수준에 적합한 퍼즐)을 준비합니다.

- **퍼즐 조각을 이용해 인형 놀이, 소꿉놀이 등 다른 놀이에 활용할 경우**
  "그건 퍼즐이야. 퍼즐 자리에 갖다 놓자."라고 이야기하며 퍼즐을 퍼즐 맞추는 것에만 사용하라고 하는 경우가 있습니다. 그러나 놀잇감을 원래의 목적대로만 사용하지 않고 다양한 방법으로 사용하도록 허용하는 것이 좋습니다. 다양한 방법을 찾고 생각해내는 과정이 창의성 발달의 시작이랍니다.

12~18개월 시각, 소근육 발달을 위한 물감 도장 놀이

아이들은 물감으로 다양한 색을 경험하며 색의 차이를 인지하게 됩니다. 물감을 이용해 여러 가지 모양을 만들어 낼 수도 있습니다. 내가 손을 움직인 대로 결과가 쉽게 보이기 때문에 인과관계를 이해하는 데도 도움이 됩니다. 12~18개월 사이의 아이들은 물감을 직접 손으로 만지거나 입에 넣거나 눈을 비비는 등 조절이 어렵기 때문에 통 안에 들어있는 물감 도장을 이용하는 것이 적당합니다.

놀이 과정

- ✔ 도화지와 물감 도장을 준비합니다. 아이가 관심을 보이면 도화지에 물감 도장을 함께 찍어봅니다.

    "동그란 뚜껑이 있네. 엄마가 열어줄게."

    "뚜껑을 열었더니 안에 색깔이 들어있네."

    "엄마처럼 도화지에 톡톡 찍으면 물감이 나온대."

- ✔ 아이와 함께 물감 도장을 찍으며 나타나는 색깔, 모양을 관찰하고 이야기 나누어 봅니다.

"엄마는 빨간 동그라미가 톡톡 생겼네!"

"OO는 파란 동그라미도 만들었고, 노란 길도 만들었구나."

"엄마 동그라미랑 OO이 동그라미가 만났네?"

놀이 확장

✔ 아이가 좋아하는 그림을 그려주고 그림 위를 도장으로 찍어보세요.

"아빠가 OO이가 좋아하는 기차를 그려줄게."

"기차 위에 어떤 색으로 칠해줄까?"

✔ 물감 도장으로 그린 그림을 아이가 잘 보이는 벽에 붙여주세요. 내가 그린 그림을 감상하며 심미감, 만족감을 경험할 수 있답니다.

"우리가 같이 만든 그림 여기에 붙여놓자."

"OO이가 꾸며준 기차도 있고, 알록달록 동그라미들도 많다."

 주의사항

- **충분한 공간을 확보해주세요.**
물감이 아니라 통에 담긴 도장이지만 세게 흔들거나 찍다 보면 주변에 물감이 튀거나 묻을 수 있습니다. "바닥에 찍지 말아라.", "소파에 묻는다." 이야기하며 아이 행동을 제지하지 말고 바닥에 놀이용 매트를 깔아주거나, 전지처럼 커다란 종이를 준비해 아이가 충분한 공간에서 자유롭게 표현할 수 있도록 도와주세요.

- **계속 닦아주지 마세요.**
물감 도장을 종이에 찍도록 종이를 깔아주었지만, 아이들은 손과 발, 다리와 팔에 도장을 찍으며 재미를 느낄 것입니다. 이때 부모가 손에 묻은 것을 계속 닦아주거나 주의를 준다면 아이는 물감은 더러운 것, 손에 묻으면 안 되는 것이라 생각하며 흥미를 잃게 됩니다. "묻어도 괜찮아. 다 놀고 손 씻자."라고 반응해주어 편안하게 놀이에 참여할 수 있도록 해주세요.

12~18개월 감각, 인지 발달을 위한 셀로판지 놀이

사물을 바라볼 때, 빛을 비춰서 보거나 거울에 비춰서 보거나 밑에서 보는 등 여러 가지 시각으로 볼 수 있도록 해주어야 시각적 발달은 물론 창의성 발달에 도움이 됩니다. 셀로판지를 통해서 사물을 바라보면 색이 더해진 시선으로 사물을 볼 수 있게 됩니다. 늘 보던 소파를 빨간색, 파란색, 초록색으로 바꾸어볼 수 있게 됩니다. 또한 구기고 펴보며 구겨지는 소리, 구겨지는 모양 등을 탐색해볼 수 있습니다.

놀이 과정

✔ 셀로판지를 준비해 아이가 잘 보이는 곳에 놔주고 아이가 관심을 보이면 함께 탐색해주세요.

 "알록달록한 종이가 있네. 이게 뭘까?"

✔ 아이가 놀이하는 과정, 속도에 맞춰 함께 탐색해주세요. 아이의 행동을 언어적으로 표현해주거나 엄마의 관심을 말로 전달해주세요.

 "○○이는 빨간 셀로판지가 궁금했구나?"

"만져보니 소리가 나네? 바스락 바스락 구겨지기도 하네?"

"다시 폈더니 자국이 나 있구나. ○○이가 재밌는 모양을 만들었네!"

✔ 아이가 손으로 만지고 구겨보며 충분히 탐색했다면, 셀로판지를 통해 사물을 바라볼 수 있도록 도와주세요.

"엄마는 초록색 종이로 ○○이를 봐야겠다."

"○○이가 초록색으로 보이는데?"

"○○이는 엄마가 어떻게 보여? 엄마가 초록색으로 변했지?"

놀이 확장

✔ 셀로판지를 아이가 잡을 수 있는 크기로 작게 잘라주세요. 흰 도화지 위에 셀로판지를 올려놓으면 색이 더 선명하게 보인답니다. 흰 도화지 위를 자유롭게 꾸며볼 수 있도록 해주세요. 아이가 올려놓은 셀로판지를 풀로 붙여주면 아이의 작품을 더 오래 볼 수 있답니다.

"여기 도화지 위에 올려놨더니 색깔이 더 잘 보인다!"

"○○이가 구겨놓은 빨간색도 도화지 위에 놓았네."

"엄마가 풀로 붙여줄게. ○○이랑 엄마가 만든 거 저기 벽에 걸어놓으면 되겠다!"

✔ 창문에 셀로판지를 붙여주세요. 밖을 내다볼 때 셀로판지를 통해 색이 더해진 창밖 풍경을 볼 수 있답니다.

"색깔 창문이 생겼네! 색깔 창문으로 보면 어떻게 보이는지 볼까?"

"나무가 빨간색으로 보이고, 저기 자동차도 빨간색으로 보인다!"

주의사항

- **색깔을 억지로 알려주지 마세요.**
"이거 무슨 색이지?", "빨간색 어디 있지?", "무슨 색으로 보인다고?" 확인하며 묻지 말아주세요. 색이나 모양은 아이들이 놀이하며 자연스럽게 습득할 수 있는 개념입니다. 옆집 친구보다 먼저 색이나 모양을 아는 것이 중요하지 않습니다. 색의 이름을 알아가는 것보다 중요한 것은 다양한 색을 접하고 다양한 색을 통해 새로운 시각적 경험을 쌓아가는 것입니다.

12~18개월 인지 발달을 위한 양말 놀이

이 시기의 아이들은 점차 색깔과 모양을 인지하고 서로 같고 다름을 알 수 있습니다. 특히 평소에 자주 접하던 것은 색과 모양을 더 잘 구분할 수 있답니다. 평소 내가 신던 양말 몇 켤레로 짝을 맞추는 놀이를 통해 아이들은 같은 것끼리 짝을 짓고 분류하는 수학적 개념, 시지각능력이 발달하게 됩니다.

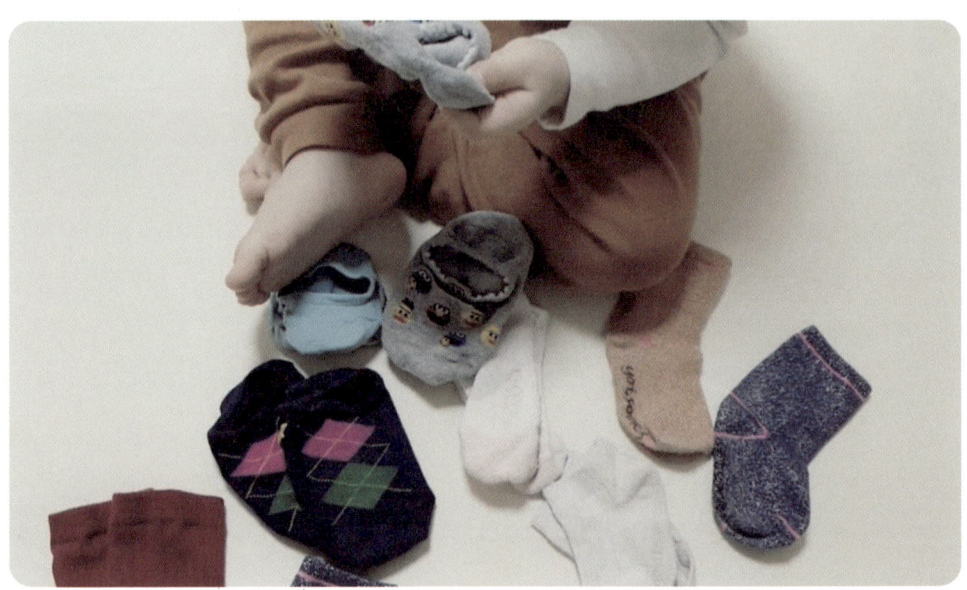

놀이 과정

✔ 색과 모양이 다른 양말을 몇 켤레 준비해주세요. 크기를 구분할 수 있도록 엄마, 아빠 양말을 섞어주어도 좋답니다. 양말 두 짝을 따로 분리하여 바닥에 늘어놔주세요.

✔ 아이가 양말에 관심을 보이면 함께 짝을 찾아봅니다.
 "○○이가 신던 양말이 많이 있네."
 "근데 양말들이 짝을 잃어버렸대. 우리가 짝꿍을 찾아줄까?"
 "○○이가 똑같은 양말끼리 짝을 찾아줄 수 있을까?"

✔ 양말의 색, 모양 등 다양한 어휘를 사용해 아이에게 이야기해주세요.

"이 파란 양말 짝꿍은 어디 있지?"

"이 반짝이 양말은 짝이 어디 있을까?"

"하트모양 양말, 짝꿍이 거기 있었구나!"

✔ 놀이가 끝난 후 성취감을 느낄 수 있도록 이야기해주세요.

"○○이가 양말 짝을 다 찾아줬네."

"같은 모양끼리, 같은 색깔끼리 잘 만나게 해줬네!"

놀이 확장

✔ 다 마른 빨래를 정리할 때 아이와 함께 해보세요. 누구의 옷인지, 누구의 양말인지 봤던 것을 기억했다가 분류하는 것도 할 수 있습니다. 이 옷을 입고 어디에 갔었는지, 어떤 놀이를 했었는지 이야기를 나누는 것도 기억력 발달에 좋답니다.

"엄마 양말은 여기에, 아빠 양말은 여기에 담아줄까?"

"이건 누구 옷이지? 맞아. 아빠랑 이 옷 입고 놀이터 갔었지?"

✔ 빨래정리 외에도 아이와 집안일을 함께 해보세요. 누구의 물건인지 찾고 제자리가 어디인지도 찾아보세요. 내 장난감을 정리하는 것보다 엄마, 아빠의 물건을 정리하는 것에 더 관심을 보인답니다. 아이와 정리하면 시간이 더 걸리겠지만, 위치를 기억하고 물건을 분류하면서 인지 발달에 도움이 되는 기회를 줄 수 있답니다.

"이건 누가 쓰던 물건이지?"

"이건 자리가 어디였지? 자리를 잃어버렸나 봐. 어느 방에 있던 걸까?"

주의사항

• **틀렸다고 하지 마세요.**
아이와 놀이를 해보려고 양말을 쭉 늘어놓았는데 아이가 짝을 잘못 찾는 경우가 있어요. 그럴 때는 "그거 아니야. 이게 짝이야."라고 알려주지 마세요. 같은 색과 같은 그림을 찾는 것보다, 두 개씩 만나게 하는 것에 관심이 있을 수도 있고 양말들을 한데 모아보는 것에 관심을 보일 수도 있습니다. 부모의 기준으로 맞다 틀리다 이야기하지 말고, 아이가 관심을 보이는 대로 인정하고 격려해주세요.

12~18개월 대근육 발달을 위한 계단 오르기 놀이

12개월이 지나 조금씩 걷기 시작하면서 처음에는 뒤뚱뒤뚱 걷다가 점차 무릎이 모아지고 두 다리를 나란히 하여 안정적으로 걷기 시작합니다. 균형을 잡고 스스로 신체를 조절하면서 평지뿐만 아니라 계단을 오를 수 있게 됩니다. 엄마 손을 잡고 한 칸씩 오르다가 점차 도움 없이 혼자 발을 딛고 올라갈 수 있게 된답니다. 아이들의 대근육 발달을 위해 스스로 신체를 조절하고 시도해볼 수 있도록 기회를 주는 것이 필요합니다.

놀이 과정

✔ 계단이 있는 곳에서 스스로 올라가려는 모습이 보이는지 관찰하세요. 계단에 관심을 보인다면 충분히 탐색할 수 있도록 기회를 주세요.
 "올라갈 수 있는 계단이 있지? 위로 올라가면 뭐가 있을까?"
 "계단 올라가고 싶구나? 엄마가 좀 도와줄게."

✔ 아이의 수준에 맞게 도움을 주는 것이 필요합니다. 아이가 혼자서 하고 싶어 한다면 기회를 주고 안전하게 올라갈 수 있도록 지켜봐주세요.

"혼자서 하고 싶었구나? 그럼 엄마가 지켜봐줄게."

"앞으로 엉금엉금 기어서 올라갔구나?"

"엄마 손을 안 잡고도 혼자서 한 칸 올라갔어? 대단하다!"

✔ 계단을 내려올 때는 앞으로 떨어질 수 있으므로, 안전하게 내려올 수 있는 방법을 알려주어야 합니다.

"내려올 때는 뒤로 내려와 볼까? 뒤로 내려오면 안전해."

"앞으로 내려오고 싶으면 엄마가 손잡아줄게."

🔤 놀이 확장

✔ 계단 위에 좋아하는 인형이나 엄마, 아빠가 서 있다면 혹은 좋아하는 장소가 있다면 목표가 생겨 올라가는 데 더 흥미를 보일 수 있답니다.

"계단 위에 엄마가 서 있네? 계단 올라가서 엄마한테 가볼까?"

"계단 올라가면 ○○이가 좋아하는 놀이터 있지? 놀이터 가서 미끄럼틀 타자!"

✔ 집에 계단이 붙어있는 미끄럼틀이 있다면 계단을 오르고 내리는 연습을 안전하게 해볼 수 있습니다. 아이용 계단에는 적정한 높이에 손잡이도 있으니, 성인의 도움 없이 혼자 오르고 내리는 것을 연습하기에 적절합니다.

✋ 주의사항

- **불안한 마음에 아이를 안아주지 마세요.**
  아이와 길을 걷다 계단만 보이면 번쩍 안아주는 부모가 있습니다. 계단을 오르내리는 것은 매우 많은 신체조절능력을 요구합니다. 한 다리를 올리고 몸 전체를 계단 위로 올리고 다시 두 다리를 모으는 과정을 통해 아이들은 몸의 근육에 힘을 주어 균형을 잡고 조절하는 능력을 배우게 됩니다. 아이가 넘어질까 봐, 다칠까 봐 불안하고 걱정되는 마음에 혹은 아이가 오르는 것을 기다려주기 힘들어서 아이를 번쩍 안고 계단을 올라간다면 계단을 오르는 경험을 통해 신체를 발달시킬 수 있는 기회를 빼앗기게 됩니다. 모든 것을 다 해주지 말고 아이가 해낼 수 있을 만큼 적당한 도움을 주고, 아이를 믿으며 기다려주는 것이 부모의 역할입니다.

12~18개월 인지, 소근육 발달을 위한 종이컵 놀이

값비싼 놀잇감도 좋지만 평소 집에서 볼 수 있는 생활용품도 아이들에게 훌륭한 놀잇감이 될 수 있습니다. 재활용품으로 종이컵이 생겼을 때 모아 두었다가 사용해도 좋고, 종이컵이 없다면 색이 들어간 종이컵을 한 줄 준비해도 좋습니다. 종이컵은 가볍고 크기가 적당하여 아이들의 손에 쉽게 잡히고 자유롭게 옮겨볼 수 있어서 여러 가지 놀이로 활용할 수 있으며 다양한 색을 경험하게 하고, 모양과 형태에 대한 인지능력 발달에 도움이 될 수 있습니다.

놀이 과정

✔ 종이컵을 여러 개 아이 앞에 놓아주세요. 아이가 관심을 보이는지 관찰하고, 아이가 관심을 보인다면 함께 탐색해주세요.

"알록달록 컵이 많다."

"그렇게 물 마실 때 쓰는 컵이지?"

✔ 아이의 행동을 관찰한 후 아이가 하는 행동을 언어적으로 표현해주세요. 눈에 보이는 상황에 대해 궁금해할 수 있도록 질문해주면 좋습니다.

"초록색 컵을 빨간색 컵 안에 쏙 넣었네."

"쏙 넣었더니 초록색 컵이 안 보이네? 어디 갔지?"

"파란색 컵도 쏙 넣었더니 없어졌어! 컵들이 다 어디로 간 거지?"

✔ 아이가 종이컵을 충분히 탐색하고 놀이했다면, 아이 옆에서 컵을 거꾸로 블록처럼 세운 후 아이와 함께 와르르 무너뜨리는 놀이를 해보세요.

"엄마가 컵을 높이 높이 세웠지?"

"와르르~ 무너뜨려 볼까? 손으로 툭 쳤더니 와르르~ 무너졌네!"

"또 세워볼까?"

놀이 확장

✔ 종이컵 안에 들어갈 만한 과일 모형이나 작은 블록들을 함께 내어주세요. 컵 안에 담아보는 놀이를 할 수 있습니다. 이때 집게나 숟가락 등의 도구를 함께 주면 도구를 이용해 담아볼 수 있습니다.

"컵 속에 쏙 담아볼까?"

"사과를 집게로 집어서 파란 컵 속에 넣었구나."

"바나나도 하나 담아주세요."

✔ 종이컵을 뒤집어서 컵 속에 작은 인형을 숨기고 찾는 놀이를 할 수 있습니다.

"엄마가 여기 컵 속에 강아지 인형 넣어둘게. 어느 컵 속에 있나 찾아볼까?"

"빨간 컵 속에는 없고, 노란 컵 속에도 없고, 짠! 분홍색 컵 속에 있었구나!"

주의사항

- **셀 수 없이 반복하는 아이를 격려해주세요.**

  아이와 놀이하다 보면 "또! 또!"를 수도 없이 반복해서 외칩니다. 부모가 보기에는 왜 계속 똑같은 걸 반복하는지 지겨울 수 있지만, 아이들은 수없이 반복해서 본인의 능력으로 만들어 간답니다. 같은 행동을 반복할 때도 매번 새로운 것을 보고 새로운 생각을 하는 아이들입니다. 수도 없이 반복하는 아이를 인정해주고 아이 스스로의 능력을 키우고 집중력을 키워나갈 수 있도록 함께 반복해서 놀이해주세요.

12~18개월 신체, 인지 발달을 위한 자동차 길 놀이

바닥에서 자동차를 굴리며 놀던 아이에게 테이프를 이용해 자동차 길, 또는 주차장을 만들어주면 길을 따라 자동차를 움직여보며 놀이에 흥미를 지속할 수 있게 됩니다. 길을 따라 자동차를 움직이고 주차장에 주차해보는 놀이를 통해 신체조절능력, 길에 대한 공간지각능력 및 위치와 방향에 대한 지각능력을 기르는 데 도움이 됩니다. 또한 역할놀이로 연결되어 경험한 것, 상상한 것을 놀이로 표현하고, 상황에 맞는 언어적 표현을 하며 언어 발달에도 도움을 줄 수 있습니다.

놀이 과정

✔ 바닥 혹은 놀이 매트에 테이프를 이용해 자동차 길과 주차장을 만들어주세요. 바닥에 붙이기에는 종이테이프 혹은 전기테이프가 적당하며, 잘 떼어지는지 확인한 후에 사용하는 것이 좋습니다.

"우와, 바닥에 자동차 길이 생겼네."

"자동차 놀이할 수 있겠다!"

"이 길을 따라가면 어디까지 갈 수 있을까?"

✔ 자동차 길에서 아이와 함께 자동차 놀이를 해보세요.

"뛰뛰빵빵~ 자동차가 갑니다~ ○○이 자동차 뒤에 엄마 자동차가 따라갑니다."

"주차장이 어디인가요? 엄마 차는 힘들어서 주차장에 가야겠어요."

✔ 자동차 길에서 놀이하며 신호에 맞춰 멈추고 가는 놀이를 해보세요.

"차가 지나갈 때는 신호등을 잘 보고 다녀야 해."

"빨간불이 켜졌어! 빨간불~ 멈춰요."

"초록불이 되면 지나갈 수 있어요. 초록불! 자 출발~"

놀이 확장

✔ 여러 가지 상황을 설정하며 놀이가 더 재미있어지도록 도와주세요.

"여기 사고가 났어요. 자동차가 꽝 부딪혔어요! 도와주세요!"

"사람들이 길을 건너고 있어요. 사람들 먼저 지나가고 출발할게요~!"

"이 길은 공사를 해야겠어요. 여기 공사 차 출동~!"

✔ 커다란 전지에 자동차 길을 그려 물감 놀이를 할 수 있어요. 자동차 바퀴에 물감을 묻히고 길 위를 지나가며 바퀴 자국을 찍어볼 수 있답니다.

"자동차 바퀴에 물감을 묻혔더니, 자동차가 지나가는 길이 생긴다!"

"초록 길도 생기고, 파란 길도 생겼어!"

주의사항

- **놀이의 속도, 아이보다 앞서가지 마세요.**
  아이마다 놀이의 속도가 다릅니다. 자동차 길을 만들어주고 함께 놀이할 때, 자동차를 굴리다가 길을 따라 굴리거나 주차도 해보고, 신호등 놀이도 해보고 한 번에 여러 가지 놀이를 다 하는 아이가 있고, 며칠 동안 자동차를 이리저리 굴리기만 하다가, 또 며칠 후 주차를 해보는 등 한 가지를 며칠이나 반복하는 아이가 있습니다. 부모는 우리 아이의 놀이 진행 속도를 잘 관찰하고 그 속도에 맞춰서 함께 놀아주어야 합니다.

12~18개월 인지 발달을 위한 숨바꼭질 놀이

9개월 이후 대상 영속성 개념의 발달로 인해 눈에 보이지 않는 사물도 존재함을 이해하고 사라진 대상이 나타날 것을 예측할 수 있습니다. 아이들은 예측한 대로 나타난 결과에 대해 만족감과 성취감을 경험하며, 숨바꼭질 놀이를 통해 이러한 인지적 과정과 즐거움을 경험할 수 있습니다. 또한 몸을 숨기고 찾는 과정을 통해 신체 발달과 시지각 발달에 도움이 됩니다.

놀이 과정

✔ 숨바꼭질 노래를 부르며 숨바꼭질 놀이에 관심을 끌어보세요.
  "꼭꼭 숨어라, 머리카락 보일라~ 꼭꼭 숨어라, 머리카락 보일라~"
  "○○이가 숨으면 엄마가 찾아볼까?"

✔ 숨고 찾는 놀이를 해보세요. 아이들은 본인의 눈을 가리고 안 보이면 다른 사람도 안 보일 거라 생각합니다. 아이가 눈을 가리고 있다면 안 보이는 척해주세요.
  "어디 어디 숨었나? ○○이가 안 보이네?"
  "나무 뒤에 숨었나? 의자 뒤에 숨었나?"

"찾았다! 여기 숨어있었구나!"

✔ 역할을 바꾸어 놀이해보세요.

"이번엔 엄마가 숨을게. OO이가 꼭꼭 숨어라 해줄래?"

"엄마 다 숨었다! 찾아봐!"

"우와, OO이가 엄마를 잘 찾았네!"

 놀이 확장

✔ 놀이터나 집 안에서 물건을 숨기고 찾는 놀이를 해보세요. 아이가 좋아하는 물건으로 숨기면 더욱 즐겁게 참여할 수 있답니다.

"OO아 토끼가 어디 갔지? 토끼가 꼭꼭 숨었나 봐."

"꼭꼭 숨어라, 토끼야 어디 갔니?"

"OO이가 토끼 찾았구나!"

✋ 주의사항

- **함께 찾아주세요.**
  숨은 사람을 찾거나 숨겨진 물건을 찾을 때 아이와 함께 찾아주어야 더 재밌게 놀이할 수 있습니다. "어디 숨었을까? 여기는 없네? 저쪽으로 가볼까?" 아이가 궁금해하도록, 아이가 호기심을 가질 수 있도록 아이의 생각을 이야기해주면서 함께 찾아주세요. 특히 숨바꼭질 놀이를 처음 할 때는 찾고 숨는 과정을 부모 중 한 사람이 함께 해주어야 합니다.

- **아이가 쉽게 찾을 수 있도록 숨겨주세요.**
  엄마, 아빠가 숨거나 물건을 숨길 때 숨기는 과정을 보여주거나 사물이 보이도록 숨겨주세요. 숨기는 과정과 숨겨진 물건이 둘 다 안 보이면 찾는 것이 어려워 금세 실망하게 됩니다. 쉽게 찾을 수 있도록 숨겨서 찾는 즐거움을 경험할 수 있게 도와주세요.

12~18개월 언어, 인지 발달을 위한 상 차리기 놀이

'~인 척', '~처럼' 행동하는 가상 놀이가 가능해지면서 가장 많이 보는 엄마의 역할을 흉내 내어 놀이하는 모습이 나타나기 시작합니다. 엄마처럼 요리를 하고, 그릇에 담고 먹는 척 놀이하는 과정은 이러한 상징적 사고, 표상적 사고를 가능하게 하여 인지 발달에 도움을 줍니다. 또한 상황에 맞는 말을 생각하거나 표현하므로 언어 발달의 기회가 됩니다.

놀이 과정

- 음식 모형과 놀이용 그릇, 놀이용 조리도구 등을 준비해주세요. 아이가 보이는 곳에 놓아주고 아이가 관심을 보이면 함께 탐색해보세요.
  "맛있는 음식들이 많이 들어있네?"
  "음식을 담을 수 있는 그릇도 있고, 이건 뭐지? 맞아, 칼도 있네!"

- 아이가 자유롭게 놀이하도록 지켜봐주세요. 아이가 놀이하는 장면을 언어로 표현해주면, 어휘 발달에 도움이 된답니다.
  "○○이가 칼로 토마토를 싹둑싹둑 잘라주고 있구나."

"그릇에 벌써 음식들이 많이 담겼네."

"토마토도 담고, ○○이가 좋아하는 사과도 담았구나."

✔ 아이의 놀이 상대가 되어 놀이해보세요. 역할을 맡아 놀이하는 과정은 사회성 발달의 기초가 된답니다.

"저는 파프리카랑 오이 썰어서 샐러드 만들어주세요."

"감사합니다. 잘 먹을게요!"

놀이 확장

✔ 손으로 잡은 것을 입으로 탐색하는 시기가 끝나간다면 아이와 반죽 놀이를 해보세요. 시중에서 파는 반죽보다는 엄마가 만들어주는 밀가루 반죽이 더 안전하답니다. 엄마가 만들어준 밀가루 반죽으로 조물조물 음식을 만들어볼 수 있습니다.

"엄마가 말랑말랑 반죽을 가져왔어."

"이 반죽으로 맛있는 요리해볼까?"

주의사항

- **아이의 시선을 돌리지 마세요.**
  아이가 본인의 놀이에 집중해서 놀고 있을 때, 자꾸 여기를 보라고 이야기하는 부모가 있습니다. 아이는 칼로 토마토를 열심히 자르고 있는데 "○○아, 여기 이런 것도 있네. 여기 사과도 있어.", "○○아, 엄마 봐봐. 엄마는 칼로 이렇게 자른다. 엄마 좀 봐봐." 등과 같이 아이의 시선을 돌리는 말을 하게 됩니다. 아이의 시선을 돌리게 하는 말보다는 "○○이는 칼로 자르고 있구나.", "자를 때 손 다치지 않게 조심해~" 등의 이야기를 건네주면 아이는 집중하고 있는 장면에서 시선을 뺏기지 않고 본인의 놀이에 더 집중할 수 있답니다. 아이의 시선이 다른 곳으로 옮겨졌을 때 혹은 엄마의 놀이장면으로 이동했을 때 다른 곳엔 무엇이 있는지, 엄마는 무엇을 하고 있었는지 이야기해주면 됩니다.

12~18개월 정서 발달을 위한 로션 놀이

목욕 후 엄마가 마사지하듯 발라주던 로션을 이제 혼자 바를 수 있습니다. 로션을 짜서 몸에 바르면 미끌미끌 새로운 감각적 자극을 받을 수 있으며, 마사지하듯 문지르며 근육이 이완되고 정서적 안정을 경험할 수 있게 됩니다. 또한 나의 신체에 관심을 가지게 되고, 여기저기 발라보면서 신체 부위의 이름을 익힐 수도 있습니다. 엄마와 서로 발라주며 사랑을 느끼고 유대감을 형성하는 기회를 가져보세요.

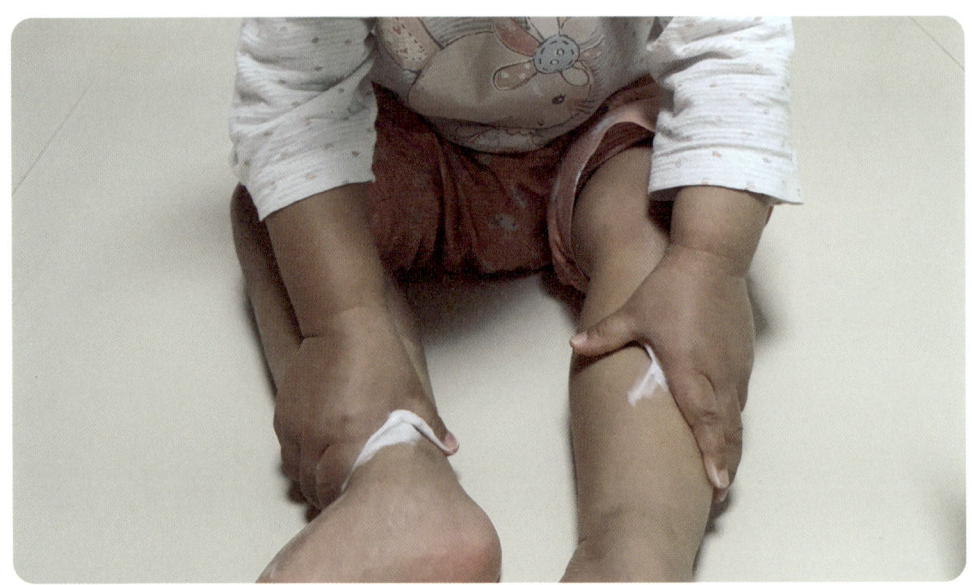

놀이 과정

- 목욕 후 로션을 발라봅니다. 엄마가 적당량 짜주고 아이 스스로 발라볼 수 있도록 해주세요.
    "○○이가 로션 발라볼까?"
    "엄마가 ○○이 손에다가 짜줄게."
- 로션을 바르는 아이의 행동을 언어적으로 표현해주세요. 신체 부위에 대한 어휘를 알려주면 도움이 된답니다.

"○○이가 무릎에 로션을 바르고 있구나."

"발가락에도 발라볼까? 엄지발가락에도 바르고~ 새끼발가락에도 바르고~"

✔ 엄마와 서로 로션을 발라주세요. 엄마가 느끼는 감정을 이야기해주고, 감정을 공유해보세요. 간단한 놀이로 아이와 유대감을 형성할 수 있습니다.

"○○이가 엄마 다리에도 발라줄래?"

"미끌미끌 쭉쭉~ ○○이가 발라주니 엄마가 기분이 정말 좋다."

"○○이가 엄마를 얼마나 사랑하는지 알겠어!"

"엄마도 사랑하는 마음을 담아서 ○○이 등에 발라줄게. 문질문질~ 사랑해~"

놀이 확장

✔ 쿠킹호일이나 비닐을 바닥에 깔고 그 위에 로션을 짜주세요. 몸에 바른 로션은 금방 흡수되어 없어지지만, 호일이나 비닐 위에 짜주면 로션이 없어지지 않아 더 오래 감각 놀이를 할 수 있습니다. 손바닥으로 문지르고 손가락을 움직여보면서 미끌미끌 감각적 체험을 할 수 있을 뿐 아니라 손가락을 움직이며 로션 자국을 만들어 그림을 그려볼 수도 있답니다.

✔ 로션이 손에 묻는 것을 싫어하는 아이라면 쿠킹호일이나 비닐에 짜준 로션 위에서 자동차를 굴려보거나 빨대를 이용해 그림을 그려보세요. 그렇게 생긴 무늬를 보며 어떤 무늬가 생겼는지, 어떻게 만든 자국인지 이야기 나누어보세요.

"자동차가 슝~ 지나갔더니 길이 생겼네!"

"빨대로 콕콕 찍었더니 동그라미가 많이 생겼네!"

주의사항

•**묽고 가벼운 로션을 사용하세요.**
자극에 예민한 아이들은 손에 무언가가 묻는 것을 싫어하고, 끈적이는 느낌을 싫어하는 경우가 많습니다. 그런 아이들에게는 끈적이고 무거운 크림 형태의 로션보다는 묽고 가벼워 금방 흡수되거나 없어지는 로션을 주는 것이 좋습니다. 아이가 거부감을 느끼지 않도록 적은 양부터 시작해 양을 늘려 가고, 로션의 농도도 바꿔보세요. 그럼에도 로션이 손에 묻는 것을 거부하는 아이라면, 엄마가 마사지하듯 발라주면 됩니다.

12~18개월 소근육 발달을 위한 꽂기 놀이

집에서 재활용품이나 생활용품을 활용해 간단한 놀잇감을 만들 수 있답니다. 키친타올 꽂이와 휴지 속심을 이용해 간단한 링 끼우기 놀잇감을 만들어주세요. 막대에 정확히 링을 끼우기를 시도하면서 목표를 향한 신체조절능력을 키울 수 있습니다. 또한 휴지 속심에 색종이를 붙여주면 색 인지능력 발달을 도울 수 있습니다.

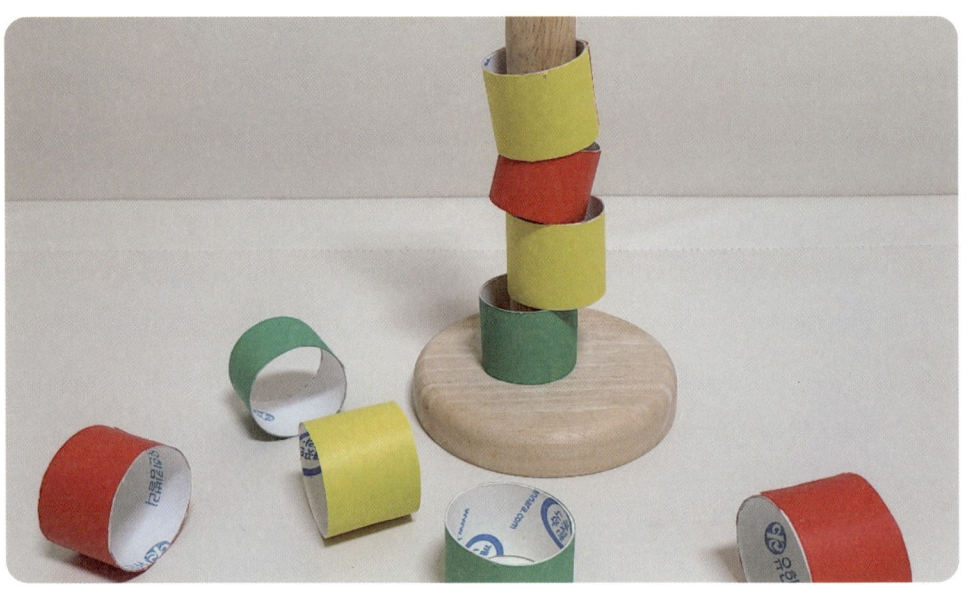

놀이 과정

- ✔ 엄마가 만든 놀잇감을 아이가 잘 보이는 곳에 놓아두세요. 아이가 관심을 보이면 함께 놀이해주세요.

  "긴 막대가 있고, 색깔 동그라미가 있네."

  "동그라미에는 구멍이 뻥 뚫려있네?"

- ✔ 아이가 스스로 방법을 찾을 수 있도록 탐색하는 시간 동안 기다려주세요. 아이가 탐색하며 보이는 행동을 지지하고 인정해주세요.

  "동그라미들도 있고 긴 막대도 있는데 어떻게 하는 걸까?"

"어? 동그라미 속으로 엄마 얼굴이 보이네?"

"긴 막대 속에 동그라미를 쏙 끼웠네!"

✔ 아이와 함께 막대에 링을 끼우며 놀이해보세요. 놀이하며 숫자와 색깔에 대한 어휘를 경험할 수 있도록 이야기해주세요.

"한 개, 두 개, 세 개 끼웠네! ○○이가 동그라미를 세 개나 끼웠구나!"

"빨간 동그라미도 쏙! 초록 동그라미도 쏙! 넣었네!"

놀이 확장

✔ 휴지 속심으로 만든 링을 손가락에 끼워보세요. 손가락을 벌리고 내 손가락에 링을 끼워 넣어볼 수 있답니다. 아이가 좋아한다면 손가락에 들어갈 만한 작은 사이즈의 링을 만들어주는 것도 좋답니다.

"○○이가 손가락에 반지를 끼웠네?"

"빨간 반지도 끼고, 노란 반지도 끼웠구나!"

✔ 막대에 끼울 수 있는 다른 놀잇감을 찾아보세요. 아이가 가지고 있는 놀잇감 중에 구멍이 있어서 막대에 끼울 수 있는 다른 놀잇감이 있다면 휴지 속심과 함께 끼워보세요.

"여기에도 구멍이 있네? 이것도 쏙 넣어볼까?"

"그것도 쏙 들어가는구나! 또 어떤 것이 들어갈까?"

주의사항

- **놀이 방법을 먼저 알려주지 마세요.**

"이거는 여기에 이렇게 끼우는 거야. 구멍에 쏙 넣는 거야."라고 놀이 방법을 먼저 알려주지 마세요. 아이 스스로 놀이 방법을 찾을 수 있도록 충분한 탐색 시간을 주는 것이 중요합니다. 이 과정에서 아이는 생각하는 기회를 갖고 사고력을 키울 수 있습니다. 아이가 방법을 찾기 전에 미리 답을 알려주는 것은 이러한 사고 발달의 기회를 빼앗는 것입니다. 또한 엄마가 생각한 놀이 방법과 다른 방법으로 놀이하더라도 인정해주어야 합니다. 막대에 끼우지 않고 링을 가지고 쌓고 굴리며 놀이한다면 그 자체도 인정해주면 됩니다.

4장

18~24개월, 엄마표 발달 놀이

이렇게 발달해요

✓ 신체 발달

- **자세가 안정적이며 자연스러워집니다.**

  18개월이 지나면 대근육 조절이 자연스러워져서 걷거나 뛰는 것이 유연해집니다. 걷다가 뛰거나 뛰다가 걷는 등 속도를 조절하며 움직이는 것이 가능해지는 시기입니다. 또한 몸을 세우고 계단을 올라갈 정도로 몸의 균형을 잘 잡을 수 있으며, 성인의 손을 잡고 계단을 한 칸씩 내려오는 것도 가능합니다. 24개월경이 되면 난간이 없는 계단도 오를 수 있습니다.

- **숟가락질, 양말 벗기, 옷 입기 등 스스로 할 수 있는 것이 많아집니다.**

  개별적인 차이는 있지만, 운동성과 자기주도성이 발달하면서 무엇이든 스스로 하려는 모습이 나타납니다. 20개월 이후 포크와 숟가락을 혼자 사용하고, 옷을 스스로 입거나 지퍼를 내리는 것이 가능해집니다. 숟가락질하며 흘리고, 신발을 거꾸로 신는 등 미숙한 모습이 많지만, 스스로 하는 것을 격려하고 기회를 주는 것이 아이의 자조력을 키우고 성취감을 경험하도록 도와줍니다.

- **목표를 향해 던지거나 차는 것이 가능해집니다.**

  목표를 향해 공을 던지거나, 발로 차는 것도 가능해집니다. 공을 발로 차기 위해서는 한 발로 균형을 잡고 서 있어야 하며, 목표를 향해 한 발을 정확히 뻗는 것이 가능해야 합니다. 신체조절능력이 발달하면서 이러한 균형 잡힌 연속 동작이 가능해지게 됩니다.

✓ 언어 발달

- **동사를 포함한 3~4단어로 된 문장을 말할 수 있습니다.**

  18개월경이 되면 급속도로 단어를 습득하게 되는 '명명 폭발기'라고 할 수 있습니다. 24개월경이면 250~300개의 단어를 이해하고 명사 외에도 동사와 형용사를 사용할 수 있게 됩니다. 동사를 사용하기 시작하면서 "엄마 물"이라고 이야기하던 아이는 "엄마 물 주세요."라고 동사를 포함한 문장으로 이야기할 수 있습니다. 이 시기의 아이가 사용하는 대부분의 문장은 주로 단어로만 구성된 문장으로 '전보식 언어'라고도 합니다.

- **간단한 동요를 듣고 따라 부를 수 있습니다.**

  엄마 곰, 아빠 곰, 아기 곰이 나오는 곰 세 마리 동요, 좋아하는 동물이 나오는 동요 등 아이들에게 친숙한 단어, 반복적인 음률을 포함하고 있는 간단한 동요를 기억하고 따라 부를 수 있습니다. 처음엔 노래의 끝부분만 박자에 맞게 따라 하다가 점차 따라 부를 수 있는 부분이 많아집니다. 이 시기에는 짧고 반복적인 음을 가진 동요를 일상생활 중 여러 번 들려주는 것이 좋습니다.

- **2가지 지시를 이해하고 따를 수 있습니다.**

  간단한 지시를 이해하고 따를 수 있던 아이들은 18개월 즈음, 2가지 지시를 이해하고 따를 수 있게 됩니다. "뚜껑 닫아서 엄마 주세요.", "싹둑 잘라서 강아지한테 줄까?"와 같이 2가지 동작에 대한 설명을 이해하고 행동할 수 있게 됩니다. 아이에게 친숙한 단어와 동작들로 이루어진 문장을 사용하는 것이 좋으며, 아이가 잘 이해하고 행동했다면 긍정적인 피드백으로 성취감을 느낄 수 있도록 해주세요.

✅ 인지 발달

- **옳고 그름에 대해 이해합니다.**

  반복되는 일상에서 경험한 것을 통해 옳고 그름을 이해할 수 있습니다. 장난감을 집어 던지는 행동이 옳지 않다는 것을 알기 때문에 장난감을 던지려고 하다가 엄마를 쳐다보며 엄마의 표정을 살피기도 합니다. 따라서 부모의 일관된 태도가 중요한 시기입니다. 일관된 태도로 옳고 그름을 알려준다면 아이는 점차 스스로의 행동을 조절해보려고 노력할 것입니다.

- **어떤 일이 생긴 이유를 이해합니다.**

  사건의 인과관계를 이해하기 시작하면서 어떤 일이 일어나게 된 이유를 생각할 수 있습니다. 18개월 이전에는 악기를 흔들어 우연히 소리를 만들어 내었다면, 18개월 이후에는 악기를 흔들면 소리가 난다는 인과관계를 이해하고 소리를 만들기 위해 통을 흔들게 됩니다. 이러한 인지능력이 발달하면서 주변의 모든 현상의 이유를 생각하고 탐색해보는 행동을 하게 됩니다.

- **목적을 가지고 반복적으로 시도하고, 연습하는 모습을 보입니다.**

  원하는 것이 뚜렷해지면서 점차 아이들의 행동에는 목적이 있고, 그 목적을 향해 연습하고 시도하는 모습이 나타납니다. 소파 위에 있는 인형을 잡기 위해 소파 위로 올라가서 인형을 가지고 내려오는 모습, 구멍 안에 크기에 맞는 블록을 넣기 위해 여러 번 시도하는 모습 등 정확한 목적을 가지고 행동을 하게 됩니다. 또한 스스로 시도해 목적을 이루게 되면 웃음을 지으며 성취감을 느낍니다. 따라서 이 시기의 아이들에게는 스스로 탐색하고 반복적으로 시도할 충분한 기회를 주고, 성공의 경험을 통해 성취감을 느낄 수 있도록 도와주는 것이 좋습니다.

- **일상생활을 자세히 이해하고 기억합니다.**

  기억력이 증가하면서 아이가 경험했던 일상을 자세히 이해하고 기억하기 시작합니다.

이러한 인지능력은 경험한 것을 놀이로 표현해내는 것을 도와주며, 일상에서의 경험을 시간이 지난 후에도 구체적인 상황까지 말로 설명할 수 있도록 해줍니다. 일상에서의 경험이 더 오래 기억되고 의미를 가질 수 있도록 이야기를 나누어주는 것이 좋습니다. 빵 가게에 가서 엄마가 필요한 빵만 구입하고 나오는 것이 아니라, 아이가 좋아하는 빵은 어디에 진열되어 있는지, 빵 가격은 어디에 쓰여있는지, 빵은 어떻게 골라 담아야 하는지, 계산은 어떻게 하는지 등 모든 과정을 아이와 관찰하고 함께 경험하게 해주세요.

✓ 사회·정서 발달

- **자신에 대한 객관적인 인식이 가능해집니다.**

12개월 이전에는 자신의 존재에 대해 인식하고 자신의 행동이 다른 사람에게 영향을 줄 수 있다는 것을 알게 됩니다. 12개월 이전부터 발달하기 시작한 자기인식은 18개월 이후에는 좀 더 객관화하여 자기를 인식하고 자기의 행동을 통제하고 평가하는 것까지 가능해집니다. 이러한 자기인식의 발달로 인해 자긍심, 수치심, 죄책감 등의 정서를 보이기도 합니다.

- **질투, 수치심, 죄책감과 같은 이차정서가 발달합니다.**

아이들의 정서를 일차정서와 이차정서로 구분할 수 있습니다. 일차정서는 기쁨, 분노, 슬픔 등과 같이 생후 초기부터 나타나는 정서이며, 이차정서는 질투, 수치심, 죄책감과 같이 자기인식과 평가로 인해 느끼게 되는 정서입니다. 18개월 이후 객관적인 자기인식과 평가가 가능해지면서 잘못된 행동을 한 후 죄책감과 수치심을 느끼거나, 노력한 일이 성공했을 때 자신감과 성취감을 느끼는 등의 정서가 발달하게 됩니다. 또한 부모로부터 받은 사랑을 잃게 될까 봐 두려워하는 질투의 감정이 발달하여, 동생이 있을 경우 동생을 괴롭히거나 부모의 관심을 끌기 위한 퇴행 행동 등을 보이기도 합니다.

• **다른 사람의 반응을 살피고 위로할 수 있습니다.**

자신에 대한 객관화와 동시에 친숙한 타인에 대해 관심이 생깁니다. 바닥에 컵을 떨어뜨렸거나 퍼즐을 다 맞춘 후 엄마의 반응을 살피는 것처럼 어떠한 행동을 한 후 주변 사람의 반응을 살핍니다. 또한 다른 사람의 기분이나 반응을 보고 본인의 행동을 조절하기도 합니다. 부모가 다투는 상황에서 아이가 엄마를 안아주기도 하고, 넘어져 울고 있는 친구에게 다가가 등을 토닥여주며 위로를 건네기도 합니다. 이처럼 이 시기에 다른 사람의 반응에 관심을 보이기는 하지만, 여전히 타인의 감정을 자기중심적으로 해석하기 때문에 타인의 마음을 객관적으로 표현해주는 것도 필요합니다.

# 이렇게 놀아주세요

▶놀이 코칭 1 ▶ 다양한 재료를 경험할 수 있도록 도와주세요.

12개월이 지나면서 무엇이든지 입에 넣고 빠는 것이 조금씩 줄어들게 됩니다. 따라서 좀 더 다양한 재료와 소재를 경험하는 것이 가능해집니다. 다양한 재질의 종이, 다양한 소재의 놀잇감, 다양한 자연물 등을 경험함으로써 감각적 자극을 받게 됩니다. 세상의 모든 사물을 직접 만지고 느끼며 알아가는 아이들에게 다양한 감각적 자극은 감각 발달은 물론 두뇌 발달에도 직접적인 영향을 줍니다.

▶놀이 코칭 2 ▶ 놀이를 통해 인과관계를 경험할 수 있도록 도와주세요.

어떠한 일이 일어난 원인을 이해하고 인과관계를 알아가는 과정은 매우 중요한 인지과정 중 하나입니다. 이 시기의 아이들은 인과관계를 이해하기 시작하므로 놀이를 통해 이러한 경험을 많이 할 수 있도록 도와주는 것이 좋습니다. 놀잇감을 탐색하는 과정에서 "이건 이렇게 하는 거야.", "이렇게 세워야 무너지지 않아."라고 먼저 답을 알려주기보다는 아이 스스로 '왜 안 들어갈까?', '왜 소리가 날까?', '왜 그런 걸까?' 원인을 생각하고 결과를 경험해볼 수 있는 충분한 기회를 주는 것이 필요합니다.

▶놀이 코칭 3 ▶ 스스로 할 수 있는 기회를 주세요.

신체능력이 발달하면서 스스로 할 수 있는 것들이 많아지고, 자기주도성이 커지면서 밥을 혼자 떠먹고 싶어 하고 옷을 혼자 입고 싶어 하는 등 스스로 하고자 하는 욕구가 생기는 시기입니다. 그러나 여전히 미숙한 부분이 많아 흘리고 시간이 오래 걸리다 보니 부모가 도와주려고 하는 경우가 많습니다. 아이가 스스로 하려고 할 때 계속

해서 부모가 도와주려고 하다 보면 스스로 하려는 주도성, 스스로 해낸 후 느낄 수 있는 성취감을 경험할 기회가 줄어들게 됩니다. 그러므로 아이에게 충분한 시간과 기회를 제공해 사조 기술을 익히고 성장할 수 있도록 도와주세요.

▶ **놀이 코칭 4** 반복적으로 시도하고 연습할 수 있도록 충분한 시간을 주세요.

한 가지 기술을 익히거나 한 가지 단어를 알게 되려면 수백 번, 수천 번 반복해서 익히고 들어야 합니다. 뚜껑을 열고 닫고, 컵을 쌓고 무너뜨리고, 블록을 붙였다 떼어보는 반복적인 시도를 통해 아이들은 스스로 사물의 원리를 이해하고 상황 간의 관계를 이해하게 됩니다. 성인의 시선으로 보면 별거 아닌 것을 의미 없이 반복하는 것처럼 보일지라도 그 과정의 의미를 잘 이해하고 주도적인 반복을 시도할 수 있도록 격려해주세요.

▶ **놀이 코칭 5** 아이가 표현하는 것을 잘 이해하고 덧붙여 다시 이야기해주세요.

이 시기의 아이는 의사소통을 위해 습득한 단어들을 열심히 표현해냅니다. 습득한 단어들을 나름의 방식으로 표현하기 때문에 부모는 아이의 발음과 몸짓을 잘 이해하고 반응해주어 긍정적인 의사소통의 경험을 쌓아주는 것이 필요합니다. 아이의 말을 잘 이해하고 있다는 것을 표현해야 아이는 지속적으로 의사를 표현하고 소통하려고 시도할 것입니다. 또한 아이가 말과 몸짓으로 표현한 것들을 다시 덧붙여 이야기해주어야 합니다. 할머니가 나가신 후 "미미 붕~"이라고 하며 문을 가리킨다면, "할머니가 자동차를 붕~ 타러 갔지?"라고 다시 이야기해주면 아이는 그 상황에 맞는 정확한 단어들을 다시 한번 듣고 습득하는 데 도움을 받게 됩니다.

이런 놀잇감을 준비하세요

- **신체 발달을 위한 놀잇감**

    운동능력이 발달하여 다양한 동작이 가능해지므로 놀이를 통해 다양한 동작을 시도해볼 수 있도록 도와주세요. 바닥에 선을 그려주어 따라 걸어보거나 노래에 맞춰 신체를 움직여보는 것도 신체조절능력을 기르는 데 도움이 됩니다. 또한 아이의 움직임을 자극하기 위해서 자동차에 끈을 달아 끌고 다닐 수 있게 해주거나, 풍선에 끈을 달아 들고 움직여볼 수 있게 해주세요. 소근육 발달을 위해서는 손으로 잡고 끼적일 수 있는 뭉뚝한 그리기 도구, 손으로 잡고 목표를 향해 끼울 수 있는 놀잇감, 자유롭게 구기고 찢어볼 수 있는 다양한 종이들을 제공해주어 직접 손을 사용해 만지고 움직여볼 수 있도록 도와주세요.

- **언어 발달을 위한 놀잇감**

    조금씩 문장으로 말하기 시작하는 시기입니다. 짧은 문장이 반복적으로 나오는 그림책이 좋으며, 그림책에서 본 단어와 동사를 일상생활에서도 지속적으로 사용해주는 것이 좋습니다. 아이들은 그림책이나 일상생활과 같은 맥락 안에서 언어를 습득해 나가기 때문에 단어카드를 반복적으로 넘기며 보여주거나 글자화보를 벽에 붙여주는 것보다 상황에 맞는 대화, 아이가 좋아하는 노래를 통해 언어를 익히도록 도와주는 것이 좋습니다. 또한 경험이 풍부해지면서 역할놀이가 더 다양해지는 시기이므로 상차리기 놀이, 세차장 놀이, 가게 놀이 등을 위한 역할놀이용 놀잇감을 제공해주면 상상력뿐만 아니라 언어 발달에도 도움을 줄 수 있습니다.

- **인지 발달을 위한 놀잇감**

    모양의 다름, 색의 다름 등 차이를 인지하기 시작하는 시기입니다. 다양한 색과 모양의 놀잇감을 같은 색이나 모양에 따라 분류해보거나 크기를 비교해볼 수 있도록 도와주세요. 크기가 다른 반찬통 뚜껑을 찾아주어도 좋고, 색이 다른 병뚜껑을 분류해보아도 좋습니다. 색종이를 다양한 모양으로 잘라주면 자연스럽게 다양한 색과 모양을 경험할 수 있습니다. 새로운 놀잇감을 구입하기보다는 일상생활에서 자주 접할 수 있는 종류의 것들을 놀이에 활용해보세요. 창의적 사고의 발달을 위해서는 사물을 여러 방향에서 바라보고 다양한 방법을 통해 탐색하는 경험이 필요합니다. 한 가지 사물을 볼 때 손전등이나 셀로판지 등을 이용해 빛을 비추어보고 색을 통해 바라보는 등의 여러 가지 시각으로 탐색할 수 있도록 도와주세요.

- **사회·정서 발달을 위한 놀잇감**

    나와 다른 사람과의 관계를 맺기 시작하면서 나의 행동으로 인한 다른 사람의 반응, 다른 사람의 마음에 관심을 가지기 시작합니다. 상징적 사고가 활발해지고 역할놀이가 일어나는 시기이므로 역할놀이를 통해 다른 사람의 마음을 이해하는 데 도움을 줄 수 있습니다. 인형, 동물모형, 자동차 등을 이용해 역할놀이가 이루어질 수 있도록 적절한 놀잇감을 제공해주세요. 인형들이 사는 집, 동물원, 자동차 길을 만들기 위한 벽돌 블록, 음식을 만들고 상을 차리기 위한 그릇들과 음식 모형 등을 함께 준비해주면 좋습니다.

18~24개월 소근육 발달을 위한 색연필 놀이

손에 힘이 생기면서 색연필이니 크레파스를 손에 쥘 수 있게 되는데, 처음에는 손바닥 전체로 색연필을 잡다가 점차 손가락으로 잡을 수 있게 됩니다. 손에 색연필을 쥐고 종이에 끼적이면 흰 종이에 내가 움직인 대로 선이 생기고 색이 나타나는 것은 매우 흥미 있는 일입니다. 이 과정에서 아이들은 소근육 발달의 경험을 쌓게 되고, 내가 만들어 낸 다양한 모양들을 눈으로 보고 머리로 생각하는 과정을 겪게 됩니다.

놀이 과정

✔ 색연필이나 크레파스, 종이를 아이가 보는 곳에 놓아두세요. 아이가 관심을 보이면 함께 살펴봅니다.
  "여기 알록달록 색연필이 있네."
  "이 종이에 색연필로 그릴 수 있나 봐."

✔ 아이와 함께 자유롭게 표현해봅니다.
  "색연필로 그려볼까?"

"○○이는 어떤 색으로 할래? 엄마는 파란색으로 해봐야겠다."

✔ 아이가 손을 움직여 만들어 낸 그림에 대해 이야기해주세요. 다양한 색과 모양, 그리고 있는 모습 등에 대해 언어로 표현해주면 언어 발달에 도움이 됩니다.

"○○이는 옆으로 쭉~ 긴 길을 그렸네."
"빨간 색연필이 쭉~ 빨간 길이 생겼구나."
"손을 동글동글 돌리니 동그라미도 보이네?"
"엄마는 아래로 쭉쭉 내려오는 길을 만들었어."

놀이 확장

✔ 아이가 만들어 낸 그림 위에서 아이가 평소 좋아하던 자동차나 인형으로 놀이해보세요. 내가 만든 결과물을 놀이에 활용한다면 더 즐겁게 참여할 수 있습니다.

"부릉부릉~ 나는 여기 빨간 길을 따라가야겠다."
"깡총! 나는 여기 동그란 집에 쏙 들어가야지!"

✔ 아이가 그린 그림을 벽에 붙여 전시해주세요. 벽에 붙여놓고 오며 가며 그림을 보거나 이야기를 해준다면 내가 노력해서 그린 그림들을 인정받는 기분이 들 수 있습니다.

"우리가 아까 열심히 그린 그림 여기에 붙여놓고 볼까?"
"(퇴근하고 온 아빠에게) ○○이가 오늘 빨간 동그라미를 그렸어요!"

주의사항

- **수준에 맞는 그리기 도구를 준비해주세요.**
  손가락으로 도구를 잡고 정교하게 그림을 그리는 것이 어려운 시기입니다. 사인펜, 연필과 같이 날카롭고 긴 것보다는 손으로 쉽게 잡을 수 있고 팔을 조금만 움직여도 진하게 잘 그려지는 그리기 도구가 좋습니다. 또한 그림을 그리다가 도구를 입에 넣을 수도 있으므로 무독성인지 확인하고 구입해주세요.

- **엄마가 멋진 그림을 그리지 마세요.**
  부모도 아이와 비슷한 수준의 그림을 그리며 놀이하세요. 아이가 동글동글 팔을 돌리고 있으면 동글동글 동그라미를 함께 그리고, 아이가 콕콕 점을 찍고 있다면 함께 점을 찍어주면 됩니다. 아이 수준에 맞추어 놀이해주어야 함께 논다고 생각합니다. 부모가 먼저 멋진 그림을 그려주기 시작하면 아이는 본인의 그림에 흥미를 보이지 않고, 계속 엄마에게 그림을 그려달라고 할 것입니다.

18~24개월 신체 발달을 위한 공 던지기 놀이

공을 밀고 굴리며 놀이하던 아이들이 신체가 발달하면서 팔을 어깨 위로 들어 공을 던질 수 있게 됩니다. 공을 던질 수 있으려면 팔 전체를 들고 힘을 주어 움직여야 하고 움직임과 동시에 잡고 있던 공을 놓을 수 있어야 합니다. 여러 가지 동작이 동시에 일어나야 가능한 것입니다. 공을 상대방에게 던지거나 바구니와 같은 목표물을 향해 던지는 놀이를 통해 이러한 여러 동작 간의 협응이 가능해지도록 도와줄 수 있습니다.

놀이 과정

✔ 아이가 공에 관심을 보이면 거리를 두고 앉아서 공을 던져봅니다.
"○○이가 좋아하는 공이네. 엄마도 같이할까?"
"엄마가 ○○이한테 공 던져줄게. 받아봐~"
"○○이도 엄마한테 공 던져줄래?"

✔ 아이의 수준에 따라 떨어져 앉은 거리를 조절하면서 서로 공을 주고받아보세요.
"○○이가 공을 멀리까지 던졌네!"

"엄마가 좀 더 뒤에 가서 받아볼게."

✔ 바구니를 놓아두고, 바구니 안에 공을 던져 넣어보세요.

"이 바구니 안에 쏙 넣어볼까?"

"슛~ 골인! 바구니 안으로 공이 쏙 들어갔네!"

놀이 확장

✔ 바구니에 좋아하는 그림을 그려주세요. 동물을 좋아하는 아이라면 동물 그림을, 숫자를 좋아하는 아이라면 숫자를, 자동차를 좋아하는 아이라면 자동차를 그려주어 흥미를 지속할 수 있도록 도와주세요. 바구니를 여러 개 놓아도 좋습니다.

"토끼가 공을 갖고 싶대. 토끼한테 쏙 넣어줄까?"

"토끼 옆에 멍멍이도 공놀이하고 싶은가 봐. 멍멍아 너도 공 넣어줄게!"

"1번 바구니에 공을 넣었네? 엄마는 2번 바구니에 넣어볼게!"

✔ 아이와 공을 만들어볼 수 있답니다. 잘 구겨지는 신문지나 쿠킹호일로 동그랗게 뭉쳐 공을 만들어보세요. 꾹꾹 누르고 구겨서 만든 공으로 엄마, 아빠와 주고받거나 바구니에 던져보는 놀이를 할 수 있어요. 내가 직접 만든 공으로 놀이하면 더 즐겁게 참여할 수 있답니다.

"○○이가 꾹꾹 눌러서 공을 만들었네?"

"○○이가 만든 공이 저기 멀리까지 가네?"

주의사항

- **안전한 환경을 만들어주세요.**
  아무리 가볍고 폭신한 공이라도 던지고 놀이하다 보면 주변에 놓인 물건에 맞을 수 있습니다. 주변에 깨질 만한 물건, 떨어질 만한 물건이 없는지 점검하시고 안전한 공간에서 놀이할 수 있도록 도와주세요.

- **결과 중심적인 상호작용을 하지 마세요.**
  공을 이용해 놀이할 때의 목표는 공을 던져보며 신체를 사용하고 즐거움을 경험하는 것에 있습니다. 바구니에 공을 넣어야 '성공', 넣지 못하면 '실패'와 같은 피드백은 아이에게 결과 중심적인 태도를 심어주게 됩니다. 공을 던지고 굴려보는 과정, 힘을 주어 목표를 향해 던져보는 시도 자체를 인정하고 격려해주세요.

18~24 개월 소근육, 인지 발달을 위한 집게 놀이

손가락으로 작은 콩알도 집을 수 있을 만큼 손의 근육이 발달하는 시기입니다. 내 손으로 잡는 것뿐만 아니라, 엄마가 사용하는 젓가락, 집게 등 도구에도 관심을 보이며 도구를 사용할 줄 알게 됩니다. 도구를 사용해 물건을 집는다는 것은, 손으로 바로 잡는 것보다 더 고차원적 인지 과정을 필요로 합니다. 따라서 도구를 사용하는 경험을 통해 소근육 발달은 물론 인지 발달에까지 긍정적인 영향을 줍니다.

🐴 놀이 과정

- ✔ 아이의 손으로 쉽게 잡히는 작은 집게를 준비해주세요. 아이 눈에 띄는 곳에 놔두고 관심을 보이는지 관찰해봅니다.
  "그게 뭘까?"
  "물건을 잡을 때 쓰는 집게가 있네. 어떻게 하는 걸까?"
- ✔ 아이 스스로 방법을 찾을 때까지 기다려주세요.
  "힘을 주니 집게가 입을 닫았다 벌렸다 하네?"

"어떻게 하면 이 반죽을 잡을 수 있을까?"
✓ 아이가 방법을 찾고 놀이한다면, 격려해주면서 함께 놀이해보세요.
"와, OO이가 여러 번 해보더니 방법을 찾았네?"
"잡은 반죽을 여기다 배달해주세요."
"엄마는 더 작은 반죽을 잡아서 그릇에 담았어!"

놀이 확장

✓ 바구니 2개를 준비해서 바구니 한쪽에 집게로 쉽게 잡을 수 있는 놀잇감이나 자연물을 넣어주세요. 집게를 이용해 바구니에 담긴 물건을 빈 바구니로 옮겨 담아봅니다. 하나, 둘, 셋, 수를 세어가며 담아봐도 좋습니다.
"이 바구니에는 아무것도 없어. 이 바구니에도 돌멩이를 넣어줄까?"
"하나, 둘, 셋! 우와 세 개나 넣어줬구나!"
✓ 놀이상황뿐 아니라 일상생활에서 집게를 활용해 보세요.
"OO이 그릇에 더 먹고 싶은 반찬 덜어갈까? 여기 집게로 가져가 볼까?"
"엄마 그릇에도 집게로 덜어줄 수 있을까?"
"사과 몇 조각 먹고 싶어? OO이가 집게로 3개 가져갈래?"

 주의사항

- **너무 크거나 끝이 뾰족한 집게는 주지 마세요.**
  아이들이 손으로 집게를 오므리려면 집게가 너무 크거나 무겁지 않아야 합니다. 또한 스텐으로 만들어진 집게는 끝이 날카로워 아이들에게 위험할 수 있으니 끝이 뭉뚝한 플라스틱 재질로 준비해주면 좋습니다.

18~24개월 감각 발달을 위한 여러 가지 종이 놀이

종이를 찢거나 구기며 사물의 변화를 경험하게 됩니다. 신문지, 쿠킹호일, 노화지, 셀로판지 등 느낌이 다른 여러 가지 종이를 제공해주면 다양한 느낌을 경험할 수 있습니다. 찢거나 구기며 다른 종류의 종이 느낌을 느껴보고 여러 가지 색을 관찰하거나 구기는 소리를 들어볼 수 있습니다.

놀이 과정

- ✔ 여러 가지 종류의 종이를 준비해주세요. 아이가 한 손에 잡을 만한 크기로 잘라주고, 아이가 잘 볼 수 있는 곳에 놓아주세요.
- ✔ 아이가 관심을 보이면 여러 가지 종류의 종이를 함께 탐색해보세요. 탐색하는 아이의 행동, 부모의 행동을 언어로 표현해주세요.

  "종이가 많이 있네? OO이는 빨간 종이를 잡았네?"
  "OO이가 빨간 종이를 구겼더니 작아졌네? 다시 펴보니 쭈글쭈글 모양이 생겼구나."
  "이건 엄마가 요리할 때 쓰는 거지? 엄마는 이것도 구겨볼게. 이건 더 작아졌네?"
  "그건 저번에 우리가 찢었던 신문지네? OO이가 쭉~ 찢었네?"

✔ 종이의 느낌, 색, 소리 등을 이야기해주면 좋습니다.

"이 종이는 느낌이 어때? 엄마는 이 종이가 가볍고 부드러운 것 같아."

"이 종이는 소리가 난다! 바스락 바스락 구겼더니 소리가 나네."

"○○이가 잡은 빨간색 종이랑 엄마가 잡은 파란색 종이가 만났네?"

 놀이 확장

✔ 여러 가지 종이를 탐색하고 구겨보았다면, 구긴 종이들을 바구니에 던지는 놀이를 해보세요.

"동글동글 공이 만들어졌네?"

"저기 바구니 안에 쏙 넣어볼까?"

✔ 종이를 탐색하고 난 후 작은 조각들을 도화지에 붙여보세요.

"여기 종이에 붙여볼까?"

"풀을 칠하면 종이를 붙일 수 있대. 엄마가 풀칠해줄게. 여기에 꾹 붙여보자."

✋ 주의사항

• **억지로 시키지 마세요.**
여러 가지 종이를 준비해주었지만 아이가 관심이 없을 수 있습니다. 관심을 보이지 않는 아이에게 억지로 종이를 만져보게 하거나 찢어보도록 강요하지 마세요. 놀이의 시작은 아이의 흥미에서부터 시작되어야 합니다. 종이를 준비해서 아이가 평소 놀이하는 공간에 놓아주세요. 아이가 관심을 보일 때 함께 탐색해주면 됩니다. 놀이가 끝난 후에도 바구니 안에 종이를 담아 여러 날 탐색할 수 있도록 놓아주세요. 처음엔 흥미를 안 보이다가 점차 관심을 보이기도 한답니다.

18~24 개월 소근육, 감각 발달을 위한 채소 자르기 놀이

아이들은 엄마가 하는 모든 것에 관심이 많습니다. 내가 좋아하는 엄마가 하는 일을 주의 깊게 보고 따라 하고 싶어 합니다. 엄마가 주방에서 식사를 준비할 때, 아이가 사용하기에 안전한 빵칼을 내어주어 재료를 썰어볼 수 있도록 해주면 매우 즐거운 놀이가 될 수 있습니다. 빵칼로 재료의 원하는 부분을 잘라보는 과정은 신체를 조절하도록 도와주며 집중력을 키워줄 수 있습니다. 또한 내가 엄마처럼 요리했다는 성취감을 경험해 긍정적인 자아를 발달시키는 데 도움이 됩니다.

놀이 과정

✔ 엄마가 식사준비를 하려고 주방에 있을 때, 아이가 엄마와 함께 놀이하고 싶어 한다면 빵칼과 채소를 내어주세요. 빵칼은 아이들이 사용하기 쉬운 작은 사이즈가 좋고, 채소는 오이, 파프리카처럼 쉽게 썰리는 것이 좋습니다. 당근, 브로콜리와 같이 딱딱한 재료는 한번 데쳐주면 아이들이 쉽게 자를 수 있습니다.

"OO이가 엄마 볶음밥 만드는 것 좀 도와줄래?"

"여기 칼로 브로콜리를 좀 잘라줄 수 있을까?"

- 아이가 안전하게 칼을 사용하는지 지켜봐주고, 아이의 행동을 언어적으로 표현해주세요.
    "칼은 여기 손잡이를 잡고, 칼로 자를 때는 손가락이 다치지 않도록 조심하자."
    "한 손으로 브로콜리를 잡고, 다른 손으로 잘 자르네!"
    "당근이 점점 작아지고 있네? 작은 조각도 잘 자르는구나!"
- 아이가 썬 채소로 요리한 음식을 맛있게 먹으며 성취감을 경험할 수 있도록 이야기해주세요.
    "OO이가 채소들을 정말 잘 잘랐네! 볶음밥에 넣어보자!"
    "OO이가 썬 채소들로 만든 볶음밥 완성!!"
    "맛이 어때? 우와, 정말 맛있다! OO이가 도와줘서 만들었더니 더 맛있네!"

놀이 확장

- 편식이 심하거나 먹을 것에 관심이 없는 아이들을 요리에 많이 참여할 수 있도록 해주면, 점점 새로운 재료에 노출되고 자연스러워지면서 관심이 생길 수 있답니다. 내가 자르고 요리 과정에 참여했더라도 먹는 것은 거부할 수 있어요. 먹는 것은 거부하더라도 과정에 꾸준히 참여할 수 있도록 도와주면 됩니다.
- 과일의 겉모습, 껍질, 단면, 씨의 모양 등을 함께 관찰해보세요. 간식이나 후식으로 과일을 줄 때, 작게 자르기 전 본래의 모습을 함께 관찰하거나 아이가 직접 잘라볼 수 있도록 해주세요. 과일의 이름도 익힐 수 있고, 과일의 모양이나 냄새에 익숙해질 수 있답니다.

주의사항

- **억지로 먹도록 강요하지 마세요.**
  아이들은 성인보다 미각이 발달되어 있고, 감각적으로 예민한 아이들은 향이나 질감에 민감하게 반응합니다. 아이들이 먹기 싫어하는 음식을 억지로 먹이거나 강요한다면 점점 더 거부하게 되므로, 씻고 칼로 자르고 냄새를 맡고 만져보는 것부터 시작하게 해주세요. 점점 질감과 냄새에 익숙해지다 보면 조금씩 거부감이 없어집니다. 처음부터 아이에게 먹을 것을 강요하지 말고 놀이를 통해 조금씩 경험할 수 있도록 도와주세요.

18~24개월 소근육, 인지 발달을 위한 페트병 놀이

바닥에 떨어진 머리카락과 먼지를 집을 수 있을 정도로 작은 물건을 잡는 것이 가능해지고, 잡은 것은 작은 구멍에 넣을 수 있게 됩니다. 페트병 입구와 같은 작은 구멍에 사물을 집어넣는 경험은 아이들의 성취감을 길러주고, 눈과 손의 협응력을 키워줄 수 있습니다. 페트병에 종류별로 넣으며 사물에 대한 지각능력 및 분류의 개념을 배울 수도 있습니다.

🐴 놀이 과정

- ✔ 속이 보이는 투명한 페트병과 입구에 들어갈 만한 작은 재료를 준비해주세요. 콩과 같이 동그란 모양, 빨대와 같이 긴 모양을 골고루 준비해주면 좋습니다. 준비한 재료를 보여주며 아이가 관심을 보이는지 살펴봅니다.
  "엄마가 여기 여러 가지 재료를 가져왔는데 같이 볼래?"
- ✔ 준비한 재료들을 먼저 충분히 탐색해봅니다.
  "이건 뭘까? 맞아, 우리가 주스 먹을 때 꽂아서 먹는 빨대지."
  "이건 엄마가 밥할 때 넣는 콩이야. ○○이 콩 좋아하지?"

"이건 스파게티! OO이가 좋아하는 스파게티인데 요리하기 전에는 이렇게 딱딱하대."

✓ 재료들을 통 속에 담아봅니다. 종류별로 분류하며 넣다 보면 분류의 개념도 익힐 수 있습니다.

"여기 통 속에 쏙 넣어볼까?"

"OO이도 한 개 쏙 넣고, 엄마도 한 개 쏙 넣고."

"빨대는 이 통에, 콩은 이 통에 넣어보자."

놀이 확장

✓ 페트병 안에 각기 다른 재료가 들어있기 때문에 흔들거나 두드리면 나는 소리가 다릅니다. 아이와 소리를 만들어보고 각기 다른 소리를 탐색해보세요. 노래를 부르며 통을 흔들면서 악기 놀이를 할 수도 있습니다.

"흔들흔들 흔드니까 소리가 나네? 소리가 다 다른 것 같아."

"어떤 소리가 나는지 잘 들어볼까?"

✓ 페트병 안에 물을 담고 작은 구슬이나 스팽글, 반짝이를 담아 물 안에서 움직이는 모양을 관찰할 수 있습니다. 빈 통 안에서 움직이는 것과 물 안에서의 움직임이 다르기 때문에 두 가지 움직임을 비교할 수도 있답니다.

"물을 담았더니 더 천천히 움직이는 것 같다."

"물 안에서 막 춤을 추는 것 같네."

주의사항

- **아이의 수준을 잘 관찰해주세요.**
  페트병의 작은 입구에 콩처럼 작은 것을 넣는 것이 쉬운 일은 아닙니다. 아이 수준을 파악하고, 담는 통의 입구를 넓은 것으로 준비해주어도 됩니다.

- **통 안에 넣을 작은 재료들을 귀나 콧속에 넣는지 잘 지켜보세요.**
  아이들이 입에 물건을 넣고 탐색하는 것은 점차 줄어들 것입니다. 그러나 항상 사고의 위험이 있으므로 작은 물건을 입에 넣는지 잘 지켜봐야 합니다. 입뿐만 아니라 코나 귓속으로 작은 물건들을 넣는 경우도 많답니다. 단순한 호기심에 "넣으면 어떻게 될까?" 시도해보는데, 콩처럼 점점 불어나는 것은 코를 꽉 막히게 하여 위험한 상황이 발생합니다. 작은 조각들로 놀이할 때는 항상 옆에서 아이를 잘 지켜봐주어야 합니다.

18~24개월 인지 발달을 위한 손전등 놀이

사물을 바라볼 때 한 가지 방법으로 보는 것이 아니라 여러 가지 시선으로 볼 수 있어야 합니다. 빛을 비추거나, 거울에 반사시키기, 위에서 보거나 아래에서 보기 등 다양한 방향과 방법을 이용해 사물을 바라볼 수 있습니다. 이러한 경험은 아이들의 창의성 발달 및 사고의 유연성, 시각의 다양성에 직접적인 영향을 줍니다. 손전등 놀이를 통해 늘 보던 사물을 새로운 시선으로 바라볼 수 있게 도와줍니다.

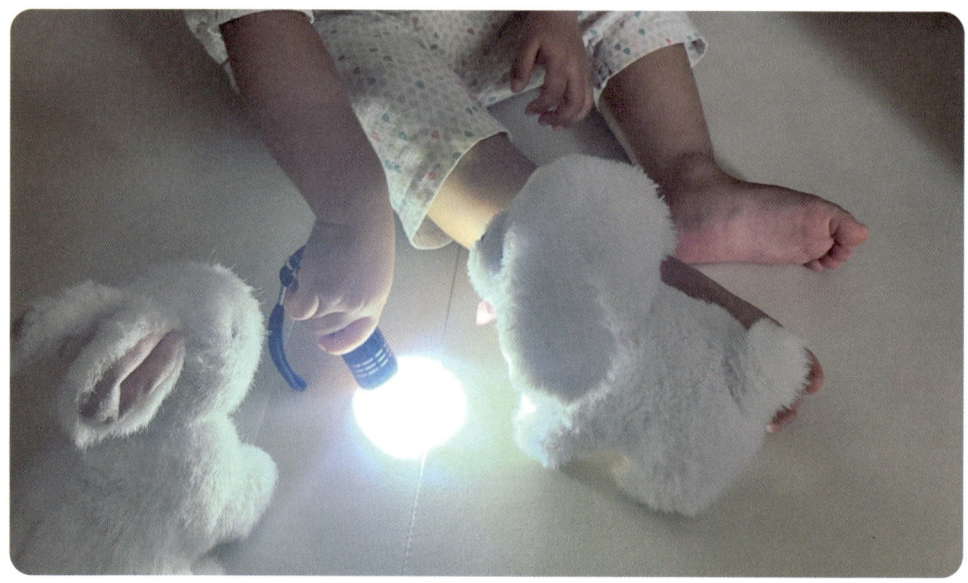

놀이 과정

- ✔ 손전등을 아이와 함께 탐색해봅니다.
    - "엄마가 손전등 가져왔는데 같이 볼래?"
    - "이건 불빛이 나오는 손전등이라고 해."
- ✔ 엄마가 손전등을 들고 불빛을 조금씩 움직이며 아이가 따라가보도록 합니다. 아이의 신체 움직임을 촉진하며, 위치에 대한 어휘를 경험하게 할 수 있습니다.
    - "환한 불빛이 나오지? 불빛이 어디로 가는지 따라가서 잡아볼까?"

"불빛이 점점 앞으로 앞으로 가네? 이번엔 소파 위로 올라갔어! 얼른 잡아봐!"

"OO이가 불빛을 잘 따라가네! 불빛이 다시 아래로 내려와서 OO이 발가락으로~!"

✔ 아이가 손전등을 들고 놀이할 수 있도록 해주세요. 아이가 비추는 불빛을 엄마가 따라가거나, 인형이 불빛을 잡아보는 놀이를 해보세요.

"이번엔 OO이가 해볼래?"

"멍멍이가 불빛을 잡으러 간대. 멍멍~ 잡았다!"

놀이 확장

✔ 손전등을 셀로판지로 감싸주면, 색이 다양한 불빛을 만들 수 있습니다. 한 가지 사물을 바라볼 때, 여러 가지 각도에서 혹은 여러 가지 색을 비춰 바라보게 해주는 것이 창의성 발달에 좋답니다.

"불빛이 파란색이네? 파란빛으로 비춰볼까?"

"파란빛으로 비추니 멍멍이 얼굴이 파랗게 보이네."

✔ 방 안을 어둡게 하거나 화장실에서 할 수 있는 놀이입니다. 벽에 손전등을 비추고 그 앞에서 손이나 인형을 이용해 그림자놀이를 할 수 있습니다. 벽에 비친 그림자의 모습과 움직임을 관찰해보세요. 빛과 그림자를 경험하며 새로운 자극이 될 수 있답니다.

"깜깜했던 벽이 환해졌네?"

"환해진 벽에 멍멍이가 나타났네? 신기하다. 멍멍이 그림자가 생겼네."

18~24개월

✋ 주의사항

• **손전등 불빛이 아이의 눈에 직접 닿지 않도록 해주세요.**
강한 손전등 불빛이 아이의 눈에 직접 닿는 것은 좋지 않습니다. "눈에 비추면 눈이 아야~ 한대." 이야기해주고, 이야기해도 아이가 계속적으로 얼굴에 빛을 비춘다면, 반복적으로 하면 안 된다고 이야기하기보다는 엄마가 손전등으로 비춰주는 불빛을 잡아보거나 그림자를 볼 수 있도록 관심을 다른 곳으로 돌려주는 것이 좋습니다.

18~24 개월 정서, 소근육 발달을 위한 세차 놀이

걸어서 집안 곳곳을 다니기 시작하는 아이들이 좋아하는 공간 중 하나가 화장실입니다. 화장실에는 아이들이 좋아하는 물이 나오기 때문이죠. 특만 나면 화장실에 들어가 물을 트는 아이들을 위해 화장실에서 놀이할 수 있도록 도와주세요. 평소 좋아하는 자동차 장난감을 가져가 물과 거품으로 세차하는 놀이를 하면 신체능력의 발달, 정서 발달, 상징적 사고의 발달에 긍정적인 영향을 줄 수 있습니다.

놀이 과정

✓ 화장실에서 물놀이를 하고 싶어 할 때, 평소 가지고 놀던 자동차와 수세미를 준비해주세요.

"자동차가 너무 더러워져서 깨끗이 목욕하고 싶대. OO이가 도와줄래?"

"여기 수세미에 비누를 묻혀서 문지르면 더 깨끗하게 닦을 수 있겠다."

✓ 아이가 놀이하는 장면을 언어적으로 표현해주세요. 아이가 더 흥미를 보이며 참여할 수 있답니다.

"○○이가 비누로 잘 닦아줬더니 점점 깨끗해지고 있네."

"바퀴도 문질문질, 덤프트럭 바구니까지 잘 닦아주는구나!"

"자동차가 정말 기분이 좋겠어! 아이 시원해!"

✔ 아이와 함께 깨끗해진 자동차를 수건으로 닦아주세요.

"우와, 이제 깨끗해졌다!"

"여기 수건으로 물기를 닦아줄까? 자동차가 추우니까 따뜻한 곳에 말려주자."

놀이 확장

✔ 좋아하는 인형으로 목욕시켜주는 놀이를 할 수 있습니다.

"아기 머리에서 냄새가 나네~ 머리를 안 감았나 봐!"

"○○이가 아기 머리 감겨줄까?"

✔ 목욕하기를 싫어하는 친구들의 경우, 좋아하는 놀잇감을 이용해 함께 목욕하는 것을 시도해보세요. 머리 감기 힘들어하는 아이들은 위를 바라볼 수 있도록 위에 좋아하는 스티커를 붙여놔 주세요.

"토끼가 오늘 목욕 같이하자는데? 토끼도 더러워서 목욕하고 싶대. 토끼랑 같이할까?"

"저기 위에 봐봐. 위에 뭐가 붙어있네? 뽀로로가 ○○이를 보고 있어! 엄마가 머리에 비누 헹구는 동안 루피는 어디 있나 찾아봐. 루피야~ ○○이 머리 잘 헹구지?"

주의사항

- **화장실에 아이를 혼자 두지 마세요.**
  화장실에 혼자 잘 서 있던 아이들도 바닥에 물이 튀거나 바닥에 떨어진 다른 것을 주우려고 하다가 넘어지는 사고가 많이 일어납니다. 아이가 화장실에서 놀이할 때에는 항상 곁에서 지켜봐주어야 합니다.

- **놀이를 갑자기 끝내지 마세요.**
  놀이를 하다가 "이제 그만하자."라고 이야기하면 아이들이 쉽게 그만두기 어렵습니다. 충분한 시간을 주는 것도 중요하지만, 충분한 시간을 주어도 놀이를 끝맺는 것은 매우 어려운 일입니다. "이제 나오자." 이야기하는 것보다 다른 놀이로 연결해주는 것이 더 좋습니다. "자동차가 에취! 너무 추운가 봐. 수건으로 닦아서 저기 햇볕에 말려주자." 이야기하면서 자연스럽게 다른 놀이로 이어지도록 도와주세요.

18~24개월 | 인지, 소근육 발달을 위한 돌멩이 놀이

밖에 나가면 흔히 볼 수 있는 돌멩이가 아이들에겐 호기심의 대상이며 즐거운 놀잇감이 될 수 있습니다. 아이가 만지는 돌멩이를 더럽다며 버리라고 하지 말고 소중하게 모아주세요. 여러 가지 모양이 놀멩이를 탐색하는 것만으로도 슬거운 놀이가 될 수 있습니다. 박스에 아이가 좋아하는 그림을 그려준다면, 그림 위에 내가 모은 돌멩이를 올려보며 흥미를 지속할 수 있습니다. 돌멩이를 활용한 놀이는 주변 자연물에 호기심을 갖고 탐구하는 자세를 길러주며, 손으로 만지고 옮기는 과정을 통해 소근육 발달에 도움을 줄 수 있습니다.

놀이 과정

✓ 아이가 길에 떨어진 돌멩이에 관심을 보인다면, 아이와 함께 관심을 갖고 탐색해보세요.

 "OO이가 돌멩이를 주웠어? 돌멩이 2개나 주웠네?"

 "엄마도 여기 돌멩이 찾았다!"

✓ 아이가 관심을 보이는 돌멩이의 모양이나 크기 등을 언어적으로 표현해주세요.

"엄마 돌멩이보다 더 큰 돌멩이를 주웠네?"

"이 돌은 동글동글하고, 이건 뾰족하네."

✔ 아이가 주운 돌멩이를 모아볼 수 있도록 해주세요.

"우리가 주운 돌멩이를 여기 봉지에 담아볼까?"

✔ 박스지에 아이가 좋아하는 그림을 그려주세요. 밖에 나가기 전에 그림을 그려 밖에서 놀이해도 되고, 밖에서 주워 온 돌멩이로 집에서 놀이할 수도 있습니다.

"여기 토끼가 돌멩이를 먹고 싶다는데?"

"토끼한테 돌멩이 넣어줄까? 토끼야~ 여기 돌멩이 먹어~"

"냠냠~ 배고팠는데 고마워! 하나 더 줄래?"

놀이 확장

✔ 밖에서 주워 온 돌멩이를 아이와 함께 씻어보세요. 돌멩이를 물로 씻으면 놀이에 활용하기 좋답니다.

"오늘 우리가 주워 온 돌멩이 깨끗하게 씻어볼까?"

"물로 씻으니 깨끗해졌네!"

✔ 돌멩이에 물감 도장을 이용해 색을 칠해주세요. 도장으로 톡톡톡 찍어 색이 변하는 돌멩이를 관찰해보세요. 알록달록 색이 변하는 돌멩이를 보며 즐거운 놀이시간을 가질 수 있답니다.

"물감 도장으로 톡톡 찍었더니 돌멩이가 알록달록해졌네?"

"빨간 돌멩이도 생기고, 파란 돌멩이도 생겼네?"

"고마워! 나한테 색깔을 만들어줘서 고마워~!"

✋ 주의사항

• **돌멩이를 던지는 아이, 무조건 안 된다고 하지 마세요.**
돌멩이를 주워서 던지는 것을 좋아하는 아이들이 있습니다. 이 시기의 아이들에게 던지지 말라고 이야기해도 스스로 행동을 조절할 수 없습니다. 물론 위험하고, 사람이 맞으면 아프다는 것은 알려줘야 합니다. 그런 후에 던져도 되는 곳을 알려주세요. "사람이 맞으면 아프대, 여기 사람이 없는 곳에 던지자. 이쪽에는 던져도 괜찮아."

18~24 개월 신체 발달을 위한 선 놀이

앞으로 걸어가기 시작하던 아이는 16~18개월 이후 걷던 방향을 바꾸는 것이 가능해집니다. 집 안 바닥에 테이프로 선을 만들어 붙여주면, 선을 따라 걷는 연습을 할 수 있습니다. 엄마와 손을 집고 방향을 바꾸어 걷는 연습을 해보고, 혼자서도 방향을 바꾸어 걸어볼 수 있도록 격려해주세요. 놀이를 통해 방향을 인지하고 방향에 따라 신체를 조절해보는 경험을 할 수 있습니다.

놀이 과정

- ✔ 바닥에 테이프로 선을 만들어 붙여주세요. 테이프를 바닥이나 놀이 매트에 붙일 때는 잘 떨어지는 테이프인지 미리 확인하고 사용해주세요. 전기테이프를 사용하면 쉽게 뗄 수 있습니다.
- ✔ 아이와 함께 바닥에 붙은 선을 관찰해보세요.
    "어? 바닥이 달라졌네? 어디가 달라졌지?"
    "맞아. 바닥에 선이 생겼지? 노란 선, 파란 선이 생겼네."
- ✔ 아이와 함께 선을 따라 걸어보세요. 노래를 부르며 함께 걸으면 더 재미를 느낄 수

있답니다.

"여기 노란 선을 따라 걸어볼까?"

"OO이랑 엄마랑 손잡고 노란 선을 따라서 따라서~ 걸어갑니다~"

"이쪽으로 걷다가, 엇? 길이 저쪽으로 바뀌었네? 다시 저쪽으로 걸어보자!"

✔ 아이 혼자 걸을 수 있다면, 걷는 모습을 격려하고 언어적으로 표현해주세요.

"OO이 혼자서도 잘 걷네! 파란 선을 따라 조심조심 앞으로 가다가 다시 옆으로~"

놀이 확장

✔ 동물 흉내를 내며 선을 따라가보세요.

"산토끼 토끼야 어디를 가느냐~ 토끼처럼 깡충깡충~"

"토끼가 노란 선을 따라서 깡충깡충 뛰어가네!"

"거북이처럼 엉금엉금 기어갑니다~ 엉금엉금~"

✔ 자동차로 길을 따라 놀이해보세요.

"이번엔 자동차도 가보고 싶은가 봐. 자동차도 길 위에 굴려줄까?"

"자동차야, 이쪽이야~ 방향을 바꿔서 이쪽 길로 오세요~"

✔ 실외에서 바닥에 있는 타일 등의 선을 따라 걸어가보세요. 길을 그냥 걸어가는 것 보다 재미를 더해줄 수 있답니다.

"바닥에도 선이 쭉 그어져 있네? 선 따라서 가볼까?"

주의사항

• **부모가 함께 놀이에 참여해보세요.**
놀이를 할 때 혼자 잘 노는 아이가 있고, 누군가가 꼭 필요한 아이가 있습니다. 많은 부모가 아이 스스로 잘 놀길 바라지만 아이는 누군가 함께 놀이에 참여했을 때, 놀이에 흥미를 가지고 집중하는 시간이 길어집니다. 부모가 함께 놀이에 참여하고 즐거워하는 감정을 공유할 때 아이는 더 행복할 뿐만 아니라 부모와의 유대감과 신뢰감을 형성할 수 있답니다. 아이와 함께 선을 따라 걷거나, 부모가 먼저 선을 따라 걷는 모습을 보여주세요.

18~24 개월 — 인지, 소근육 발달을 위한 모양 종이 놀이

사물을 바라보며 모양의 같고 다름을 인지할 수 있을 정도로 뇌가 발달하게 됩니다. 색종이로 동그라미, 세모, 네모 등 간단한 모양을 잘라주면, 여러 가지 모양을 관찰하고 모양의 서로 같고 다름을 구분해볼 수 있습니다. 종이를 붙일 수 있는 판을 벽에 붙여주면 모양을 붙이고 떼어보며 모양에 대한 흥미를 지속할 수 있습니다. 모양 놀이를 통해 모양과 형태, 색을 지각하는 능력이 발달하게 되며, 손의 미세 근육을 조절해보는 경험을 할 수 있습니다.

놀이 과정

- ✔ 색종이로 간단한 모양을 잘라주고, 아이와 함께 탐색해보세요.
    "엄마가 종이를 싹둑 잘라 모양을 만들었어. 여러 가지 모양이 있네."
    "동글동글 동그라미도 있고, 반짝반짝 별 모양도 있네."
- ✔ 아이가 자주 볼 수 있는 벽에 모양 종이를 붙일 수 있도록 판을 붙여주세요. 글래드랩을 이용하면 끈적이는 부분에 종이를 쉽게 붙였다 떼었다 반복할 수 있어서 좋습니다.

"저기 커다란 판이 있네. 저기에 모양 친구들을 붙여볼까?"

✔ 모양 종이를 붙이며 놀이해보세요. 아이가 붙이는 모양에 대해 언어로 표현해준다면 놀이를 통해 모양에 대한 어휘를 습득하는 데 도움을 줄 수 있습니다.

"동그라미가 벽에 딱 붙었네?"

"나도 붙여줘! 세모 모양도 붙여줘!"

"세모 모양도 벽에 붙고 싶나 봐. ○○이가 도와줄래?"

놀이 확장

✔ 여러 가지 모양에 대해 익숙해지고 구분이 가능하다면 모양대로 분류하는 놀이를 해보세요.

"내 친구 어디 있지? 나처럼 동그라미야~ 나랑 같이 놀자!"

"반짝반짝 별 친구들은 어디 있지? 별 친구들아, 여기 여기 모여라!"

✔ 도형과 관련된 책이나 퍼즐 놀이를 함께 해주세요.

"아까 우리가 찾은 동그라미가 여기 책에도 있네?"

"이 퍼즐에도 모양 친구들이 있네. 자리를 잃어버렸나 봐. 자리를 찾아줄까?"

주의사항

- **발음을 따라 하게 하거나 이름을 억지로 알려주지 마세요.**
"이건 뭐라고? 세모! 따라해 봐 세모!" 이런 식으로 도형의 이름을 말하도록 강요하거나 반복해서 어휘를 들려주는 것은 아이들의 놀이를 방해하게 됩니다. 여러 가지 모양이 있고, 모양을 부르는 이름이 있다는 것은 놀이를 통해 경험하게 해주면 됩니다. 여러 번 놀이하다 보면 자연스럽게 모양의 이름을 습득하게 될 것이며, 도형의 이름을 꼭 알아야 하는 것도 아닙니다.

- **놀이하며 지시하지 마세요.**
부모는 놀이를 하며 아이에게 지식을 알려주려고 합니다. 그런 목표를 가지고 시작하다 보면 "여기 동그라미야. 동그라미 여기 붙여야지."와 같이 아이에게 행동을 지시하게 됩니다. 목표를 가지고 지식을 주입하고 알려주려 하는 순간부터 놀이가 아닌 것이 됩니다. 진짜 놀이는 목표와 목적이 없이 아이가 원하는 대로 흘러가야 합니다. 아이는 부모가 시도하는 가짜 놀이를 눈치채는 순간, 흥미를 잃게 된답니다.

모양 종이 놀잇감 만드는 방법

① 박스지, 글래드랩, 색지, 가위와 칼을 준비한다.

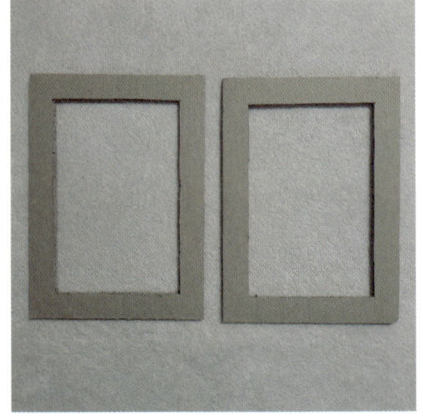

② 박스지 안쪽을 잘라내어 액자 모양을 만들어준다.

③ 잘라낸 액자 모양의 박스지 뒷면에 글래드랩을 붙여준다.

④ 색지를 잘라 여러 가지 모양 종이를 만든다.

⑤ 액자를 벽에 붙여준 후 모양 종이를 바구니에 담아주면 완성!

18~24 개월

인지, 소근육 발달을 위한 반찬통 놀이

기어 다닐 때부터 좋아하던 주방 도구들에 여전히 관심을 많이 보입니다. 그중 반찬통 뚜껑을 열고 닫는 것으로 손가락 힘을 기를 수 있으며, 모양이나 크기가 다른 통들을 같이 내어주면 모양과 크기를 구분해 씌어보는 인지적 경험도 할 수 있습니다. 어떤 뚜껑일까 찾아보고, 뚜껑을 닫아보는 놀이를 통해 소근육 발달, 짝 짓기와 같은 수학적 개념의 형성, 형태지각능력의 발달 등의 경험을 할 수 있습니다.

놀이 과정

- ✔ 뚜껑이 있는 반찬통 여러 개를 아이의 눈에 띄는 곳에 꺼내주세요. 반찬통은 종류와 색이 다양한 것으로 꺼내주는 것이 좋습니다. 아이가 꺼내놓은 반찬통에 관심을 보이면 함께 탐색해봅니다.

    "엄마가 음식 담아두는 통이지?"

    "근데 뚜껑이 다 열려있네? OO이가 뚜껑 찾아줄까?"

- ✔ 아이와 함께 뚜껑을 찾아주세요. 뚜껑을 잘 찾을 수 있도록 힌트를 주며 조금씩

도와주는 것이 좋습니다.

"이 그릇은 동그란 모양인데 뚜껑을 잃어버렸나 봐. 동그란 뚜껑은 어디 있을까?"

"이 통은 초록색이네, 초록색 뚜껑은 어디 있지?"

✔ 뚜껑의 종류에 따라 꽉 닫아보기도 하고, 또다시 열기를 반복하며 놀이해보세요.

"이 뚜껑은 어떻게 하면 꽉 닫힐까? 꾹 눌러야 하나?"

"이 뚜껑은 옆에 날개가 있나 봐. 어디를 눌러서 닫으면 될까?"

"꽉 닫힌 뚜껑을 OO이가 다시 열어줬구나!"

놀이 확장

✔ 뚜껑을 찾아 닫은 반찬통을 블록처럼 높이 쌓거나 늘어뜨리며 놀이해보세요.

"초록 통 위에 동그란 통을 올렸네?"

"엄마는 동그란 통 위에 작은 네모 통을 하나 더 올려봐야겠다."

"우와, 우리 3층까지 쌓았네!"

✔ 반찬통 안에 과자와 같은 간식을 넣고 뚜껑을 닫아주세요. 아이 스스로 뚜껑을 열고 과자를 꺼내먹을 수 있도록 해주세요.

"통 안에 OO이가 좋아하는 까까가 들어있네!"

"뚜껑을 어떻게 열지? 뚜껑 열어서 먹어볼까?"

주의사항

•**비슷한 통을 너무 많이 꺼내주지 마세요.**
너무 여러 개의 통을 꺼내주거나 모양이 비슷한 통을 꺼내주면 아이 스스로 뚜껑을 찾는 것이 어렵습니다. 처음에는 2~3개의 통으로 시작해 개수를 점점 늘려주는 것이 좋고, 아이가 쉽게 구분할 수 있는 통으로 꺼내주는 것이 좋습니다.

•**뚜껑을 잘못 찾았더라도 틀렸다고 하지 마세요.**
꼭 뚜껑을 다 찾지 않아도 여러 가지 뚜껑을 만져보고 그릇 위에 올려보는 과정만으로도 아이에게 충분히 즐겁고 의미 있을 수 있습니다. 뚜껑을 잘못 찾았다고 해서 "그거 아니야. 다시 해봐."와 같은 부정적인 피드백을 주지 마세요. "뚜껑이 왜 다시 열리지? 뚜껑이 너무 큰가?"와 같이 아이 스스로 생각하고 다시 시도해볼 수 있도록 적절한 도움을 주는 것이 필요합니다.

18~24개월 대근육 발달을 위한 풍선 놀이

5~6개월겨 누워서 발로 차보던 풍선을 이제는 들고 달릴 수 있을 만큼 신체가 발달해 습니다. 풍선을 던지고 받기, 끈을 달아 들고 달리기, 점프하여 손으로 치기 등 풍선 하나로 아이와 할 수 있는 놀이가 많이 있습니다. 가볍고 작은 힘에도 쉽게 움직이는 풍선은 아이들의 신체 움직임을 자극할 수 있는 좋은 놀잇감입니다.

놀이 과정

✔ 풍선을 불어 아이의 눈에 띄는 곳에 놓아주세요. 아이가 관심을 보이면 풍선을 던지고 받으며 놀이해봅니다.

"동그란 풍선이 있네?"

"풍선을 툭 쳤더니 위로 올라가네?"

"OO이가 잡아볼까?"

✔ 풍선에 끈을 달아 아이가 손으로 칠 수 있는 위치에 매달아주세요. 잡아당길 위험이 있으니 빨래건조대와 같이 쉽게 움직이는 거치대에 붙이지 말고 천장에 붙여주

면 좋습니다. 높이를 달리해 여러 개 달아주면 손으로 치고, 막대로 치며 여러 가지 방법으로 풍선 치기를 할 수 있습니다.

"풍선이 저기 위에 매달려 있네?"

"높이 달린 풍선을 OO이가 손으로 쳤네? 손으로 치니까 저기 옆으로 움직이네."

"저 높이 달린 건 어떻게 만지지? 이 막대로 쳐볼까?"

✓ 풍선에 끈을 달아 밖에 나가서 움직이며 풍선의 움직임을 관찰해보세요. 풍선을 더 빨리 움직이게 하기 위해 더 빨리 걷거나 달려볼 수 있답니다.

"OO이가 걸어가니까 풍선도 OO이를 따라가네?"

"더 빨리 가볼까? 풍선이 더 빨리 따라갈 수 있을까?"

"우와, OO이도 빨리 달리고 풍선도 더 빨리 따라가네!"

놀이 확장

✓ 풍선 안에 소리 나는 방울을 넣어주세요. 풍선 안에 소리 나는 방울을 넣어주면 풍선이 움직일 때마다 나는 소리로 청각적 자극을 받을 수 있습니다. 아이도 소리가 나면 더 즐겁게 놀이에 참여할 수 있답니다.

"풍선에서 소리가 나네?"

"OO이가 움직일 때마다 소리가 나네? 풍선이 같이 가자고 얘기하나 봐."

✓ 풍선에 물을 담아 놀이할 수 있습니다. 작은 풍선을 이용해도 좋고, 큰 풍선에 물을 조금만 담아주어도 됩니다. 풍선에 물을 담으면 안에 있는 물이 움직이는 것을 만지고 놀이할 수 있답니다. 목욕하는 시간에 물풍선을 만들어주면 재밌는 놀잇감이 될 수 있으므로, 목욕을 싫어하는 아이라면 물풍선을 활용해보세요.

주의사항

- **풍선이 터지지 않도록 주의하세요.**
  풍선을 가지고 놀이하다가 터지면 아이가 크게 놀랄 수 있습니다. 풍선을 너무 크게 불지 말고, 밖에 가지고 나가는 풍선은 끈을 짧게 해주세요. 바닥에 끌리면 마찰로 인해 풍선이 쉽게 터지게 됩니다. 놀이 중 풍선이 터지게 되면 풍선 조각을 잘 버려서 아이가 입에 넣지 않도록 주의해주세요.

18~24개월 정서 발달을 위한 변기 놀이

24개월 전후로 아이들은 용변 의사를 느끼고 표현하는 것이 가능합니다. 그전부터 유아용 변기를 준비해 아이가 변기와 친해지도록 도와주는 것이 좋습니다. 좋아하는 놀잇감을 활용해 놀이하면 거부감 없이 가까워질 수 있답니다. 놀이를 통해 긍정적인 배변훈련을 경험할 수 있도록 도와주세요.

놀이 과정

- ✔ 유아용 변기를 아이가 잘 보이는 곳에 놓아두세요. 아이가 변기를 실제 사용하기 전에 충분히 탐색할 수 있도록 도와주세요.
    - "엄마 변기처럼 여기에도 작은 변기가 있네?"
    - "이 변기에는 어떻게 앉는 걸까?"
    - "아, 그렇게 앉아서 쉬하면 되겠다."
- ✔ 아이가 좋아하는 놀이를 할 때 변기를 활용해보세요. 아이가 쉽게 변기와 친해질 수 있답니다.

"곰돌이가 쉬가 마려운가 봐!"

"곰돌이는 어디에 쉬하면 좋을까? 기저귀를 안 하고 있으니 저기 변기에서 하라고 할까?"

"○○이가 좀 도와줄래? 변기에 어떻게 앉아야 할까?"

✔ 아이가 용변 의사를 표현하면 변기에서 해보도록 시도해보세요.

"○○이도 곰돌이처럼 변기에 앉아서 해볼까?"

"곰돌이 쉬한 다음에, ○○이도 쉬가 나오나 한번 앉아보자."

놀이 확장

✔ 반죽으로 응가를 만들어 보세요. 인형으로 놀이할 때 만든 응가를 변기 속에 넣어주면 아이가 놀이에 더 흥미를 보일 수 있습니다.

"어? 곰돌이가 응가했네?"

"곰돌이가 힘을 주었더니 응가가 변기 속으로 풍덩 떨어졌네."

"곰돌이야, 너무 잘했어! 축하해!"

✔ 배변 관련 책을 활용하세요. 『응가하자, 끙끙』, 『똥이 풍덩!』과 같은 동화책을 함께 읽어보세요. 그림책 속 그림과 이야기를 통해서도 변기와 친해질 수 있답니다. 이러한 경험들이 모여 아이에게 시도해볼 수 있는 용기를 주게 된답니다.

"강아지 친구도 끙끙 응가를 했네!"

"이 친구도 변기에 앉아서 응가를 했네~ 모두들 축하해주고 있구나!"

주의사항

• **배변훈련, 강요하지 마세요.**
배변훈련은 중요한 발달과업 중 하나입니다. 누구나 아이가 빨리, 성공적으로 배변훈련을 마칠 수 있기를 바라는데요. 그러한 마음이 오히려 아이에게 부담을 주고 거부감을 갖게 할 수 있습니다. 아이가 용변 의사를 느끼고 표현하기 시작하는지 잘 관찰해 그 시기를 놓치지 말고, 자연스럽게 시도해보세요. 부모가 변기를 사용하는 모습을 보여주는 것도 좋답니다.

18~24개월 신체, 인지 발달을 위한 옷 입기 놀이

신체 및 인지능력의 발달로 인해, 스스로 할 수 있는 일이 많아지고 혼자서 하고 싶어 하는 일들이 많아집니다. 기본생활습관, 주도성, 신체 및 인지 발달을 위해서 아이가 스스로 할 수 있는 충분한 시간과 기회를 주는 것이 좋습니다. 잘 안 되더라도 포기하지 않고 다시 한번 시도해볼 수 있도록 격려해주고, 노력하는 과정을 인정해주면 회복탄력성 및 자존감 형성에 도움을 주게 됩니다.

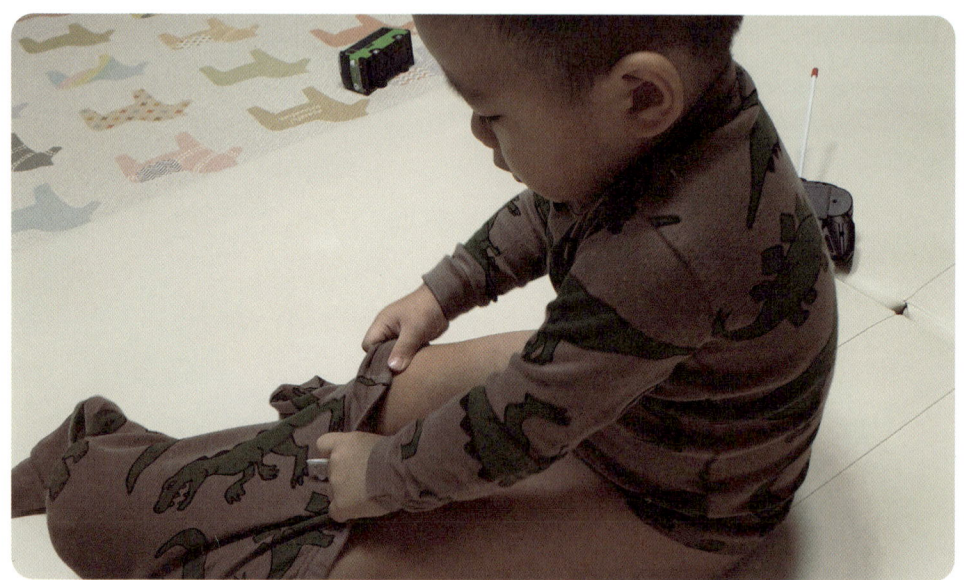

놀이 과정

✔ 옷을 입을 때, 아기가 혼자 하고 싶어 한다면 스스로 할 수 있도록 기회를 주세요. 관심을 안 보인다면 관심을 보일 수 있도록 이야기해주세요.
  "○○이가 입어보고 싶구나? 그래, ○○이가 한번 입어봐~"
  "어? 다리를 어디에 넣는 거지?"
  "○○이가 한번 넣어볼래?"

✔ 스스로 시도하고 노력하는 과정을 충분히 기다려주고 지지해주세요.
  "다리를 그쪽에 넣는 거구나! ○○이가 혼자서 정말 잘 찾았네!"

"잘 안 들어가지? 이쪽을 잘 펴고, 다시 한번 넣어볼까?"

"엄마가 양말을 이만큼 넣어줄게, 이제 쭉 당겨볼까?"

✔ 성취감을 느낄 수 있도록 격려하고 인정해주세요.

"○○이가 한쪽 다리를 정말 잘 넣었구나!"

"우와, 양말을 쭉~ 잡아당겼네! 이제 혼자서도 잘 신을 수 있구나!"

"할머니한테 전화해서 이야기해야겠다. 할머니~ 우리 ○○이가 혼자서 옷을 입었어요!"

놀이 확장

✔ 아기 인형이나 좋아하는 인형에게 옷 입혀주는 놀이를 해보세요. 아이의 작아진 옷을 버리지 말고 모아 두었다가 활용하면 좋습니다.

"아기가 좀 추워 보이네. 아기 옷 좀 입혀줄까?"

"에취! 멍멍이가 추운가 봐. 멍멍이한테 옷 입혀줄까? 어떤 옷 입혀줄까?"

✔ 기본생활습관 형성을 위해 벗은 옷을 빨래통에 넣기, 신발 정리, 가방 걸어 두기 등 아이 스스로 할 수 있는 것이 많아지도록 도와주세요. 아이 눈높이에 걸이를 붙여주면 옷이나 가방, 마스크 등을 스스로 걸어 두는 연습을 할 수 있습니다.

주의사항

• **외출 전 서둘러 준비하지 마세요.**
어린이집에 갈 때, 외출을 할 때, 시간에 쫓겨 서둘러야 한다면 아이에게 스스로 옷 입을 시간을 주기가 어렵습니다. 무엇이든 혼자 하고 싶어 하는 아이라면 스스로 할 수 있도록 충분한 여유를 가지고 기다려줘야 합니다. 그냥 엄마가 입혀주는 것이 빠르고 편하지만, 아이의 기본생활습관 형성과 전반적인 발달을 위해 기회를 주세요.

• **완벽을 요구하지 마세요.**
아이 스스로 하다 보면 부모가 도와준 것보다 당연히 서툴겠죠. 아이에게 더 잘할 것을 요구하거나 잘못된 점을 지적한다면, 아이는 점점 자신감을 잃어간답니다. 서툴더라도, 오래 걸리더라도, 잘 못했더라도 아이의 노력을 인정하고 격려해주세요. 부모의 한마디가 아이의 자존감을 높여줄 수 있답니다.

18~24개월 신체, 정서 발달을 위한 춤 추기 놀이

대부분의 아이는 노래를 들으면 자설로 엉덩이를 들썩들썩하며 흥을 신체로 표현합니다. 신체조절 능력이 발달하면서 엉덩이를 들썩이거나, 팔을 흔들거나, 빙글 돌면서 신이 나는 감정을 몸으로 표현합니다. 이러한 신체표현능력은 타고난 기질에도 영향을 받지만 부모가 얼마나 노래를 많이 불러주고 함께 춤을 추었는지가 많은 영향을 줍니다. 아이가 함께 춤추고 노래하며 즐거운 감정을 충분히 표현할 수 있도록 도와주세요.

놀이 과정

✔ 아이와 산책하며, 집에서 놀이하며 아이가 좋아하는 노래를 들려주거나 불러주세요. 아이가 노래에 반응하며 몸을 들썩인다면 신체 움직임에 대해 이야기해주세요.
  "○○이가 노래를 들으니 신이 나는구나?"
  "엉덩이도 들썩들썩 머리도 흔들흔들~"

✔ 아이와 함께 노래를 부르며 몸을 움직여보세요. 노래 속에 나오는 동물 친구들의 모습을 몸으로 표현해보면 좋답니다.

"산토끼 토끼야 어디를 가느냐 깡충깡충 뛰면서 어디를 가느냐~"

"삐약 삐약 병아리~ 음메 음메 송아지~"

✔ 엄마의 노랫소리에 맞추어 멈추고 움직이는 놀이를 해보세요. 규칙을 이해하고 신체 움직임을 조절하는 것에 도움을 줄 수 있답니다.

"즐겁게 춤을 추다가 그대로 멈춰라!"

"멈춤! 다시 즐겁게 춤을 추다가~"

놀이 확장

✔ 손목에 포장용 리본을 여러 가닥 묶어주세요. 팔을 흔들고 춤을 추면서 리본이 함께 움직이는 경험을 통해 신체 움직임을 더 활발하게 도와준답니다.

"○○이가 춤을 추니 손목에 달린 리본도 흔들흔들 춤을 추네?"

"○○이가 팔을 빨리 흔드니까 리본도 막 빨라지고 있어!"

✔ 춤추며 소리를 함께 들을 수 있도록 딸랑이 같은 악기를 들고 추거나 소리 나는 방울을 집게를 이용해 달아주세요. 내 몸을 흔들며 소리도 만들어 낼 수 있어서 아이들이 더 신나게 춤을 출 수 있답니다.

"딸랑이를 들고 춤추니까 소리도 나네?"

"○○이가 점프~ 점프~ 하니 소리도 점프~ 점프~"

 주의사항

- **앉아서 보지 마세요.**
아이는 신나서 몸을 흔드는데 엄마는 앉아서 보고만 있다면 아이는 점점 흥이 없어지겠죠? 아이가 더 신나게 춤추고, 흥분된 감정을 신체로 자유롭게 표현하려면 엄마가 함께 몸을 흔들어주어야 합니다. 엄마가 보여주는 신체 움직임은 아이에게 모델링이 되어 아이도 따라 해볼 수 있는 기회가 된답니다.
"엄마는 팔을 저기 높이 올렸어~"
"엄마도 ○○이처럼 빙글빙글 돌아봐야겠다. 손잡고 같이 빙글 돌아볼까?"

18~24개월 정서 발달을 위한 거품 놀이

감성 기복이 커지며 화를 표현하기도 하고, 부정적인 감정을 표출하기도 합니다. 부드러운 거품을 만지고 이리저리 모양을 만들어보는 거품 놀이는 아이들의 정서 이완에 도움을 주며, 창의성 발달에 도움을 줍니다. 내가 원하는 대로 마음껏 움직여볼 수 있는 정형화되지 않은 놀잇감으로 아이들의 상상력을 충분히 발휘해볼 수 있도록 도와주세요.

놀이 과정

- ✔ 세면대에서 손을 씻거나 욕조에서 목욕을 할 때, 거품으로 놀이할 수 있도록 도와주세요.
  "○○이가 좋아하는 거품이네?"
  "거품아, ○○이 손을 깨끗하게 해줘~"
- ✔ 아이가 거품으로 놀이하는 행동, 느끼는 감정 등에 대해 이야기해주세요.
  "거품이 미끌미끌~ 기분이 너무 좋지?"
  "거품이 점점 더 많아지고 있어! ○○이 손에 거품이 가득 찼네?"

"물에 닿으니 거품이 사라지네? 어디로 갔지?"

✔ 아이가 충분히 놀이했다면, 놀이를 마무리하도록 도와주세요.

"거품아 안녕~ 이제 거품이 다 사라졌네."

"내일 또 만나자. 내일 또 ○○이 손으로 놀러 와!"

"이제 손이 깨끗해졌으니, 맛있는 간식 먹으러 갈까?"

놀이 확장

✔ 숟가락, 그릇 등 소꿉놀이용 그릇들을 함께 주면 거품을 숟가락으로 뜨고 그릇에 담아보며 아이의 상상력을 자극할 수 있습니다. 아이스크림도 만들어보고, 솜사탕도 만들어보세요. 거품 하나로 즐거운 상상 놀이에 빠져볼 수 있습니다.

"○○이가 그릇에 거품을 가득 담았네?"

"숟가락으로 떠서 거품을 옮겨주고 있었구나!"

"맛있는 아이스크림이군요! 딸기 맛 아이스크림 하나만 주세요."

✔ 아이가 만든 거품으로 좋아하는 자동차 장난감이나 인형을 함께 씻어보세요. 세차 놀이, 목욕 놀이로 이어지며 상황에 맞는 이야기를 나누어볼 수 있답니다.

"여기 바퀴가 더러운 것 같아요. 바퀴 좀 닦아주세요."

"아기가 깨끗해지고 있구나! 아가야, 눈에 비누가 들어가니 눈을 꼭 감아~"

✋ 주의사항

- **세면대 앞에서의 거품 놀이를 허락해주세요.**
  손을 씻기 위해 세면대 앞에 서면 아이들은 하염없이 물놀이, 거품 놀이에 빠지게 됩니다. 그런 아이들을 자꾸 제지하고 그만하라고 한다면 아이는 점점 더 하고 싶은 마음이 커집니다. 아이가 만족할 만큼 충분히 거품을 문지르고 만지며 정서를 해소하고 즐거움을 만끽하도록 시간을 주세요.

- **물을 너무 많이 받아주지 마세요.**
  욕조 안에서 거품 놀이를 하는 경우, 바닥에 미끄럼 방지 매트를 깔아주거나 아이 옆에서 꼭 지켜봐주세요. 거품으로 인해 바닥이 미끄러워 넘어질 수 있습니다. 물을 너무 많이 받아주면 미끄러져 물에 빠질 수 있으므로 물은 허리를 넘지 않도록 받아주세요.

5장

24~30개월, 엄마표 발달 놀이

24~30개월 이렇게 발달해요

✓ 신체 발달

- **신체운동기능이 발달하면서 다양한 동작이 가능해집니다.**

  개인차는 있지만 끊임없이 움직이며 신체를 사용하는 것에 자신감을 보이는 시기입니다. 목표물을 향해 오르기, 내려오기, 빠르게 걷기, 달리기, 미끄럼 타기, 그네 타기, 두 발로 뛰기, 던지기, 끼우기 등의 다양한 운동기능이 발달하여 여러 가지 동작을 성공적으로 해낼 수 있게 됩니다. 평지에서 걷고 뛰는 것이 자연스러워지면 숲길이나 산속의 고르지 못한 길에서 위험요소를 감지하고 스스로 몸의 균형을 잡아보는 경험이 필요합니다. 이러한 경험은 신체조절 및 균형감각 발달에 도움을 주어 운동기능 향상을 도모하게 됩니다. 다양한 신체활동을 통해 몸을 자유롭게 움직이며 조절하는 능력을 키워 신체 유능감, 신체 자신감을 기를 수 있도록 도와주세요.

- **신체조절능력이 발달하면서 순발력, 민첩성이 생겨납니다.**

  신체조절능력이 발달하면서 순간적으로 몸의 방향을 바꾸기, 장애물 피하기, 공이 떨어지는 방향으로 뛰기, 춤을 추다가 신호에 맞춰 멈추기, 공을 원하는 방향으로 차기 등의 움직임이 가능해집니다. 움직임을 계획하고 신체를 조절할 수 있는 놀이를 통해 순간적으로 신체를 조절하는 순발력과 민첩성 등의 발달을 도울 수 있습니다.

- **옷 벗기, 식기 사용, 물 따르기 등 스스로 할 수 있는 것이 많아집니다.**

  만 2세가 지나면 근육섬유가 발달해 점차 두꺼워지면서 미세 근육들도 자율적으로 조절하는 것이 가능해져 스스로 할 수 있는 것들이 더 많아집니다. 팔을 넣고 다리를 밀어 넣으며 옷을 입던 아이들은 점차 스스로 팔을 빼고 옷을 벗는 것도 가능해집니다. 혼자 숟가락질을 하며 음식을 흘리던 아이들은 식기를 사용하는 기술이 늘어나게 됩니다. 또한 너무 무겁지 않은 물병이라면 손으로 잡고 컵에 따르는 것도 가능해집니다. 자기주도성이 커지고 신체조절능력이 발달하면서 성취감을 경험할 수 있게 됩니다.

- **배변 의사를 표현하기 시작합니다.**

배변 의사를 표현하기 위해서는 배변을 위한 근육의 느낌을 알고 말로 표현할 수 있어야 합니다. 신체 근육들이 발달하면서 배변을 위한 근육도 더욱 두꺼워지고 근육을 조절할 능력도 생겨납니다. 배변 의사를 느끼면 근육의 긴장 상태를 유지할 수 있게 되고 근육을 이완시키면서 만족감을 느끼게 됩니다. 이 시기에 아이들이 표현하는 배변 의사를 잘 관찰하고 적절하게 반응해주어 성공적인 배변훈련의 과정을 경험하도록 도와주어야 합니다.

✓ 언어 발달

- **동사를 포함한 문장을 구사할 수 있습니다.**

18개월 이후 두 단어를 붙여서 "엄마 물"과 같은 의사 표현을 하다가 24개월 이후 "물 주세요, 까까 주세요."와 같이 동사를 구사하여 문장으로 의사 표현하는 것이 가능해집니다. 이 시기에는 다양한 동사를 경험할 수 있도록 이야기해주는 것이 좋으며, '앉다, 서다, 넣다, 빼다.'와 같은 동사를 행동과 함께 보여주거나 인지시켜주는 것이 좋습니다.

- **대화를 주고받는 것이 가능해지고, 질문이 많아집니다.**

엄마, 아빠가 하는 이야기에 관심을 가지고 집중해서 들은 후 상황에 맞게 대답할 수 있게 되면서 자연스러운 대화가 가능해집니다. 또한 먼저 질문을 하는 경우가 많은

데, 사물이나 현상에 관심을 가지며 "이거 뭐야?", "왜?"와 같은 질문이 폭발적으로 증가합니다. 아이의 질문이 의미 없이 반복된다 생각되더라도 아이의 궁금증과 호기심이 지속될 수 있도록 반응해주는 것이 중요합니다. 또한 아이가 대답하지 못하더라도 편히 "이건 왜 이렇게 된 걸까?", "○○이는 어떻게 생각해?"와 같이 아이의 사고를 촉진할 수 있는 질문을 해주는 것이 아이의 창의적 사고 발달에 도움을 준답니다.

- **이야기의 흐름을 이해할 수 있습니다.**

  24개월 이전부터 아이들은 반복되는 일의 순서를 기억하고 예측할 수 있습니다. 24개월 이후에는 반복되는 일상이 아니더라도 사건의 인과관계와 이야기의 전후 상황에 대한 이해가 가능해집니다. 따라서 이 시기에는 이야기의 흐름이 있는 그림책을 많이 보여주는 것이 아이의 이해력을 발달시켜줄 수 있습니다. 단순하게 반복되는 그림책보다는 기승전결의 이야기 흐름이 있는 동화책을 보여주세요. 아이마다 이야기에 집중하는 시간이 다르기 때문에 아이가 집중할 수 있을 만한 길이의 동화책을 선택하고, 아이가 좋아하는 그림이나 요소가 있는 책을 선택하면 더 흥미를 보이며 집중하게 된답니다.

✓ 인지 발달

- **'크다/작다, 많다/적다'와 같은 상대적인 개념을 이해할 수 있습니다.**

  인지가 발달하면서 크고 작음, 많고 적음, 있고 없음 등에 대한 차이를 구별할 수 있게 됩니다. 사물의 겉모습에서 드러나는 모양이나 색을 구분해낼 수 있으며, 눈에 보이는 것을 상대적으로 비교할 수 있습니다. 또한 한 개보다 두 개가 더 많다는 것을 알고, "한 개 아니고 두 개", "한 개 아니고 두 개, 많이 주세요."와 같은 표현을 하기도 합니다.

- **두 가지 연속된 동작에 대한 지시를 따를 수 있습니다.**

  24개월 이전 간단한 지시를 이해하고 따를 수 있던 아이들은 점차 두 가지 지시를 한 번에 따를 수 있을 만큼 인지가 발달하게 됩니다. "기저귀 들고 쓰레기통에 넣어 주세요.", "엄마 가방에서 물 꺼내주세요."와 같이 두 가지 연속된 동작을 듣고 기억해 행동으로 옮길 수 있습니다. 36개월경이 되면 "방에 가서 컵 가져다가 식탁에 올려 줘."와 같이 3가지 동작에 대한 지시를 따를 수 있을 정도로 기억해서 행동으로 옮기는 능력이 발달하게 됩니다.

- **"왜?"라는 궁금증과 함께 상상력이 풍부해집니다**

새로운 것을 볼 때의 호기심, 변화에 대한 관찰력 등이 발달하면서 궁금한 것이 많아집니다. 궁금한 것이 많아지면서 "이건 뭐야?", "왜?"라는 질문을 끊임없이 하게 됩니다. 이러한 궁금증은 아이의 탐구력과 창의력을 길러줄 수 있는 좋은 기회가 될 수 있으므로 아이의 질문에 적극적으로 반응을 보이는 것이 좋습니다. 부모가 답을 하기 어려운 경우에는 "OO이는 어떻게 생각해?"라고 반문하거나, 함께 책을 찾아보는 것도 좋은 방법입니다. 아이의 생각, 상상이 끊어지지 않고 계속 확장될 수 있도록 함께 고민하고 생각해주는 부모가 아이의 상상력을 더 풍부하게 만듭니다.

- **상징적 사고가 발달하면서 역할놀이, 상상 놀이가 많이 나타납니다.**

24개월 이전부터 엄마처럼 아기를 돌보거나 청소를 하는 등 자주 보는 역할을 모방하며 상상 놀이, 역할놀이가 시작됩니다. 이러한 놀이는 '~인 척' 자신을 마치 다른 대상처럼 행동할 수 있는 인지능력, 눈에 보이지 않는 것을 다른 물체에 대입하여 상상하는 표상능력, 즉 상징적 사고가 발달하면서 가능해집니다. 24개월 이후 이러한 인지 과정이 더 성숙해지고 표현할 수 있는 언어도 늘면서 구체적이고 풍성하게 역할놀이가 나타납니다. 아이와 평소 경험했던 것을 기억했다가 마트 놀이, 빵 가게 놀이, 아이스크림 가게 놀이, 미용실 놀이, 병원 놀이 등의 놀이로 표현해낼 수 있도록 도와주는 것이 중요합니다.

✅ 사회·정서 발달

- **부모에게 의지하려는 모습이 줄어듭니다.**

  부모와의 신뢰감이 쌓이고 안정된 애착관계가 형성된 아이들은 대상 영속성의 개념이 생기면서 부모가 눈앞에 보이지 않더라도 곧 돌아올 것이라는 믿음이 생겨 분리불안의 모습이 줄어들게 됩니다. 또한 스스로 할 수 있는 것이 많아지면서 부모에게 덜 의존적인 모습이 나타납니다. 부모는 아이의 이러한 모습을 적절한 칭찬과 격려로 인정하여 스스로 성취감을 느끼고 자신감을 느낄 수 있도록 도와주어야 합니다.

- **또래에 관심을 보이나 함께 놀이하는 것은 어렵습니다.**

  내가 무엇을 좋아하고 무엇을 싫어하는지 이해하면서 좋아하는 사람이 생기기 시작합니다. 이러한 모습은 또래 관계에서도 나타나는데, 자주 보고 친숙한 또래에게 좋아하는 마음을 표현하고 만나면 즐거워하는 모습을 보입니다. 또한 주변에 나와 비슷한 또래가 있으면 관심을 보이고 관찰하며, 가까이 가고 쓰다듬는 등 호감을 표현하기도 합니다. 이처럼 또래에게 관심을 보이고 또래의 모습에 영향을 받기 시작합니다. 관심이 시작되고 관심을 표현하기도 하지만 아직 또래와 함께 놀이하거나 분쟁을 해결하는 것은 어렵고, 같은 장소에서 각기 다른 놀이를 하는 병행 놀이의 모습을 볼 수 있습니다.

- **타인의 정서를 이해하고 감정이입하는 이해능력이 발달합니다.**

  6개월이 지나면서부터 아이들은 다른 사람의 표정을 보고 정서를 이해하기 시작합니다. 이러한 정서이해능력은 점차 발달하여 타인의 정서를 이해할 뿐 아니라 타인의 정서에 공감하고, 감정이입하는 것까지 가능해집니다. 친구가 다쳐서 울고 있을 때 친구에게 다가가 함께 슬픈 표정을 짓기도 하고, 약을 갖다 주며 슬픔을 해결해주려고 시도하기도 합니다. 이러한 모습을 통해 눈앞에 보이는 다른 사람의 감정을 공감하고 감정이입하는 것이 가능하다는 것을 알 수 있습니다. 36개월 이후에는 정서이해의 능력이 더 발달해 상상하는 것만으로 감정이입이 가능해집니다.

이렇게 놀아주세요

24~30개월

> **놀이 코칭 1** **일상생활에서의 경험이 의미 있어지도록 도와주세요.**

이 시기에는 다양한 경험을 쌓아가는 것이 필요합니다. 다양한 경험을 위해 키즈카페나 놀이동산과 같은 새로운 곳을 자주 가야 하는 것이 아니라, 일상에서의 경험을 다양하게 할 수 있도록 도와주어야 합니다. 엄마와 함께 빵 가게에 가서 먹고 싶은 빵을 골라보고, 주유소에 가서 차에 기름 넣는 장면을 보는 등 일상생활에서 일어나는 다양한 경험을 아이와 함께 해주는 것이 필요합니다. 빵 가게에서 빵을 담을 때는 어디에 담아서 어떻게 계산을 하고 나오는지, 주유소에서 기름을 넣을 때는 어느 구멍에 기름을 넣는지 등 일상에서 일어나는 상황을 구체적으로 살피고 관심 가질 수 있게 도와주는 것이 필요합니다. 이러한 경험들은 곧 놀이로 연결되며, 의미 있는 경험이 많이 쌓일수록 놀이로 표현하는 능력이 발달하게 됩니다.

> **놀이 코칭 2** **상상 놀이, 역할놀이의 상대가 되어주세요.**

일상에서의 경험을 많이 쌓았다면 다양한 상상 놀이가 활발히 시작되는 시기입니다. 상상 놀이가 재미있어지기 위해서는 아이 혼자 놀이하는 것보다 함께 상상해주고 역할을 맡아줄 상대가 필요합니다. 아직 또래와 함께 역할놀이를 하는 것은 어렵기 때문에 부모가 아이의 상상 속에 함께 들어가서 의사도 되었다가 환자도 되었다가, 가게 주인도 되었다가, 손님도 되어주세요. 상상 놀이는 이 시기 아이들의 전반적인 발달을 촉진하는 매우 필요한 놀이입니다. 실제가 아닌 일을 상상하며 상상력과 창의성을 기를 수 있고, 역할에 맞는 언어를 사용하며 언어가 발달하고, 경험한 것을 기억해내 놀이로 표현하는 과정은 인지 발달에도 도움이 됩니다. 또한 상대와 의견을 조율하고 상대의 정서를 이해하며 사회·정서도 발달합니다. 이 시기에 상상 놀이가 나타나지 않는다면, 인지나 언어 발달을 점검하고 발달적으로 부족한 부분이 없는지 체크하는 것이 좋습니다.

> **놀이 코칭 3** 아이가 선택한 놀이를 충분히 할 수 있도록 도와주세요.

아이의 흥미를 고려해 주도적으로 놀이를 선택할 수 있도록 기다려주었다면, 놀이를 충분히 할 수 있도록 도와주어야 합니다. 아이가 놀이하는 중간에 새로운 놀잇감을 보여주거나 다른 놀이를 제안하지 말아야 하며 충분한 공간과 시간을 제공해야 합니다. 또한 놀이에 흥미를 잃지 않도록 적절한 반응이나 도움을 준다면 놀이에 집중하는 시간이 더 길어지게 됩니다. 이러한 경험은 주도성뿐만 아니라 집중력을 키울 수 있게 도와줍니다.

> **놀이 코칭 4** 또래와의 놀이경험을 갖게 해주세요.

또래에게 관심을 갖기 시작하면서 또래의 놀이를 관찰하고 모방하는 모습도 나타납니다. 또래와 함께 어울려 놀이하는 것은 발달적으로 어려운 시기이지만, 또래와 한 공간에서 놀이하며 서로의 존재를 인식하고 친근함을 느끼게 됩니다. 자기중심성이 강한 시기에 또래와 같은 공간에서 놀이하다 보면 놀잇감 분쟁이 생기기도 하는데, 이때 아이 스스로 원하는 것을 표현하는 것이 어렵기 때문에 성인의 도움이 필요합니다. 성인이 직접 모델링을 보여주거나 내 마음을 어떻게 표현해야 하는지 도움을 받아보는 경험은 또래 관계를 통한 사회성 발달의 기초가 됩니다.

이런 놀잇감을 준비하세요

• **신체 발달을 위한 놀잇감**

신체를 움직이는 것이 더 자연스러워지고 자신감이 생기는 시기입니다. 아이 스스로 몸을 조절해가며 놀이할 수 있는 도전적인 환경에 놓이는 경험이 필요하기 때문에, 평지보다는 굴곡이 있는 산길이나 숲길에서의 움직임을 경험해보는 것이 좋습니다. 놀이터에서도 높은 곳에 올라가거나 균형을 잡아보는 등 신체 움직임에 도전해볼 수 있는 환경과 격려가 필요한 시기입니다. 집 안에서는 놀이 매트에 선을 그어주거나 발자국을 붙여 선을 따라 걷거나 발자국을 따라 걸으며 신체를 조절해보는 놀이를 해볼 수 있습니다. 이 시기의 아이들은 대근육뿐만 아니라 소근육을 얼마나 자유롭게 사용하느냐에 따라 뇌 발달에 직접적인 영향을 미치므로 끈 꿰기 놀이, 자연물을 이용한 만들기, 채소를 이용한 물감 놀이 등 소근육을 많이 사용할 수 있는 놀잇감을 제공해주어야 합니다.

• **언어 발달을 위한 놀잇감**

12~24개월경에 짧게 반복되는 이야기책을 읽어주었다면, 24개월 이후의 아이들은 이야기의 앞뒤 상황, 이야기의 연결을 이해하기 시작하므로 간단한 스토리가 있는 동화책을 골라주세요. 책에서 읽은 간단한 문장과 어휘를 놀이 중에 활용한다면 언어 발달에 직접적인 영향을 줄 수 있으므로 인형이나 동물 모형을 이용해 놀이하며 표현해주는 것이 좋습니다. 또한 자주 보는 글자나 숫자에 관심을 보이기도 하는데, 이런 아이들을 위해 우유갑이나 과자봉지에 적혀있는 글자와 숫자는 좋은 문해 자극이 될 수 있습니다. 글자를 가르쳐주고 함께 읽는 것이 아니라 글자에 관심을 가질 수 있도록 놀이하며 노출해주는 것이 중요합니다.

- **인지 발달을 위한 놀잇감**

이 시기의 아이들은 물질의 변화를 관찰하고, 예측하고, 결과를 경험해보는 인지 과정이 필요합니다. 물질이 변화하는 과정을 함께 보고 생각해볼 수 있는 기회를 많이 갖는 것이 중요하기 때문에 얼음이나 거품 등 일상생활에서 자주 볼 수 있는 물질의 변화를 관찰하고, 경사로나 구슬 등을 놀이에 활용해 다양한 상황을 예측해보는 것이 필요합니다. 놀잇감을 통해 '어떻게 될까?' 예측해보고, '왜 그렇게 됐을까?' 결과를 유추해보는 인지 과정을 경험할 수 있도록 도와주는 것이 필요합니다. 그 외에도 계절의 변화나 자연에 관심을 가질 수 있도록 꽃과 솔방울 등 자연물을 놀이에 활용해본다면 호기심을 갖고 탐구하고자 하는 태도를 심어줄 수 있습니다.

- **사회·정서 발달을 위한 놀잇감**

스스로 할 수 있는 것이 많아지고 혼자 하고 싶어 하는 주도성이 커지는 시기입니다. 스스로 해낼 수 있도록 아이의 발달 수준에 적절한 놀잇감을 제공해주고, 적절한 도움을 주어 좌절감을 느끼지 않도록 도와주는 것이 중요합니다. 놀잇감을 선택할 때는 정해진 답이 있고 순서대로 해내야 하는 것보다 정해진 답이 없고 자유롭게 변형 가능한 놀잇감(마카로니, 반죽, 모래와 같은 감각 놀잇감, 자유롭게 구성할 수 있는 블록류 등)을 골라주세요.

24~30개월 호기심 발달을 위한 꽃잎 놀이

길에 떨어진 돌, 모래, 나뭇잎, 꽃잎 등과 같은 자연물에 관심을 보이고, 계절에 따라 바뀌는 자연물의 변화를 인지하기 시작합니다. 아기가 자연물에 보이는 관심과 호기심이 지속될 수 있도록 도와준다면 자연에 관심을 가지고 탐구하려는 자세를 길러줄 수 있습니다.

놀이 과정

- 꽃잎이 떨어지는 계절에 아이가 길에 떨어진 꽃잎에 관심을 보인다면, 박스지를 활용해 액자를 만들어주세요. 박스지를 액자 틀 모양으로 자르고 투명 시트지를 붙여 끈적이는 부분이 앞으로 보이도록 만들어주세요. 끈적이는 부분에 꽃잎을 주워 붙일 수 있답니다.

- 아이와 산책을 나갈 때, 만들어 둔 액자를 가지고 나가보세요. 아이와 꽃잎을 주워 액자에 붙여보세요.

  "노란색 꽃잎을 주웠네? 엄마가 여기 액자를 만들어왔어. 이쪽에 끈적이가 있어서 꽃잎을 붙일 수 있대. 여기에 붙여볼까?"

"노란 꽃도 붙이고, 분홍색 꽃도 붙이고… 액자가 점점 알록달록한 꽃으로 변하고 있네!"

✔ 꽃잎을 붙인 액자를 집에 가져와 아이가 원하는 곳에 걸어주세요. 지속적으로 자연물을 관찰할 수 있으며, 내가 만든 작품에 대한 성취감을 느낄 수 있습니다.

"우리가 만든 액자를 어디에 걸어두면 좋을까?"

"○○이가 만든 꽃 액자를 걸어놓고 보니 기분이 좋아지네!"

놀이 확장

✔ 떨어진 꽃잎을 줍고, 액자를 만들었다면 꽃이 나오는 책을 아이와 함께 읽어보세요. 내가 봤던 꽃을 책에서 찾으면 아이들은 반가워하며 더 오래 기억합니다.

"우리가 아까 봤던 꽃이네! 이 꽃은 이름이 민들레구나!"

"이건 우리가 액자에 붙여온 꽃이구나! 책에도 우리가 찾은 꽃들이 나오는구나!"

✔ 꽃잎을 만들기에 활용해보세요. 도화지에 꽃잎을 붙여보기도 하고, 줄기와 나뭇잎을 그려볼 수도 있답니다. 주워 온 꽃잎을 책장 사이에 끼워 며칠 말려두면 꽃잎이 빳빳하게 말라서 만들기에 활용하기 좋습니다.

"꽃잎이 나무에서 떨어져버려서 줄기랑 나뭇잎이 필요하대. ○○이가 그려줄 수 있을까?"

 주의사항

- **무분별하게 꽃을 꺾지 않도록 도와주세요.**
  꽃을 놀이에 사용하다 보면 꽃을 막 꺾어도 되는 것이라고 생각할 수 있어요. 아이에게 어떤 꽃은 안 되고, 어떤 꽃은 사용해도 되는지 정확히 경계를 알려주는 것이 중요합니다. 바닥에 떨어진 꽃은 주워도 되지만, 피어있는 꽃은 살아있는 것이고 다른 사람들도 함께 보기 위해 심어놓은 것이므로 함부로 꺾어서는 안 된다고 정확히 알려주세요.

꽃 액자 만드는 방법

① 박스지, 투명시트지, 칼과 자를 준비한다.

② 액자 모양을 만들기 위해 잘라낼 부분을 표시한다.

③ 표시한 부분을 칼로 잘라낸다.

④ 투명 시트지를 액자 크기에 맞게 잘라 준비한다.

⑤ 시트지를 뜯어 액자 뒷면에 붙여준다.

⑥ 꽃을 주워 붙여주면 완성!

24~30개월 정서 발달을 위한 밀가루 반죽 놀이

반죽 놀이는 아이들이 쉽게 접할 수 있는 감각 놀이 중 하나입니다. 집에서 엄마가 만들어주는 밀가루 반죽은 첨가물이 없어서 가장 안전하며, 말랑거리고 쫀득하게 늘어나는 특징이 있어 감각적 자극을 제공하기에 훌륭한 놀잇감입니다. 반죽을 주무르고 늘려보고 당겨보는 과정은 촉각을 자극할 뿐만 아니라 손과 손가락 근육의 발달을 도우며, 심리적 안정감을 느끼게 해줍니다.

놀이 과정

- ✓ 밀가루와 물, 식용색소(혹은 물감), 약간의 오일(식용유 등)을 이용해 밀가루 반죽을 만들어주세요. 반죽이 부드러우나 손에 묻지 않는 정도로 해주면 좋습니다.
- ✓ 아이와 함께 밀가루 반죽을 탐색해보세요.
    "이게 뭘까?"
    "엄마가 동글동글 반죽을 가지고 왔는데 한번 만져볼래?"
    "손으로 만져보니 느낌이 어때?"
- ✓ 아이와 함께 밀가루 반죽을 만지며 아이의 놀이 모습을 언어적으로 표현해주세요.

"손으로 꾹 눌렀더니 납작해졌네? 엄마도 ○○이처럼 꾹 눌러봐야겠다!"
"옆으로 잡아당겼더니 쭉~ 늘어나기도 하는구나!"
"엄마는 이렇게 손으로 뜯었더니 반죽이 아주 작아졌어. 콩처럼 작아졌지?"

놀이 확장

✔ 반죽 만드는 과정을 아이와 함께 해보세요. 물을 섞기 전의 밀가루 상태를 만지고 관찰한 후에, 물을 섞으며 밀가루가 변화하는 과정을 함께 경험해보세요. 아이가 원하는 색도 넣어보며 처음부터 반죽을 함께 만들어본다면 반죽 놀이에 더 흥미를 가지게 될 것입니다.

"오늘은 엄마랑 반죽 같이 만들어볼까?"
"반죽을 만들려면 밀가루랑 물, 그리고 물감이 필요해."
"이게 밀가루인데 여기에 물을 섞으면 반죽으로 변할 거야. ○○이가 물 좀 넣어줄래?"

✔ 밀가루 반죽을 이용한 요리를 함께 해보세요. 칼국수나 수제비를 만들어도 좋고, 설탕과 버터를 넣어 쿠키를 만드는 것도 좋아요. 아이가 밀가루 반죽으로 놀이했던 것과 비슷한 과정의 요리를 한다면 아이가 더 능숙하게 요리에 참여할 수 있답니다. 내가 만든 요리를 가족과 함께 나누어 먹는 즐거움을 경험하게 해주세요.

"○○이가 요리사가 된 것 같네?"
"우와, ○○이랑 같이 만들었더니 더 맛있네!"

주의사항

• **결과를 미리 묻지 마세요.**
아이와 반죽 놀이하는 부모를 관찰하다 보면 대부분 "뭐 만들어?", "뭐 만들 거야?"라는 질문을 많이 합니다. 이 시기의 아이들은 반죽의 질감을 느끼고 내 마음대로 움직여보며 이리저리 만져보는 중이에요. '무엇을 만들어야지.'라는 목표를 가지고 시작하는 것이 아닙니다. 그러니 무엇을 만들 것인지 묻지 마세요. 무엇을 만들지의 결과보다는 주무르고 있는 아이의 손, 반죽을 떼어내기 위해 힘을 쓰고 있는 그 과정 자체에 집중하고 아이의 노력을 인정해주세요.

24~30개월 인지, 감각 발달을 위한 얼음 놀이

얼음을 가지고 놀이하다 보면 얼음이 물이 되고 물이 얼음이 되는 물질의 변화를 경험할 수 있습니다. 물질이 변화하는 과학적 원리에 대한 설명 없이도 아이들은 놀이를 하며 알 수 있습니다. 차가운 느낌, 고체와 액체의 느낌을 감각적으로 경험하며 정서적 안정감도 느낄 수 있습니다.

놀이 과정

✔ 일상생활에서 아이가 얼음을 보게 되는 일들이 생깁니다. 엄마가 먹는 음료수 안의 얼음 혹은 겨울에 눈이 얼어 만들어진 얼음을 보고 관심을 보인다면, 아이와 함께 관찰해보세요.

"만져보니 어때?"

"얼음은 어떻게 만들 수 있을까?"

✔ 아이와 함께 얼음을 만들어보세요.

"엄마랑 같이 얼음 만들어볼까?"

"여기 그릇에 물을 담고 냉동실에 넣어서 차갑게 만들면 아이스크림처럼 딱딱해진대!"

✓ 얼음을 꺼내 아이와 함께 놀이해보세요. 얼음을 큰 통에 담고 놀이용 그릇과 집게, 숟가락 등을 내어주면 더 즐겁게 놀이할 수 있답니다.

"우리가 어제 넣어놨던 물이 이렇게 변했네?"

"○○이가 좋아하던 얼음이 되었네! 여기 그릇에 담아서 놀아볼까?"

"어? 근데 왜 자꾸 얼음이 작아지지? 얼음이 작아지고 바닥에 물이 생기는데?"

"얼음이 왜 자꾸 변하는 거지? 이제 얼음이 거의 다 없어졌어!"

놀이 확장

✓ 물에 식용색소나 물감을 섞어서 얼리면 색깔 얼음을 만들 수 있습니다. 얼음으로 즐겁게 놀이했다면 아이와 함께 좋아하는 색을 섞어 색깔 얼음을 만들어 보세요.

"어제는 우리가 물을 얼려서 얼음을 만들었지? 근데 물에 색깔을 넣으면 색깔 얼음도 만들 수 있대! ○○이가 좋아하는 색깔을 섞어볼까?"

"우와! 우리가 색깔을 넣어서 얼렸더니 진짜 색깔 얼음이 되었어!"

✓ 얼음을 얼릴 때, 물 안에 작은 동물 피규어나 플라스틱 보석 등 아이가 좋아하는 종류의 작은 장난감을 넣고 함께 얼려주세요. 얼음을 꺼내 꽁꽁 얼어버린 장난감을 구출하며 놀이할 수 있답니다.

"어? 어떡하지? 얼음 안에 자동차가 갇혀버렸네?"

"얼음 안에 갇힌 고양이를 어떻게 꺼낼 수 있을까?"

"○○이가 도와줘야겠어~ 고양이 인형이 너무 추운가 봐~"

 주의사항

• **잘못된 답을 고쳐주지 마세요.**

"왜 얼음이 녹지?"라는 질문에 아이들이 정확한 답을 하지 못할 수 있습니다. 아이가 잘못된 답을 말하더라도 답을 수정하지 마세요. 대신 "○○이는 그렇게 생각하는구나! 어떻게 그렇게 재밌는 생각을 한 거야?"라고 대답해주세요. 아이의 답이 맞든 틀리든 아이의 자유로운 생각을 인정하고 받아주어야 합니다. 아이의 생각을 정답으로 바꾸려고 하다 보면, 아이는 점점 재미를 잃고 생각하려 하지 않습니다. 아이의 사고를 촉진하기 위해 질문을 했다면 어떠한 답을 하든 그대로를 인정하고 받아주세요.

24~30개월 감각, 정서 발달을 위한 마카로니 놀이

마카로니는 밀가루 반죽과 같이 아이들에게 감각적 자극을 줄 수 있는 놀이 중 하나입니다. 마카로니는 콩보다 크기가 커서 코나 귀에 넣을 위험이 적으며, 가격이 저렴하고 여러 번 재사용이 가능하다는 장점이 있습니다. 손으로 만져보며 다양한 촉각 자극을 경험하고 정서를 안정적으로 만들어 긴장을 해소해줄 수 있습니다. 또한 숟가락이나 집게, 그릇을 함께 내어주면 소꿉놀이 재료로 아이들의 상상력을 자극할 만한 놀잇감이 되어준답니다.

놀이 과정

- 놀이 매트나 커다란 통에 마카로니를 담아 준비해주세요. 마카로니를 담고 쏟아보며 감각적 자극을 경험하게 해주세요.
  "매트 안에 마카로니가 많이 담겨있네? 들어가서 만져볼까?"
  "만져보니 느낌이 어때? 그릇에 담아 와르르~ 쏟았더니 재밌는 소리도 나네?"
- 마카로니 안에 손을 숨기거나 발을 숨기며 놀이해보세요.
  "꼭꼭 숨어라, OO이 손 숨어라! 어? OO이 손이 안 보이네? 어디로 갔지?"

"까꿍~ 마카로니 속에 숨었구나!"

"꼭꼭 숨어라. 엄마 손도 숨어라~ 엄마 손은 어디 갔을까?"

✔ 마카로니를 충분히 만지고 탐색했다면 그릇들을 이용해 소꿉놀이에 활용해보세요.

"여기 볶음밥 한 그릇만 주세요."

"볶음밥 만드는 소리가 듣기 좋네요. 잘 섞어서 담아주세요."

놀이 확장

✔ 물감과 붓을 이용해 마카로니에 색을 칠해보세요. 색깔 마카로니를 만들어 더 즐겁게 놀이할 수 있습니다.

"마카로니에 물감을 칠하니 색깔 마카로니가 되었어!"

"마카로니가 알록달록해져서 더 맛있는 음식을 만들 수 있겠는데?"

✔ 마카로니를 이용해 요리해보세요. 마카로니를 물에 삶으면 색이 변하면서 말랑말랑해지고 부드럽게 먹을 수 있답니다. 아이와 함께 마카로니를 삶고 소스에 버무려 샐러드로 먹어보세요. 요리 과정을 통해 물질의 변화를 경험하고, 맛있게 먹어보는 경험을 할 수 있답니다.

"마카로니를 뜨거운 물에 삶았더니 말랑말랑해졌네?"

"소스를 잘 비벼서 먹어볼까?"

✋ 주의사항

• **모든 놀이 행동을 허용하지 마세요.**

마카로니로 놀다 보면 아이들이 마카로니를 여기저기 던지고 뿌리는 모습을 보일 수 있습니다. 자유롭게 놀이하는 게 중요하다고 해서 이러한 행동을 다 허용하는 것은 옳지 않습니다. 놀이를 하면서도 지켜야 하는 규칙이 있고, 간단한 규칙을 이해하고 따를 수 있어야 하는 시기입니다. 놀이를 시작하기 전 지켜야 하는 놀이규칙에 대해 미리 알려주는 것이 좋습니다. "이 놀이는 여기 매트 안에서만 할 수 있어."라고 정확한 한계를 알려주고 지킬 수 있도록 도와주세요. 만약 규칙을 지키지 못했다면 잠시 놀이를 멈추게 하고 대안 행동을 알려주세요. "마카로니를 뿌리고 싶다면 위에서 아래로 주르륵 뿌릴 수 있어. 여기 통 안에 골인시킬 수도 있어."라고 대안책을 알려주면 행동을 수정하는 것에 도움이 된답니다.

24~30개월 소근육, 감각 발달을 위한 물감 놀이

다양한 색을 표현할 수 있는 물감은 아이들의 표현력을 길러주고 심미감을 키워주기에 적절한 놀잇감입니다. 또한 물감은 손으로 만지고 문질러보며 감각적 경험을 할 수 있습니다. 물감을 손에 묻히기 싫어하는 아이는 붓과 같은 도구를 이용해 조금씩 경험해볼 수 있도록 도와주는 것이 중요합니다. 도구를 사용하며 눈과 손의 협응력을 기르고 소근육 발달에도 긍정적인 영향을 줍니다.

놀이 과정

- ✔ 물감과 전지를 준비해주세요. 작은 도화지보다는 자유롭게 표현할 수 있는 큰 종이가 적당하며, 물감은 물로 잘 지워지는 수채화 물감이 좋습니다.
- ✔ 아이가 원하는 방법으로 물감을 탐색해볼 수 있도록 도와주세요. 손으로 만지고 손으로 그리고 싶어 하는 경우 충분히 손으로 표현해볼 수 있게 해주고, 손으로 직접 만지는 것을 싫어하는 경우, 붓을 제공해주세요.

  "초록색 물감이 손에 잔뜩 묻었네. 문질문질 해보니 느낌이 어때?"

  "손에 묻는 거 싫으면 여기 붓으로 해볼까? 붓에 물감을 묻히면 대신 그림을 그려준대!"

✔ 아이가 물감으로 표현하는 모습, 표현하는 과정 등을 언어적으로 표현해주세요.

"손바닥으로 탁탁 내리쳤더니 종이에 손바닥이 많이 생겼네."

"붓으로 쭉 그렸더니 옆으로 쭉 길이 생겼네!"

"위로 쭉 올라갔다가 둥글게 둥글게 동그라미도 그렸구나!"

놀이 확장

✔ 물감 놀이한 종이를 잘 말린 후 벽 한쪽에 붙여 게시해주세요. 내가 표현한 결과를 보면서 여러 가지 모양을 찾아보기도 하고, 작품을 감상할 수 있는 기회가 됩니다. 또한 내 그림을 벽에 게시하고 가족들이 함께 본다면, 나의 작품을 인정받고 존중받는 경험이 된답니다.

"여기 노란색 동그라미도 그리고, 파란색 길도 있네!"

"○○이 그림을 걸어놓으니 우리 집이 미술관 같네!"

✔ 버리는 택배 상자를 활용해 놀이해보세요. 상자를 칠하거나 그림을 그리다 보면 위, 옆, 아래 등 다양한 각도와 방향을 경험하게 되어 종이에 그리는 것과 또 다른 자극을 줄 수 있습니다.

주의사항

- **손에 묻히는 것을 억지로 강요하지 마세요.**
  감각이 예민한 아이는 손에 묻는 느낌을 싫어할 수 있습니다. 이런 아이들에게 억지로 "손으로 해봐.", "괜찮아."라고 강요하기보다는, "손에 묻는 거 싫지? 그럼 이 붓으로 해봐."라고 이야기해주면서 자연스럽게 물감 자체를 경험해보게 해주면 됩니다. 조금씩 경험하며 싫은 자극에도 천천히 적응해나갈 수 있도록 도와주어야 합니다.

- **"뭘 그리는 거야?" 묻지 마세요.**
  아이는 뭘 그리려는 목적 없이 물감을 탐색하고 있습니다. 나의 손이 움직이며 만들어 내는 형태, 물감을 문지르며 만들어지는 모양에 관심을 가지고 있는 아이에게 뭘 그리냐고 묻기보다는 아이의 행동 자체에 관심을 가지고 격려의 메시지를 주는 것이 좋습니다.

24~30 개월 신체, 호기심 발달을 위한 숲 놀이

24개월 이후의 아이들은 안정적으로 걷고 뛰는 것이 가능합니다. 어느 정도 안정적으로 걸을 수 있다면, 평지보다는 울퉁불퉁 불규칙한 산길이나 숲길을 경험하는 것이 신체 발달에 도움이 됩니다. 길을 걷다가 돌이 있을 때, 낙엽이 쌓여 있을 때, 내리막길일 때 등의 다양한 상황에서 나의 신체를 어떻게 움직여야 하는지 판단하고 신체를 조절해보는 경험이 필요합니다. 또한 숲에서 놀이하면서 자연의 변화를 관찰하고 나무와 곤충 등을 직접 만져볼 수 있답니다.

놀이 과정

- ✔ 집 근처 가까운 숲에 가보세요. 숲에 갈 때는 실외온도에 맞는 옷, 움직이기에 편한 옷과 신발을 준비해주는 것이 좋습니다.

  "오늘 엄마랑 산속에 놀러 갈 거야. 바지랑 운동화 신고 가서 신나게 놀까?"

- ✔ 숲길에서 안전하게 움직일 수 있도록 도와주세요.

  "여기는 바닥에 돌이랑 나뭇가지가 많아. 걸려서 넘어지지 않도록 걸을 때 바닥을 잘 보고 걸어보자."

"내리막길에서는 엄마 손 잡고 내려가볼까?"

✔ 나뭇가지, 돌 등의 자연물과 곤충을 직접 관찰하며 놀이해보세요.

"이 숲속에는 나뭇잎이 많이 떨어져 있네!"

"나뭇잎 밑에 작은 벌레들도 살고 있었구나! 어디로 가는지 한번 따라가볼까?"

놀이 확장

✔ 자연물을 주워 담을 수 있는 채집통이나 봉투를 준비해주세요. 아이가 쉽게 들고 다니며 자연물을 담아볼 수 있는 것으로 준비해주세요.

"○○이는 돌 줍고 싶구나? 여기 통에 담아볼까?"

"엄마는 너무 귀여운 열매를 주웠어! 이것도 통에 담아서 가져갈까?"

✔ 자연물을 이용해 미술놀이를 할 수 있도록 물감과 같은 그리기 도구를 챙겨보세요. 나뭇잎이나 돌을 주워 색을 칠할 수도 있고, 풀을 이용해 붓 대신 그림을 그려볼 수도 있습니다.

"이 풀은 붓처럼 생겼네. 물감을 묻혀서 칠해볼까?"

"나뭇가지에 물감을 칠했더니 빨간 나뭇가지로 변했네?"

 주의사항

• **부모가 먼저 자연에 관심을 가져야 합니다.**
아이가 곤충이나 돌을 만질 때, "더러워. 만지지 마!"와 같은 태도를 보이거나 꽃을 꺾고 자연을 함부로 대하는 태도를 보인다면 아이들도 보고 들은 그대로 자연은 더러운 것이고 함부로 해도 되는 것이라고 생각하게 됩니다. 부모가 먼저 자연을 아끼고 사랑하는 모습을 보여주세요. 부모를 통해 아이들은 자연에 호기심을 갖고 탐구하려는 태도, 자연을 보호하려는 의지를 갖게 된답니다.

24~30개월 감각, 정서 발달을 위한 모래 놀이

모래는 아이가 만지는 대로 움직이며 어떠한 모양으로도 변형이 가능해 창의성 발달에 좋은 개방적 놀잇감 중 하나입니다. 모래를 만지고 옮겨보며 소근육 발달에 도움이 될 뿐만 아니라 놀이치료에 사용될 정도로 아이들의 긴장을 해소해주고 정서를 안정화하는 데 도움이 됩니다. 집 주변 모래놀이터 혹은 바닷가를 찾아가 모래 놀이를 충분히 경험하도록 해주세요.

놀이 과정

- ✔ 아이와 함께 모래 놀이를 할 수 있는 곳에 가봅니다. 모래와 물을 섞었을 때, 다양한 질감을 경험할 수 있으며 모양을 만들고 변형시키는 것이 더 재미있습니다. 물과 모래를 함께 사용할 수 있는 곳을 찾아보세요.

  "여기 모래가 많이 있네. 모래 만져볼까?"

  "느낌이 어때? 엄마는 모래가 부들부들 부드러운 것 같아."

- ✔ 모래를 가지고 놀이하는 모습을 언어로 표현해주세요. 모래를 담을 수 있는 그릇이나 삽을 이용하면 더 다양하게 놀이할 수 있습니다.

"그릇에 모래를 가득 담았구나."

"가득 담아서 와르르 쏟았네? 포클레인이 와르르 쏟은 것 같네."

✔ 부모도 함께 모래 놀이에 참여하세요. 아이의 놀이를 옆에서 지켜보는 것보다 함께 놀이 참여자가 되었을 때, 아이들은 더 즐거움을 느끼고 집중시간이 길어집니다.

"엄마는 모래로 성을 만들고 있어. 높이 높이 쌓아봐야지!"

"○○이도 모래가 점점 높아지고 있는데? 우리 하늘 높이까지 쌓아볼까?"

놀이 확장

✔ 자동차를 좋아하는 아이라면, 모래 놀이할 때 포클레인 등 공사장 자동차 장난감을 가져가주세요. 공사장에 온 것처럼 상상 놀이하며 놀이할 수 있습니다.

"포클레인 아저씨~ 여기 덤프트럭에 모래 좀 담아주세요."

"덤프트럭에 모래가 가득 쌓였으니 배달 좀 다녀올게요!"

✔ 보물찾기 놀이를 해보세요. 모래 속에 작은 동물 모형이나 미니 자동차들을 숨기고 아이에게 찾도록 해보세요. 아이가 살짝 땅을 파서 찾을 수 있을 정도로 숨겨주면, 찾고 숨기는 과정에 흥미를 느낄 수 있답니다.

"꼭꼭 숨어라~ 어디 어디 숨었나~"

"아기 토끼가 어디에 숨어있지? 모래 속에 어디 숨어있을까? 찾았다!!"

주의사항

- **모래가 싫은 아이, 천천히 준비할 수 있도록 기다려주세요.**

  모래가 손에 묻고, 발에 묻는 것을 싫어하는 아이들이 있습니다. 그런 아이에게 억지로 강요하거나 억지로 노출시키는 것은 부정적인 경험으로 쌓여 묻는 것을 더 싫어하게 만들 수 있습니다. 아주 천천히 경험하며 자연스러워질 수 있도록 도와주세요. 부모가 모래를 밟고 만지는 모습을 먼저 보여주는 것이 가장 효과적입니다. 아이를 안아서 모래를 살짝 만져볼 수 있도록, 숟가락으로 퍼서 그릇에 담아볼 수 있도록 도와주세요. 조금씩 즐겁게 놀이해본 경험이 쌓이면 모래에 대한 생각이 긍정적으로 변화될 것입니다.

24~30개월 소근육, 집중력 발달을 위한 끈 꿰기 놀이

피스타는 여러 가지 모양이 있고 단단해서 놀잇감으로 활용하기에 좋습니다. 특히 가운데 구멍이 뚫려있는 펜네는 끈을 끼우며 놀기에 딱 좋습니다. 가운데 철사가 들어있는 모루를 끈으로 사용하면 더 어린 아이들도 구멍 사이로 쉽게 끼우는 것이 가능합니다. 구멍 사이로 모루를 끼워 넣으면서 손과 눈의 협응력이 발달하고, 소근육 조절능력이 발달하며, 집중력을 향상시킬 수 있습니다.

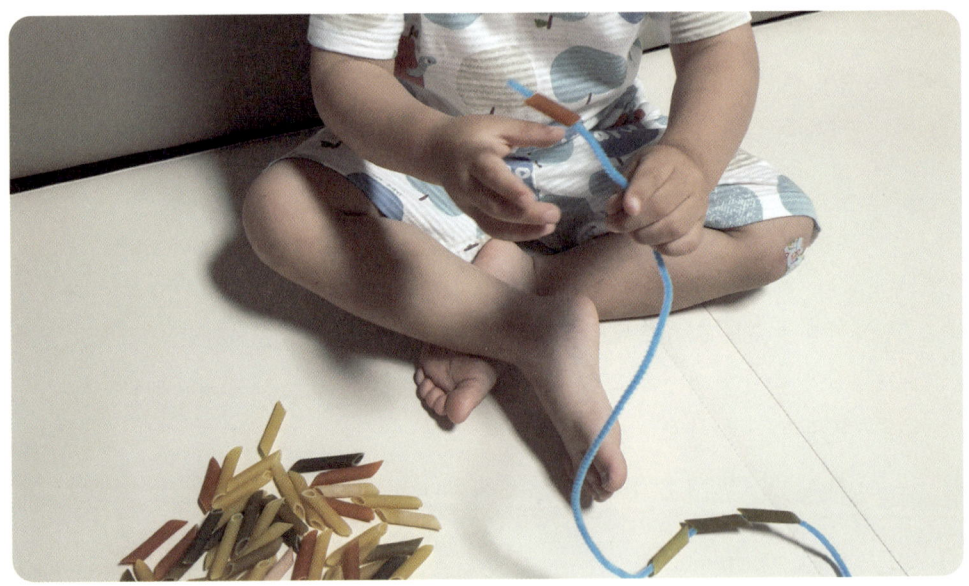

🐎 놀이 과정

- ✔ 구멍이 뚫린 파스타 면(마카로니, 펜네, 로델레, 리카토니 등)과 모루를 준비해주세요. 모루 끝부분에 철사가 튀어나와 있을 수도 있으니 끝부분을 테이프로 마감하거나 잘 둥글려주면 안전하게 놀이할 수 있습니다.
- ✔ 모루에 파스타 면을 끼우며 놀이해봅니다.

  "이 구멍에 끈을 쏙쏙 넣을 수 있을까?"

  "점점 많이 들어와서 끈이 가득 차고 있네. 이제 몇 개만 더하면 꽉 차겠는걸?"

✔ 파스타 면을 끼운 모루 양 끝부분을 잘 꼬아 목걸이를 만들어보세요.

"이렇게 동그랗게 묶으면 짠! 목걸이가 됐네?"

"잘 어울리나 목에 걸어볼까?"

놀이 확장

✔ 파스타 면을 소꿉놀이 재료로 활용해보세요. 숟가락이나 집게로 집어 그릇에 옮겨보기도 하고, 요리사 역할을 맡아 손님들에게 음식을 만들어줄 수도 있습니다.

"여기 식당인가요? 어떤 요리 파나요?"

"볶음밥 하나랑, 스파게티 하나 주세요. 얼마인가요?"

✔ 파스타 면으로 함께 먹을 수 있는 음식을 만들어보세요. 파스타를 물에 삶으면 어떻게 될지 예측해보며 가열 후 면의 변화를 관찰하고, 소스와 버무려 맛있게 먹어보세요.

"우리가 목걸이 만들었던 파스타로 맛있는 음식 만들어볼까?"

"이걸 뜨거운 물에 삶으면 어떻게 변할까?"

"물에 삶았더니 어때? 말랑말랑해졌네? 이제 소스를 넣고 잘 섞어보자."

 주의사항

• **처음부터 도움을 주지 마세요.**
작은 구멍에 끈을 끼우는 것은 매우 큰 집중력을 요구하는 작업입니다. 파스타를 한 손으로 잡고 구멍을 눈으로 확인하고 다른 손으로 끈을 잡아 구멍 사이에 넣는 모든 과정을 아이 스스로 해볼 수 있도록 기다려주는 것이 중요합니다. 놀이 도중 도움을 요청하거나 위험한 상황이 생기면 즉각 도움을 주어야 하지만, 처음부터 "엄마가 잡아줄게. 여기 넣어봐."라고 도와주지 마세요. 스스로 생각해 방법을 찾고 원하는 것을 해결해 보는 경험이 아이의 인지 발달, 자신감 형성에 직접적인 영향을 미치게 됩니다.

24~30개월 신체, 정서 발달을 위한 이불 놀이

이불 하나로 아이와 할 수 있는 놀이가 많습니다. 이불을 넓게 펴고 아이가 누우면 이불을 돌돌 말아주세요. 이불은 너무 큰 것보다 아이용 이불이 적당합니다. 아이가 넘스로 걸어 다녀 평소 쓰지 않던 신체 근육들을 사용해볼 수 있습니다. 또한 부모와 함께 신체를 이용해 놀이하면서 즐거움을 경험하고, 서로 몸을 맞닿으면서 유대감을 형성할 수 있습니다.

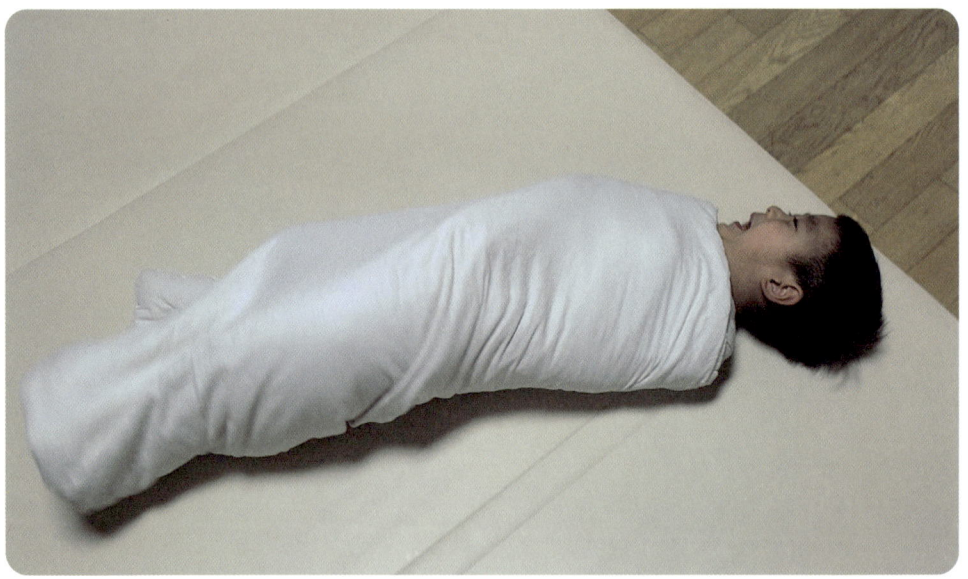

놀이 과정

- ✔ 적당한 공간을 마련해주세요. 신체 놀이하기에 충분한 매트를 준비하고, 바닥에 떨어진 것이 없도록 안전한 공간을 만들어주세요.
- ✔ 준비된 공간에 이불을 쭉 펴고 김밥을 말듯이 아이를 이불로 돌돌 말아주세요.
  "이불 김 위에 OO이를 올리고 돌돌 말아요~ 돌돌 맙니다!"
  "맛있는 김밥 팔아요~ OO이가 들어있는 맛있는 김밥입니다."
  "김밥이 데굴데굴 굴러가요. 맛있는 김밥 주문하면 쓱쓱 썰어드립니다!"
- ✔ 역할을 바꾸어 놀이해보세요.

"이번엔 엄마 김밥이에요. 엄마 김밥 좀 OO이가 돌돌 말아주세요!"

"엄마 김밥을 맛있게 쓱쓱 썰어서 아빠한테 배달 갈까?"

놀이 확장

- 이불로 썰매를 만들어보세요. 아이가 이불 위에 앉으면 이불을 끌어 썰매놀이를 할 수 있습니다. 앞에서 이불을 당기면 아이가 뒤로 넘어가게 되니, 이불을 꼭 잡을 수 있도록 안내해주세요.

  "이불 썰매가 준비되었어요. 썰매 타실 분 있으면 오세요~!"

  "자, 이불 썰매 출발합니다~ 썰매가 움직이는 동안 썰매를 꼭 잡으셔야 합니다!"

- 이불로 그네 놀이를 해보세요. 엄마, 아빠가 이불을 양쪽에서 잡고 흔들면 이불 그네 놀이를 할 수 있습니다. 아이가 어지럽지 않을 정도로 적당히 흔들어주세요.

  "이불 그네도 준비되었어요. 가운데 누우시면 이불 그네가 출발합니다!"

  "너무 높이 올라가서 무서우면 얘기해주세요. 자, 이불 그네 출발~!"

주의사항

- **놀이의 끝맺음, 갑자기 하지 마세요.**

  이불 김밥 놀이, 이불 썰매 놀이, 이불 그네 놀이 등 이불로 신체 놀이를 하다 보면 아이는 너무 즐거워 흥분상태가 됩니다. 아이는 너무 재밌어서 또! 또! 또 해주기를 원할 것입니다. 부모는 충분히 했다 생각해서 "이제 많이 했어. 그만하자." 얘기한다면 어떤 아이도 받아들일 수 없습니다. 아이가 놀이의 끝을 준비할 수 있도록 도와주어야 합니다. "이제 잘 시간이 다가오고 있어. 몇 번 더하고 멈출 수 있을까?", "그래, 그럼 지금부터 5번 더 하고 이제 그네는 멈춰요.", "이제 2번 남았어요."와 같은 과정을 통해 스스로 멈출 수 있도록 도와주세요.

24~30개월 신체, 심미감 발달을 위한 구슬 놀이

상자와 구슬이 만나면 재미있는 물감 놀이를 할 수 있습니다. 상자 안에 물감을 떨어뜨리고 구슬을 넣어 이리저리 굴려보세요. 구슬이 움직이며 물감을 이리저리 옮겨 그림이 그려지는 모습을 관찰할 수 있습니다. 구슬을 직접 만지지 않고 상자를 이용해 놀아보면서 신체조절능력을 키우고, 형태의 변화, 색의 혼합 등 심미적 경험도 할 수 있습니다.

놀이 과정

✔ 아이가 두 손으로 잡고 움직이기에 적당한 크기의 상자를 준비해주세요. 상자 안에 도화지를 넣고, 물감을 3~4방울 떨어뜨린 후 그 위에 구슬을 넣어주세요. 상자와 같은 크기의 도화지를 잘라 넣으면 도화지를 빼기 어려워 빈 그림을 그릴 수 있답니다.

✔ 아이가 흥미를 보일 수 있도록 함께 이야기를 나누어 주세요.
  "구슬로 그림을 그리고 싶은데, 손으로 만지지 않고 그릴 수 있을까?"
  "어떻게 하면 구슬로 그림을 그릴 수 있을까?"

"우와, 상자를 움직이니까 그림이 그려지는구나!"

✓ 아이와 함께 구슬을 움직여보세요. 구슬이 움직이며 물감이 번지는 모양, 색이 섞이는 모습 등을 이야기해주세요.

"파란 물감이 지나가니 파란 줄이 쭉~ 생겼어!"

"노란 물감이랑 만났더니 초록색이 생겼나 봐!"

"여긴 세모 모양이 생겼고, 여긴 거미줄 같기도 하네."

놀이 확장

✓ 그림을 말린 후 아이와 관찰해보세요. 어떤 모양으로 보이는지, 어떤 도형이 숨어 있는지 등등 안에 숨겨진 그림을 찾아볼 수 있답니다. 내가 찾은 그림을 색연필로 칠해보면 또 다른 그림을 완성할 수 있어요. 아이들과 함께 만든 작품은 꼭 가족 모두가 잘 보는 곳에 게시해주세요. 나의 작품을 감상하며 심미감, 성취감을 느낄 수 있습니다.

✓ 막대자석과 구슬자석 혹은 클립을 이용해 그림을 그려보세요. 자석에 붙는 구슬자석이나 클립을 상자 안에 넣고 자석을 상자 밑에서 움직이면 자석의 힘으로 그림을 그릴 수 있습니다. 구슬 그림에 흥미를 보인다면 자석을 이용해 그림을 그려보세요.

"이 막대로 상자 안에 있는 클립을 움직일 수 있을까?"

"상자 밑에서 움직이면 상자 안에 있는 클립들이 물감으로 그림을 그릴 수 있대!"

 주의사항

- **방법을 정해두지 마세요.**
  상자를 움직이며 구슬로 그림을 그릴 수 있다는 것을 알고 준비했지만, 아이들은 다른 방법을 생각해 낼 수도 있습니다. 그냥 손으로 잡고 문지를 수도 있고, 막대를 가져와 구슬을 쳐보는 아이도 있습니다. 아이들이 어떤 생각을 하고 어떤 시도를 하든 그대로 인정해주는 것이 가장 중요합니다. 정해진 답이 없는 놀이를 할 때 아이들의 창의성과 사고력이 발달할 수 있답니다.

24~30 개월 인지 발달을 위한 경사로 놀이

자동차가 저절로 굴러갈 수 있는 경사로를 만들어 재미있는 놀이를 할 수 있습니다. 집에 있는 미끄럼틀을 활용해도 되고, 든든한 박스를 이용해 경사로를 만들어주어도 좋습니다. 자동차를 그대로 내리막에 굴러가는지, 어떻게 하면 멀리 갈 수 있는지 실험해볼 수 있는 기회를 주세요. 경사로의 재질을 다양하게 만들어준다면, 어떤 길에서 더 멀리 가는지 비교해보는 경험도 할 수 있습니다.

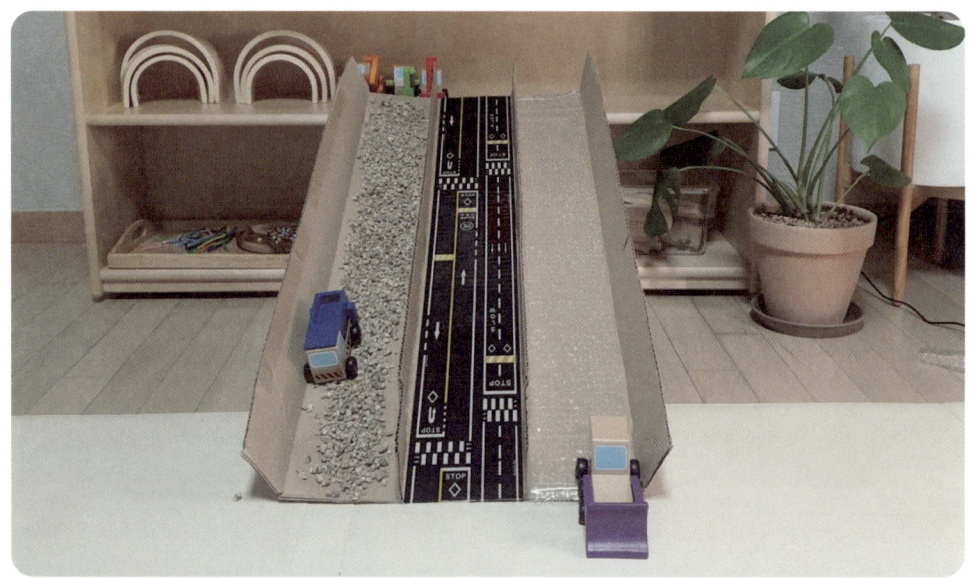

놀이 과정

- ✔ 박스지나 매트, 미끄럼틀을 이용해 경사로를 만들어주세요. 다양한 길을 만들 때는 박스지에 자갈, 테이프, 안전포장지, 천, 빨대 등 마찰력이 다른 길을 만들어주세요. 박스지에 붙일 때는 양면테이프 혹은 목공 풀을 이용해서 붙이면 됩니다.
- ✔ 아이와 함께 경사로에서 자동차를 굴려보세요. 경사로에서 자동차가 어떻게 내려가는지 이야기 나누어주세요.

    "여기 내려가는 자동차 길이 생겼네?"

"자동차 굴려볼까? 내려가는 길에서는 어떻게 갈까?"

"우와, 미끄럼틀 타는 것처럼 빨리 내려가는데? 저 멀리까지 갔는데?"

✔ 다양한 길에서 자동차를 굴려보며 차이를 비교해보세요.

"어떤 길에서 제일 멀리까지 가는지 볼까?"

"어떤 길에서 가장 잘 갈 것 같아?"

"하나, 둘, 셋~ 출발! 이 자갈길에서는 자동차가 천천히 내려가네?"

놀이 확장

✔ 다양한 길에서 자동차를 굴려보며 "가장 멀리", "가장 빨리"의 개념을 경험할 수 있도록 어떤 자동차가 가장 멀리 갔는지, 가장 빨리 갔는지 비교하며 놀이해보세요.

"어떤 자동차가 가장 멀리 갔는지 찾아볼까?"

"어떤 길에서 가장 빨리 달려간 것 같아?"

✔ 자동차를 가지고 밖에 나가보세요. 놀이터 혹은 산책로에서 다양한 재질의 경사로를 찾아 자동차를 굴려보세요.

"놀이터에도 내려가는 길이 있을까? 자동차를 어디에서 굴려볼까?"

"여기 미끄럼틀에 내려가는 길이 있었구나? 여기에서 얼마나 빨리 가는지 굴려볼까?"

주의사항

- **실험의 결과보다는 과정에 집중하도록 도와주세요.**
  어떤 길에서 가장 빨리 가는지 찾기 위해 놀이하는 것이 아닙니다. 다양한 길이 있음을 알고, 길의 종류에 따라 굴러가는 속도의 차이가 있음을 경험하는 것으로 충분히 많은 것을 알게 될 것입니다. 정답을 찾고 결과를 알아가는 것보다 "왜 그럴까?", "어떻게 될까?", "어떻게 생각해?"와 같은 개방적 질문을 많이 활용해 스스로 생각하고 예측해보고 궁금해할 수 있는 태도를 가질 수 있도록 도와주세요.

24~30개월 신체 발달을 위한 발자국 놀이

놀이 매트에 발자국을 붙여주세요. 발자국에 따라 신체를 움직여볼 수 있도록 발을 벌리고 선 모양과 오므린 모양을 번갈아 붙여주세요. 붙여진 발자국을 보고 어떤 동작을 의미하는지 이해하고 발자국에 따라 신체를 조절해보는 힘힘을 될 수 있습니다.

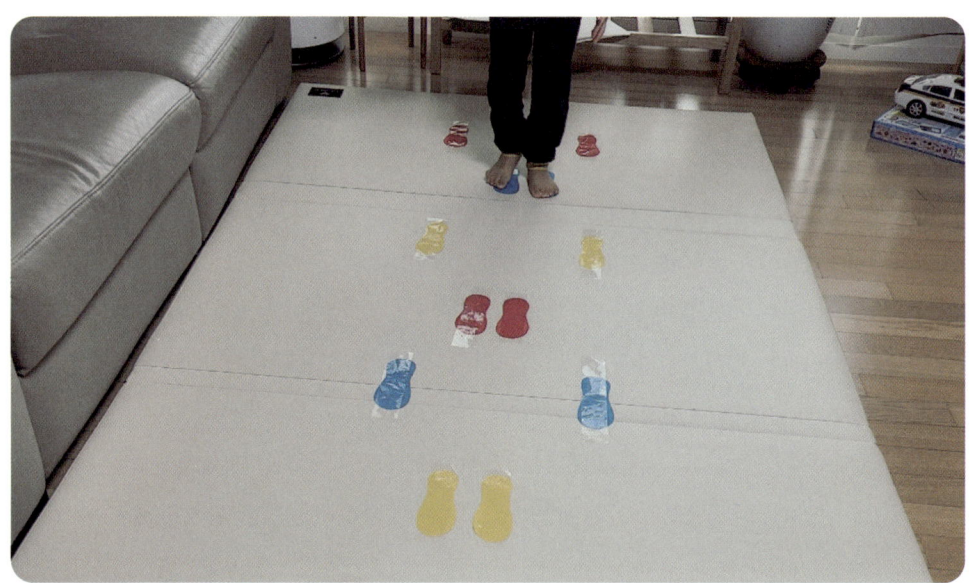

놀이 과정

- ✔ 색종이를 이용해 발자국 모양을 여러 장 잘라주세요. 발자국 모양을 아이의 보폭에 맞게 놀이 매트에 붙여 준비해주세요. 아이의 신체 발달 수준을 고려하여 발자국을 붙여주면 좋습니다. 두 발로 뛰기를 여러 번 할 수 있는 아이라면 두 발을 모은 발자국을 낱낱이 붙여주어도 됩니다.
- ✔ 아이가 관심을 보이면, 간단한 규칙을 설명해주세요.
  "매트에 발자국이 붙어있지? 발자국을 따라서 가보는 거야."
  "발자국 따라서 발을 벌리고 발을 모으고 할 수 있을까?"
- ✔ 아이와 함께 발자국을 따라 뛰어보세요. 모델링이 필요하다면 엄마가 먼저 시범을

보여주고, 혼자 뛰는 것이 어렵다면 손을 잡아 도와주세요.

"엄마가 먼저 해볼게. 한번 봐봐. 발을 모으고 다시 벌리고 점프!"

"엄마가 손잡아줄게. 자, 발을 모으고 이번엔 벌리고, 다시 모으고!"

놀이 확장

- 아빠가 아이를 안고 발자국을 따라가 보세요. 아빠와의 유대감을 형성할 수 있는 좋은 기회가 된답니다.

  "이번엔 아빠랑 같이 출발합니다! 아빠가 OO이를 안고 발자국을 따라 출발~!"

  "아빠가 안아서 가니까 기분이 어때?"

- 그대로 멈춰라~! 놀이를 해보세요. "즐겁게 춤을 추다가 빨간 발자국 위에 멈추세요!", "즐겁게 춤을 추다가 파란색 발자국 위에 서세요!" 규칙에 따라 멈추는 놀이를 하다 보면, 지시에 따라 몸을 움직여보고 색깔을 듣고 인지해보는 경험을 할 수 있답니다.

주의사항

- **틀렸다고 하지 마세요.**
  발자국을 따라 뛰어보는 놀이가 아이들의 신체 발달 수준에 쉽지 않을 수 있습니다. 정확히 발자국을 따라 뛰지 않더라도 눈으로 본 발자국 모양을 따라서 신체를 조절해보는 경험만으로 새로운 자극이 될 수 있으므로 그 과정 자체를 인정해주면 됩니다. "아니지~ 발을 벌려야지.", "그렇게 하는 게 아니야." 등의 부정적인 피드백보다는 "잘하고 있어.", "발을 바꾸면서 뛰는 게 쉽지는 않지?"와 같이 응원의 말을 건네주세요.

24~30개월 소근육, 심미감 발달을 위한 솔방울 놀이

부모와 길에서 주운 자연물은 아이들에게는 소중한 보물과도 같습니다. 내가 주운 소중한 보물로 만들기를 할 수 있다면 아이들은 자연물에 더 많은 관심을 가지게 됩니다. 길에 떨어진 솔방울을 주워 그림으로 색칠해보세요. 종이에 그리는 것과 다르게 입체물에 물감을 칠하는 경험을 통해 손가락 힘을 더 기를 수 있습니다. 또한 솔방울이 알록달록 변해가는 것을 보며 심미감, 즐거움을 느낄 수 있답니다.

놀이 과정

✔ 칫솔과 같은 작은 솔을 사용해 주운 솔방울에 묻어있는 흙을 잘 털어주세요. 솔방울과 함께 물감과 붓, 색칠한 솔방울을 담을 그릇을 준비해주세요.

 "우리가 주워 온 솔방울에 흙이 묻어있네. 이 솔로 깨끗하게 닦아줄까?"

✔ 아이와 함께 솔방울을 색칠해봅니다. 솔방울을 한 손으로 잡고 구석구석 붓을 집어넣어 칠해야 색이 골고루 칠해지며, 물감에 물을 섞지 않고 칠해야 색이 잘 나타납니다.

"솔방울에 물감을 칠해볼까? 어떤 색으로 칠하고 싶어?"

"한 손으로 솔방울을 잘 잡고 꼼꼼히 칠하고 있구나."

"솔방울이 점점 알록달록해지고 있네."

✔ 다 칠한 솔방울을 말리며 색의 변화에 대해 이야기 나누어보세요.

"아까는 솔방울이 다 같은 색이었는데, ○○이가 물감을 칠해주었더니 이제 다 다른 색이 되었어. 색깔을 칠해놓으니 솔방울이 더 예쁜데?"

놀이 확장

✔ 색칠한 솔방울을 투명한 통에 담아 악기를 만들어보세요. 알록달록한 솔방울이 담긴 통을 흔들거나 두드리며 노래를 불러보세요.

"통 안에 솔방울이 움직이면서 소리가 나네."

"나비야~ 나비야 이리 날아오너라~ ○○이가 만든 솔방울 악기를 연주하면서 노래 부르니 더 신난다!"

✔ 솔방울에 끈을 매달아 나뭇가지에 걸어주세요. 내가 색칠한 솔방울로 솔방울 모빌을 만들 수 있습니다. 끈에 매달아 두었던 솔방울은 크리스마스가 되면 트리의 오너먼트로 활용할 수도 있답니다.

24~30개월

주의사항

• **아이가 주워 온 소중한 보물들을 버리지 마세요.**
아이는 길에서 주운 돌멩이, 솔방울 등 자연물을 주우며 마치 보물을 찾은 것처럼 기쁘고 소중한 마음입니다. 집에 가져온 자연물들이 엄마가 보기엔 더럽고 별거 아닌 것처럼 보이지만, 아이들에게는 놀이의 소재가 될 수 있고 자연에 대한 긍정적인 태도를 가질 수 있도록 도와줍니다. 깨끗이 털거나 씻어서 잘 말려주고, 바구니에 담아서 관찰할 수 있도록 해주세요. 미술 놀이에 활용하거나 돋보기로 자세히 보기도 하고, 책을 찾아보기도 하면서 자연물에 대한 흥미가 지속될 수 있도록 도와주어야 합니다.

언어 발달을 위한 폐품 놀이

24~30 개월

재활용품으로 버리는 많은 것들은 아이들에게 좋은 놀잇감이 될 수 있습니다. 우유갑, 요플레 통, 과자 박스 등을 잘 모아두면 마트 놀이에 활용할 수 있답니다. 아이와 역할을 맡아 물건을 진열하고 파는 등에 상상력을 키우고, 역할에 맞는 말을 사용하며 어휘 발달에 도움이 됩니다. 마트에서 받아온 전단지, 상자에 적혀있는 글자와 숫자는 아이들에게 언어 호기심을 자극하는 훌륭한 문해 자극이 될 수 있습니다.

🐴 놀이 과정

- ✔ 우유병, 요플레 통 등을 깨끗이 씻어 말리고, 과자 상자나 씨리얼 박스 등 입구를 다시 테이프로 붙여 새것처럼 만들어 바구니에 담아주세요. 과일 모형이나 놀이용 계산대가 있다면 함께 준비해주세요.
- ✔ 아이가 관심을 보이면 함께 물건을 사고파는 놀이를 해보세요. 아이와 마트에 갔던 경험이 떠오르도록 이야기해주면 좋습니다.

  "마트 문 열었나요? 우리 집 아기 과자랑 우유, 그리고 과일 좀 사러 왔어요."

"이 과자는 무슨 맛인가요? 얼마예요?"

"전에 마트 갔더니 담을 수 있는 가방이 있던데, 물건을 어디에 담나요?"

✔ 과자 봉투에 쓰여있는 글자나 숫자에 아이가 관심을 가질 수 있도록 도와주세요. 놀이를 통해 자연스럽게 문해 환경에 노출되며, 글자와 숫자가 의미하는 바를 이해할 수 있답니다.

"이 과자는 이름이 뭔가요? 아 여기 '빼빼로'라고 쓰여있군요."

"이 우유는 언제까지 먹어야 하죠? 며칠까지 먹으라고 적혀있던데 숫자가 쓰여있죠?"

"아, 여기 3이라고 적혀있네요. 3일까지 먹어야 하나 봐요."

놀이 확장

✔ 물건을 사기 위해 필요한 돈이나 카드를 만들어보세요. 종이를 잘라 숫자를 써보거나 글자를 적어 마트 놀이에 활용한다면 계산하는 놀이로 확장할 수 있으며, 엄마가 글자 쓰는 것을 보여주는 것도 꼭 필요한 문해 자극 중 하나입니다.

"물건을 사려면 돈을 내야 하는데, 제가 돈이 없네요. 돈을 좀 만들어 올게요."

"이건 천 원, 이건 만 원 돈이에요. 얼마짜리 내면 되나요?"

"만 원 여기 있습니다. 안녕히 계세요."

✔ 마트에서 사온 음식으로 요리하거나 상을 차리는 놀이로 연결해보세요. 놀이가 더 확장되도록 도와줄 수 있습니다.

"오늘 우리 집에 파티가 있어서, 마트에 가서 음식을 많이 사왔어요."

"음식을 많이 만들어서 손님들을 좀 초대해야겠네요."

24~30개월

주의사항

- **일상생활과 놀이는 별개가 아닙니다.**
아이와 함께 생활하는 일상이 곧 아이의 놀이능력으로 이어집니다. 아이와 마트나 빵 가게에 갔을 때, 엄마가 필요한 것만 빨리 사고 나와 버린다면 아이는 일상에서의 과정 하나하나를 경험하지 못하게 됩니다. 아이가 필요한 물건을 고르고, 가격표를 확인하고 직접 계산해보며 주의 깊게 과정을 관찰하고 경험해볼 수 있도록 도와주고 그러한 경험을 놀이로 표현할 수 있도록 해주는 것이 좋습니다.

24~30 개월 | 소근육, 심미감 발달을 위한 가을 자연물 놀이

가을이 되면 바닥에 떨어진 자연물로 아이들과 할 수 있는 놀이가 많아집니다. 나뭇잎과 열매 그리고 솔방울, 나뭇가지 등을 모아 두었다가 아이들과의 놀이에 활용해보세요. 알록달록 변한 나뭇잎이나 열매를 가까이에서 보고 만지며 자연스럽게 가을 느낌에 푹 빠져보며 마치 실물을 마주 할 수 있습니다.

놀이 과정

✔ 아이들과 가을 산책에서 발견한 자연물들을 바구니에 잘 모아 두세요. 자연물이 어느 정도 모이면, 지점토나 컬러 점토와 같은 반죽을 함께 내어주세요.

"우리가 주워 온 가을 자연물이 많이 모였네!"

"여기 점토에 쏙쏙 꽂아볼까?"

✔ 점토에 자연물을 꽂으며 나만의 작품을 만들어보세요. 점토에 나뭇가지를 꽂고 열매를 쏙쏙 박으면 잘 고정되어 쉽게 작품을 구성할 수 있습니다.

"나뭇가지를 많이 꽂으니 나무가 서 있는 것 같네."

"밑에는 열매도 쏙쏙 많이 붙였구나!"

✔ 내가 만든 작품에 이름도 지어보고, 스스로 설명할 수 있는 기회를 주세요. 스스로의 작품을 설명하는 과정을 통해 만족감을 느끼고 내가 만든 작품에 대한 애정을 느낄 수 있습니다.

"○○이가 만든 작품 소개해줄 수 있니? 어떤 것들로 만든 건지 소개해줄래?"

"작품 이름은 뭐라고 지으면 좋을까?"

놀이 확장

✔ 점토를 얇게 밀고 그 위에 자연물을 찍어보세요. 나뭇잎의 잎맥, 열매의 겉모양, 나뭇가지의 형태 등이 잘 드러나 점토에 찍힌 자연물의 모습을 간접적으로 표현해볼 수 있습니다. 자연물을 직접 보는 것과 또 다른 시각으로 바라볼 수 있는 기회가 된답니다.

"나뭇잎을 찍었더니 모양이 잘 보이네!"

"나뭇가지를 점토에 찍었더니 이런 모양이구나!"

✔ 자연물을 찍은 점토를 잘 말려두었다가 색을 칠해보세요. 멋진 자연물 액자를 만들 수 있습니다.

"○○이가 나뭇잎 찍어둔 거 이제 딱딱하게 잘 말랐네. 여기에 물감으로 칠해볼까?"

"물감으로 색을 칠하니 노랑 나뭇잎으로 변했네!"

주의사항

• **열매를 주울 때는 놀이에 사용할 만큼만 주울 수 있도록 도와주세요.**
가을철 떨어진 열매는 다람쥐와 같은 동물들의 소중한 먹이가 된답니다. 놀이에 필요하다고 마음껏 주워 온다면 동물들의 먹이가 없어진다는 이야기를 아이와 함께 나누어보세요. "우리가 다 가져가면 다람쥐가 추운 겨울에 먹을 게 없대. ○○이가 조금만 가져가고 다람쥐 먹으라고 다시 놓고 갈까?" 이야기해주면 동물들의 마음을 이해할 수 있게 됩니다. 이러한 경험은 동물을 사랑하고 땅에 떨어진 도토리 하나도 소중하게 생각하는 마음을 가질 수 있도록 해준답니다.

심미감 발달을 위한 채소 도장 놀이

24~30 개월

다양한 채소를 이용해 놀이하며 여러 요리하기 전 채소의 모양, 잘랐을 때의 단면, 안쪽의 색 등을 관찰할 수 있는 경험이 됩니다. 또한 채소를 싫어하는 아이들에게는 평소 쉽게 안 새로운 채소에 대해 이야기가 나누고 친숙하게 느껴질 수 있는 기회가 됩니다. 채소의 단면에 물감을 묻혀 찍어보며 재미있게 나타나는 모습이 즐거움을 줍니다.

놀이 과정

- ✔ 아이와 함께 다양한 채소를 관찰해보세요. 아이들은 평소 음식으로 만들어진 모습만 많이 보기 때문에 요리하기 전 채소의 모습을 함께 관찰해보는 것은 좋은 경험이 될 수 있습니다.

   "엄마랑 같이 채소 구경할래?"

   "이 채소는 이름이 뭘까? 이건 청경채라고 하는 거야. ○○이가 아가 때 잘 먹던 거야."

- ✔ 채소를 잘라 단면, 채소의 안쪽 모습 등을 함께 관찰해보세요. 채소를 만져보고, 냄새도 맡아보고, 먹이도 보고, 충분히 관찰하며 친숙해지도록 도와주세요.

"안에 어떻게 생겼나 잘라볼까?"

"반을 잘랐더니 구멍이 많이 보이네? ○○이가 반찬으로 먹어본 거 기억나지?"

"파프리카는 자르면 이렇게 안에 씨도 들어있어. 냄새 맡아볼래?"

✔ 자른 채소에 물감을 묻혀 도화지에 찍어봅니다.

"채소를 잘랐더니 모양이 다 다르네. 여기에 물감 묻혀서 도장처럼 찍어볼까?"

"어떤 모양이 나올까? 우와, 이건 꼭 꽃 모양 같은데?"

놀이 확장

✔ 물감이 다 마르면 색연필로 덧그림을 그려보세요. 색연필로 색을 칠하며 채소 도장으로 만든 모양을 다시 한번 관심 있게 볼 수 있으며, 내가 만든 작품을 이용해 연상 그림을 그려볼 수 있습니다.

"어제 우리가 채소 도장 찍은 거 다 말랐네. 색연필로 더 그려볼까?"

"파프리카 안쪽을 노란색으로 칠해줬네. 여기는 뾰족뾰족 뿔이 난 것처럼 그렸네?"

✔ 도장 찍기 했던 종류의 채소를 이용해 함께 반찬을 만들어보세요. 평소 싫어하던 채소도 더 친숙하게 느껴질 수 있습니다.

"어제 우리가 도장 찍었던 파프리카지? 오늘은 ○○이가 칼로 잘라줄래?"

"○○이가 칼로 잘라준 파프리카 넣어서 볶음밥 만들어줄게."

✋ 주의사항

• **먹기 싫어하는 음식을 억지로 먹이지 마세요.**
유아식을 시작하면 아이마다 음식에 대한 선호가 생기기 시작하는데, 편식이 없는 아이들도 있지만, 채소로 만든 음식을 거부하는 아이들도 많아집니다. 후각과 미각이 예민해 특정 음식을 거부하는 아이들에게 억지로 먹이면 부정적인 경험이 쌓여 더 힘들어하는 경우가 많습니다. 채소를 이용한 놀이나 요리 활동을 통해 여러 번 노출될 수 있도록 도와주고, 요리법을 다양하게 시도해 거부감 없이 먹어볼 기회를 주는 것이 좋습니다.

24~30개월 인지, 생활습관 발달을 위한 정리 놀이

놀이를 하며 매번 놀잇감을 정리할 수는 없지만 외출하기 전 혹은 밤에 자기 전에는 내가 놀이했던 놀잇감을 스스로 정리하는 시간이 필요합니다. 이러한 경험을 통해 내 물건을 소중하게 생각하고 챙기는 습관을 기를 수 있습니다. 또한 같은 놀잇감을 모으고 분류하여 제자리에 정리하는 과정을 통해 분류와 짝 짓기 등의 인지 발달에 도움을 줄 수 있습니다.

놀이 과정

✔ 놀이를 정리해야 하는 시간이 되면, 미리 알려주어 준비할 수 있도록 합니다.
 "이제 그 퍼즐만 맞추고 나면 정리할 거야. 정리하고 잘 시간이야."
 "이제 조금 있으면 나가야 해. 조금만 더 놀고 이제 나갈 준비하자."

✔ 치우는 시간이 되면 노래를 부르며 함께 정리해보세요. 아이가 꺼내며 놀이한 놀잇감을 아이 혼자 모두 치우는 것은 어려운 일입니다. 엄마가 함께 정리하는 모습을 보이며 정리도 놀이처럼 즐겁게 참여할 수 있도록 도와주세요.
 "모두 제자리~ 모두 제자리~ 모두 모두 제자리~"

"엄마는 이 블록을 정리할게. ○○이가 바구니 배달해줄래?"

"이 인형이 집에 좀 데려다 달라고 하는데? 집이 어디지?"

✔ 다 정리된 모습을 보며 성취감을 느낄 수 있도록 이야기를 나누어 주세요.

"○○이랑 엄마랑 힘을 합쳐서 다 정리했네!"

"장난감들아~ 이제 나도 자러 갈게. 너희도 집에서 코 자~ 내일 만나자!"

 **놀이 확장**

✔ 정리하며 수를 세거나 색을 분류해보는 게임을 해보세요. 아이가 더 즐겁게 정리에 참여할 수 있습니다.

"엄마는 5개 정리할 건데, ○○이는 몇 개 정리할래?"

"엄마는 빨간색 블록 먼저 정리할게. ○○이는 어떤 색 블록 넣어줄래?"

주의사항

- **아이 잘 때 엄마가 다 치우지 마세요.**
  많은 엄마들이 아이가 잘 때 혼자 집 안을 치우고 놀잇감을 정리합니다. 이러한 엄마들의 모습은 아이가 스스로 정리하며 정리습관을 기를 수 있는 기회, 본인의 물건을 소중하게 생각할 수 있는 기회를 빼앗아 가는 것과 같습니다. 한두 개의 놀잇감이라도 아이 스스로 정리할 수 있는 시간을 꼭 가져보세요.
- **"안 치우면 다 버릴 거야."라고 협박하지 마세요.**
  아이의 정리습관을 기르기 위해 "정리하자. 정리해. 네 물건은 스스로 정리해야지."라고 계속 잔소리를 하거나 "장난감 안 치우면 엄마가 다 버린다. 장난감 안 치우면 다른 친구 준다."와 같이 협박을 하는 부모가 있습니다. 잔소리나 협박으로는 아이의 동기를 불러일으킬 수 없습니다. 위에서 언급했듯 놀이처럼 즐겁게 정리할 수 있도록, 정리하고 싶은 마음이 생기도록 이야기해주세요.

6장

30~36개월, 엄마표 발달 놀이

이렇게 발달해요

✓ 신체 발달

- **두 가지 동작을 한꺼번에 할 수 있습니다.**

  신체 움직임이 다양해지면서 두 가지 동작을 한꺼번에 수행할 수 있을 정도로 신체 운동능력이 발달하게 됩니다. 박수를 치면서 돌기, 뛰면서 공을 던지기 등의 두 가지 동작을 한꺼번에 할 수 있게 되는데, 신체를 움직임과 동시에 머릿속에서 다른 행동을 계획하고 실행하는 것이 가능해지기 때문입니다. 이러한 신체 움직임은 신체 발달뿐 아니라 뇌 발달에도 직접적인 영향을 미치게 되므로 다양한 동작들을 시도해볼 수 있는 놀이환경을 만들어주는 것이 좋습니다.

- **신체 균형감각이 발달합니다.**

  신체운동능력이 발달하면서 신체 균형감각도 발달합니다. 몸의 중심에 힘이 들어가고 한 발을 들어도 넘어지지 않고 서 있을 정도로 균형을 잡는 것이 가능해집니다. 그로 인해 넘어지지 않고 빨리 달리는 것이 가능하고, 한 발로 뛰거나 두 발을 동시에 떼어 뛰는 동작도 가능해집니다. 계단을 오를 때에도 한 발씩 올라가던 것에서 두 발을 교대로 이동해 오르는 것이 가능해집니다. 축구와 같은 공놀이, 평균대 걸어가기 등 신체균형에 도움을 줄 수 있는 놀이를 통해 더 안정적인 신체 발달을 도와주세요.

- **손가락 힘이 세지고, 정교해집니다.**

  손가락 힘이 세지고 정확한 부분에 힘을 가해 사물을 움직이게 하는 능력이 생기면서 물병 뚜껑과 같이 돌려서 열어야 하는 뚜껑을 열 수 있게 되고, 문고리를 돌려 앞으로 잡아당기며 문을 여는 것이 가능해집니다. 또한 크레용을 손바닥으로 쥐고 끼적이던 것에서 점차 손가락으로 잡고 원하는 방향으로 선을 그을 수 있게 됩니다. 30개월이 지나면 완벽하지 않지만 동그라미 형태의 모양을 그리는 것도 가능해집니다. 또한 가위를 사용해 종이를 자르는 것이 가능해지므로 성인의 도움을 받아 안전가위를 사용해볼 수 있습니다.

✅ 언어 발달

- **명사와 동사 외에 전치사, 복수형 단어를 사용할 수 있습니다.**

  명사와 동사를 이용해 문장을 구사하던 아이들은 30개월경이 되면 점차 '위', '안'과 같은 위치를 나타내는 전치사, '그리고'와 같은 접속사, '들'과 같은 복수형 단어를 사용하기 시작합니다. 따라서 이 시기의 아이들에게는 말을 할 때, 좀 더 복잡한 형태의 문장을 사용해 다양한 문장을 경험할 수 있도록 도와주는 것이 필요합니다. 사용하는 어휘가 늘어나면서 "토끼 2개가 집 위에 있어."와 같이 오류를 범하는 경우가 많은데, 아이들이 범하는 오류를 틀렸다고 지적하며 고쳐주기보다는 "그러네, 토끼 두 마리가 집 안에서 놀고 있네."와 같이 올바른 문장으로 다시 이야기해주면 됩니다.

- **경험했던 것을 말로 표현할 수 있습니다.**

  장기기억이 발달하고 언어능력이 발달하면서 경험했던 것을 기억해 이야기하는 것이 가능해집니다. "했었어"와 같은 과거형 문장을 사용하기도 하고, "그다음에"와 같이 순서대로 경험을 이야기하기도 합니다. 그러나 여전히 자기중심적인 사고를 하므로 의미 있었던 일을 중심으로 이야기하거나 주관적인 판단에 의해 이야기하는 경우가 많습니다. 경험을 좀 더 구체적이고 객관적으로 표현할 수 있도록 대화의 파트너가 되어 "그다음엔 어떤 일이 일어났어?", "그래서 어떻게 되었어?"와 같이 적절한 질문을 해주는 것이 중요합니다.

- **좋아하는 책의 내용을 기억하고, 책을 읽는 척하기도 합니다.**

    책에 대한 선호가 분명해지고, 좋아하는 책을 반복해서 읽게 됩니다. 이 시기의 아이들은 책을 반복해서 읽다 보면 책의 내용을 통째로 외우기도 하는데, 그림을 보며 기억하고 있는 책의 내용을 말하거나 책을 읽는 척하기도 합니다. 이렇게 책을 주도적으로 읽어내는 모습을 지지하고 격려한다면 추후 책을 더 좋아하고, 스스로 선택해 읽고자 하는 동기를 불러일으킬 수 있습니다.

✅ 인지 발달

- **문제를 해결하기 위해 여러 가지 방법을 시도합니다.**

    손이 닿지 않는 위치에 있는 장난감이 꺼내고 싶을 때, 퍼즐을 맞추는데 잘 안 될 때 등 어떠한 문제에 맞닥뜨렸을 때, 문제를 어떻게 해결할 수 있을지 이리저리 궁리하며 방법을 찾는 모습을 보입니다. 발판을 가져와 밟고 올라가 원하는 물건을 꺼내기도 하고, 퍼즐 조각을 이쪽저쪽으로 돌리거나 뒤집어 보는 등 여러 가지 방법을 생각해내고 시도하고자 합니다. 이러한 문제해결능력은 스스로 생각해볼 수 있는 기회가 주어졌을 때, 더 발달할 수 있습니다. 매 순간 부모가 먼저 도움을 주거나 문제를 해결해주지 말고 아이 스스로 고민하고 생각해 방법을 찾을 수 있는 기회를 주는 것이 필요합니다.

- **간단한 규칙을 이해하고 따를 수 있습니다.**

    일상생활에서 경험했던 여러 일 중 되는 것과 안 되는 것을 구분할 수 있고 스스로 행동을 조절하려는 모습이 나타납니다. 돌을 던진 후 안 되는 행동임을 알기 때문에 엄마를 쳐다본다든지, 돌을 던지려고 하다가 안 되는 것을 떠올리고 던지는 행동을 멈추는 등 스스로를 조절하기도 합니다. 또한 그네를 타기 위해 순서를 기다려야 한다는 것, 친구가 놀잇감을 쓰고 있으면 기다려야 한다는 것과 같이 간단한 규칙을 이해하고 따를 수 있게 됩니다.

- **전체와 부분의 관계를 이해할 수 있습니다.**

  호기심을 가지고 세상을 탐색해나가는 아이들은 점차 작은 변화를 인지하고 구체적인 차이를 알아내는 등 뛰어난 관찰능력을 갖게 됩니다. 이러한 관찰능력의 발달로 인해 사물의 작은 부분만 보고 전체를 유추하거나 전체 안에서 부분을 찾아낼 수 있습니다. 또한 작은 변화도 알아채고 원래 사물이 있었던 자리, 원래 사물의 모습 등도 잘 기억할 수 있습니다. 따라서 이 시기에는 전체와 부분을 연결하는 능력, 일대일 대응, 분류하기 등의 개념을 경험할 수 있도록 도와주는 것이 좋습니다.

- **목표를 달성하기 위해 노력하고 잘 해내고 싶어 합니다.**

  30개월경이 되면 어떠한 일을 잘 해낸 경험이 하나둘 쌓이기 시작합니다. 혼자서 옷을 입었던 경험, 혼자 바지를 벗고 쉬를 해본 경험, 퍼즐을 완성해본 경험 등 스스로 무언가를 위해 노력하고 노력한 것을 인정받은 경험을 통해 성취감이 쌓이고 자존감이 높아집니다. 이러한 경험을 통해 점차 아이들은 목표가 생기고 그것을 잘 해내고 싶어 하는 마음이 생깁니다. 물론 마음이 앞서 실패를 경험하기도 하고 좌절감에 화를 내기도 합니다. 이때 부모는 실패와 좌절로 화를 내거나 포기해버리는 태도보다는 노력하는 마음, 잘하려는 마음을 인정해주고 결과보다는 과정 자체를 즐길 수 있는 태도를 갖도록 격려해주어야 합니다.

✓ 사회·정서 발달

- **다른 사람에게 인정받고 싶은 욕구가 생깁니다.**

  다른 사람에 대한 관심 그리고 성취감을 경험하면서 다른 사람에게 인정받고자 하는 욕구가 생겨납니다. 퍼즐을 다 맞춘 후 엄마를 쳐다보거나, 밥을 다 먹은 후 다 먹은 그릇을 선생님에게 보여주는 등의 행동이 인정받고 싶은 욕구를 나타내는 것입니다. 이러한 시기에 타인으로부터 받는 인정은 자존감 형성에 직접적인 영향을 미치게 됩니다.

- **또래와의 갈등상황에서 성인의 도움으로 문제를 해결할 수 있습니다.**

  또래와 함께 놀이하는 시간이 생기고, 또래와 놀잇감 분쟁 등으로 갈등상황이 많이 일어납니다. 30개월 이전에는 상황에 대한 설명을 잘 이해하지 못하고 자신의 생각을 말로 표현하는 것도 쉽지 않기 때문에 갈등상황을 해결하기보다는 대처하는 방법으로 접근했습니다. 그러나 30개월이 지나면 간단한 규칙이나 순서를 이해하고, 상황에 대한 이해력이 증가하면서 "어떻게 해야 할까?", "친구한테 뭐라고 말해야 할까?"와 같이 간단한 질문에 대해 해결책을 생각해낼 수 있게 된답니다.

- **좋아하는 또래가 생깁니다.**

  좋고 싫음에 대한 감정을 표현하고 좋아하는 음식, 좋아하는 장난감이 생기듯이 친구에 대한 선호도 생겨납니다. 함께 재미있게 놀았던 경험이 있거나, 맛있는 간식을 나누어 먹었던 경험이 있거나 또는 내가 좋아하는 옷을 입었기 때문에 등의 주관적인 이유로 특별히 좋아하는 친구가 생기게 됩니다. 친구에게 좋아하는 마음을 표현하기 위해 얼굴을 쓰다듬거나 껴안는 등 행동으로 표현하며, 친구를 위해 간식을 챙기기도 하는 모습이 나타납니다.

- **다른 사람을 위로하기 위한 적절한 방법을 시도합니다.**

  다른 사람의 표정이나 기분 등을 살피고 겉으로 드러나는 모습을 통해 그 사람의 마음을 이해할 수 있습니다. 친구가 넘어져서 울거나 속상해서 울면 친구의 마음을 공감하는 것에 그치지 않고 그 친구의 마음을 위로할 방법까지 생각할 수 있게 됩니다. 친구를 위로하기 위해 눈물을 닦을 휴지를 가져오거나 친구를 기쁘게 해주기 위해 간식을 내미는 등의 행동을 통해 위로의 마음을 건넬 수 있게 됩니다.

이렇게 놀아주세요

놀이 코칭 1 ▶ 언어를 얼마나 이해하는지 확인해주세요.

24개월이 지나면 표현 언어가 증가하기 시작하지만, 언어 발달 수준을 파악하기 위해서는 표현 언어가 얼마나 되느냐보다 얼마나 많은 언어를 이해하는지, 즉 수용언어가 얼마나 되는지가 더 중요합니다. 24~36개월 사이에 말이 트이지 않아 걱정된다면, 먼저 언어이해력 수준을 파악하고 말을 이해하고 지시에 따를 수 있는지 체크하세요. 언어이해력이나 인지 발달 수준에 문제가 없다고 판단되면 36개월까지는 기다려보는 것이 좋습니다. 36개월이 지난 후에도 표현할 수 있는 어휘가 없다면 전문가의 도움을 받아보는 것이 필요합니다.

놀이 코칭 2 ▶ 상상 놀이, 역할놀이가 풍부해지도록 관련된 경험을 함께 해주세요.

아이가 특별히 자주 하는 놀이나 좋아하는 놀이가 있습니다. 아이가 좋아하는 놀이를 지속하고 확장할 수 있도록 관련된 경험을 함께 해주면 놀이가 더 풍부해질 수 있습니다. 예를 들어, 반죽으로 쿠키 만들기 놀이를 좋아하는 아이라면 밀가루, 달걀, 버터 등을 이용해 부모와 함께 쿠키를 만들어보는 것입니다. 이러한 경험을 통해 아이는 놀이하면서 요리에 필요한 재료를 챙기고, 계량하고, 구워지는 시간을 계산하는 등 더 구체적으로 표현할 것입니다. 탈것을 좋아하는 아이라면, 함께 버스를 타보고 지하철을 타보며 직접 경험하게 해주세요. 관련된 책을 함께 보는 것도 좋지만 직접 버스를 기다려보고 돈을 내어보고, 목적지에서 내려보는 경험을 더 오래 기억하며 놀이에서도 표현할 수 있습니다.

▶ 놀이 코칭 3 ▶ **과정을 인정하고 격려해 성취감을 느낄 수 있도록 도와주세요.**

알 수 있는 것이 많아지면서 잘하고 싶은 마음도 커집니다. 이런 시기에 부모가 잘 해낸 것, 성공한 것에 의미를 부여한다면 아이는 점차 결과에 집착하는 모습을 보이게 됩니다. 따라서 결과보다는 과정을 즐기고 스스로 노력한 부분에 성취감을 느낄 수 있도록 격려해주는 것이 중요합니다. "잘했네", "멋지네", "해냈구나"라는 피드백보다는 "열심히 칠했네.", "힘들어도 참고 해냈구나.", "어제보다 더 나아졌구나."와 같은 구체적인 과정에 대한 피드백을 주는 것이 아이의 자존감을 높이고 자신감을 가질 수 있도록 도와준답니다.

▶ 놀이 코칭 4 ▶ **또래와의 갈등상황을 잘 해결해볼 수 있도록 도와주세요.**

점차 또래와 어울려 놀이할 기회가 많이 생기는데, 많이 놀다 보면 갈등상황도 많이 일어나게 됩니다. 아직 타인의 마음을 이해하고 타인을 위해 내 행동을 조절하는 것이 어려운 시기이기 때문에 여러 가지 갈등상황이 생기게 됩니다. 그런데 이러한 갈등상황이 잘 해결되지 않은 채 부정적인 경험으로 쌓인다면 '친구는 불편한 상대'라는 인식이 생기고, 친구와 어울리기를 거부하기도 합니다. 또 친구와 노는 것보다는 혼자 놀이하는 것이 더 좋은데 주변에서 친구와 어울리기를 강요해 이러한 갈등을 겪는다면 더욱 '친구는 불편하다'고 생각할 수 있습니다. 또래와 갈등상황이 생긴다면 꼭 성인의 중재하에 스스로의 마음을 표현하고 문제를 해결해볼 수 있도록 도와주는 과정이 필요합니다.

이런 놀잇감을 준비하세요

- **신체 발달을 위한 놀잇감**

  신체 유능감을 통해 성취감을 느끼는 시기이므로, 목표물을 향해 공을 던지거나 발로 차는 놀이, 균형을 잡고 통나무를 건너가는 놀이 등 성취감을 느낄 수 있는 신체 놀이를 해주면 좋습니다. 소근육 발달을 위해서는 가위, 망치, 젓가락, 붓, 스프레이 등의 도구를 사용해 사물을 원하는 방향으로 움직여볼 수 있도록 해주세요. 전분 반죽, 거품 등의 감각 놀이를 통한 신체 자극도 필요하므로 충분한 감각 놀이용 재료와 공간을 마련해주는 것이 필요합니다. 아이가 잘 노는 곳에 항상 색연필, 색종이, 도화지, 수수깡과 같은 미술용품을 놔주어 수시로 소근육을 사용해 놀이할 수 있는 재료들을 제공해주는 것도 신체 발달을 위해 좋습니다.

- **언어 발달을 위한 놀잇감**

  아이의 언어표현력이 폭발적으로 증가하는 시기이므로 놀이를 통해 말을 많이 표현할 수 있는 놀잇감이 필요합니다. 역할놀이를 하며 역할에 맞는 이야기를 해보는 것, 내가 경험하고 기억하는 말을 표현해보는 과정이 아이들의 언어 발달을 가장 많이 도와줄 수 있으므로 역할놀이와 관련된 놀잇감을 많이 준비해주세요. 병원 놀이를 위한 약병과 청진기, 소꿉놀이를 위한 과일 모형과 그릇, 마트 놀이를 위한 음식이나 계산대, 자동차 놀이를 위한 자동차와 주차장, 공사 놀이를 위한 망치와 못 등이 역할놀이를 더 풍성하게 해준답니다.

- **인지 발달을 위한 놀잇감**

  이 시기의 인지 발달을 위해서는 끊임없이 사고하여 문제를 해결해보는 경험이 필요합니다. "어떻게 하면 될까?"와 같은 질문을 많이 해주어 해결책을 생각해보도록 도와주는 것이 중요합니다. 놀이를 하면서 자석의 힘, 열에 의한 물질의 변화 등을 경험할 수 있도록 자식 놀이와 요리 활동에 참여하는 것이 도움이 됩니다. 그 외에도 많고 적음을 이해하기 수에 대한 개념이 생기기 시작하므로 수와 관련된 교구, 사물의 부분과 전체를 인지할 수 있는 다양한 종류의 퍼즐, 여러 가지 모양을 합치거나 나눠볼 수 있는 끼우기 블록 등의 놀잇감이 필요합니다. 또한 놀이에 대한 선호가 생기면서 놀이에 참여하는 시간이 조금씩 길어지는데, 집중력 향상을 위해 가정 내 놀이 공간에 너무 많은 놀잇감이 있는 것은 아닌지 점검해볼 필요가 있습니다. 놀잇감의 수를 줄이고 주기적으로 놀잇감을 교체해주는 것이 아이들의 집중력을 기르는 데 도움이 됩니다.

- **사회·정서 발달을 위한 놀잇감**

일상생활에서의 경험을 구체적으로 기억하고 놀이로 표현하기 때문에, 아이가 경험한 것을 놀이로 표현할 수 있는 놀잇감을 제공해주는 것이 좋습니다. 병원에 다녀온 후 병원에서 보았던 것들(약병, 청진기, 주사기, 붕대 등)을 놀잇감으로 제공해준다면 놀이를 통해 나의 감정을 풍부하게 표현하고, 놀이 상대의 마음을 이해해볼 수 있습니다. 또래와의 갈등상황을 긍정적으로 해결해보는 기회를 갖는 것이 중요하므로, 성인의 적절한 도움을 통해 친구의 마음을 이해해보고 나의 마음을 표현해볼 수 있도록 도와주세요. 또한 물감 놀이, 스프레이 놀이, 빨래 놀이, 설거지 놀이, 전분 반죽 놀이 등을 통해 물과 거품, 반죽을 만지며 부정적 감정을 해소하고 정서적 안정을 경험할 수 있습니다.

30~36 개월 | 인지 발달을 위한 휴지 속심 놀이

크기가 일정한 휴지 속심을 모아 두면 블록과 같은 놀이가 될 수 있습니다. 블록처럼 공간을 구성하며 놀이할 수 있고, 종이로 만들어진 것이라 색칠도 할 수 있으며 테이프를 붙여 만들기에 활용할 수도 있답니다. 정해진 형태가 없이 내 생각대로 변형 가능한 개방적인 놀잇감이 될 수 있으니 휴지 속심을 버리지 말고 잘 모아 놀이에 활용해보세요.

놀이 과정

✔ 휴지 속심을 여러 개 모아 한 바구니에 담고 아이가 잘 보는 곳에 놓아주세요. 아이가 관심을 보이면 함께 놀이를 시작해보세요.
  "휴지를 다 쓰고 남은 길 엄마가 모아놨어."
  "이걸로 어떤 걸 할 수 있을까?"

✔ 아이가 생각하는 것, 표현하는 것을 인정해주고, 아이의 생각이 놀이로 잘 표현될 수 있도록 도와주세요.
  "그렇게 길게 붙이고 싶구나?"

"근데 자꾸 쓰러지는데 어쩌지? 단단하게 붙이면 좋을 텐데…"

"그래, 테이프로 붙이면 되겠네! 테이프 가져와서 붙여볼까?"

✔ 아이의 생각으로 만든 결과물을 가지고 놀이에 활용해보세요.

"길게 붙여서 자동차를 굴려보고 싶었구나?"

"진짜 긴 터널처럼 생겼네."

"엄마 자동차는 얼마나 빨리 터널을 지나가는지 한번 해볼게."

놀이 확장

✔ 엄마, 아빠도 새로운 아이디어를 더해 놀이가 더 재미있어지도록 도와주세요.

"엄마는 옆으로 붙여서 자동차 주차장을 만들어볼게."

"긴 터널을 지나 여기 주차장으로 놀러 와~"

✔ 휴지 속심으로 재미있게 놀이했다면, 다음 날 박스지를 작은 네모 모양으로 잘라서 휴지 속심과 같이 내어주세요. 번갈아 쌓아보면 휴지 속심을 높이 세울 수 있답니다. 멋진 건축물도 만들 수 있으며 몇 층까지 세울 수 있는지 수 세기도 해볼 수 있답니다.

"오늘은 엄마가 네모난 종이도 잘라왔어."

"휴지 심 위에 올리니 튼튼하게 세울 수 있겠는데?"

"우와~ 1층, 2층, 3층까지 세웠네?"

주의사항

• **모든 생각을 인정해주세요.**
엄마가 모아준 휴지 속심으로 아이들의 생각을 들어보는 과정이 중요합니다. 어떠한 생각을 하더라도 인정하고 놀이로 확장해주어야 하는 것이 부모의 역할입니다. 휴지 속심을 본 아이가 사방으로 던지기 놀이를 한다면, 누가 더 멀리 던지는지 시합을 할 수도 있고, 어떻게 하면 더 멀리 던질 수 있는지 함께 생각해볼 수 있답니다. 창의력 있는 아이로 키우고 싶다면 아이의 어떠한 생각이라도 인정해주는 것이 좋답니다.

30~36개월 소근육, 호기심 발달을 위한 나뭇잎으로 놀기

길에서 나뭇잎을 주워왔을 때 혹은 집에서 시드는 식물의 나뭇잎이 떨어졌을 때 나뭇잎에 색을 칠해 알록달록 변신시키며 놀이할 수 있습니다. 나뭇잎에 색을 칠하다 보면 그동안 보지 못했던 나뭇잎의 잎맥, 형태, 속심 등 더 다양한 것을 경험하게 됩니다. 나뭇잎에 여러 가지 색을 칠하며 소근육 힘을 기르고 심미감 및 자연을 탐구하는 태도를 기를 수 있도록 도와주세요.

놀이 과정

✔ 아이가 나뭇잎에 관심을 보이면, 함께 관찰하며 이야기를 나누어보세요.
  "○○이가 나뭇잎 주워왔구나? 둥근 모양도 있고, 뾰족한 모양도 있네."
  "나뭇잎에 알록달록 색깔을 만들어줄까?"

✔ 나뭇잎에 그리기 도구를 이용해 색을 칠해보세요. 그래파스나 파스넷처럼 색이 진하고 무른 형태의 그리기 도구가 적당하며, 나뭇잎 표면이 거칠고 두꺼울수록 잘 칠해진답니다.
  "나뭇잎 색깔이 점점 변하고 있네!"

"색을 칠하니까 잎 속에 숨어있던 무늬가 잘 보이는 것 같아."

"나뭇잎 안에도 이런 무늬가 숨어있었구나."

✔ 아이와 함께 색칠한 나뭇잎이 어떻게 변했는지 이야기 나누어보세요.

"○○이 나뭇잎은 어떤 색으로 변했어?"

"무지개 나뭇잎으로 변했구나?"

"엄마 나뭇잎은 파랑, 노란색으로 변했어~"

놀이 확장

✔ 색칠한 나뭇잎을 줄에 매달아 나뭇잎 가랜드를 만들어주세요. 아이와 놀이한 결과물을 보기 좋게 게시하면 아이에게 더 많은 성취감을 경험하게 해줄 수 있답니다.

"우리가 칠한 나뭇잎을 여기 줄에 걸어볼까?"

"이렇게 벽에 걸어놓으니 더 집이 알록달록해졌는데?"

✔ 나뭇잎에 물감을 칠하고 도화지에 찍으며 도장 찍기 놀이를 할 수 있습니다. 물감을 칠할 때는 나뭇잎 뒷부분에 칠하는 것이 잎맥이 더 잘 보인답니다.

"오늘은 물감으로 칠해볼까?"

"물감 묻은 종이에 찍어보면 어떻게 될까?"

"나뭇잎 도장이 찍혔네! 나뭇잎 모양이 잘 보인다!"

 주의사항

- **아이가 관심을 보이지 않는다면 억지로 시키지 마세요.**
  나뭇잎에 관심을 보여 색칠하자고 제안했을 때, 아이가 색칠하는 것에 흥미를 보이지 않을 수도 있어요. 그저 나뭇잎을 줍고 모으는 것에만 관심이 있었을 뿐, 칠하는 것에 흥미가 없는 경우도 있습니다. 그럴 때는 엄마가 계획했더라도 아이에게 억지로 시킬 필요는 없어요. 엄마가 칠하는 모습을 한번 보여준 것만으로도 아이에게는 충분한 경험이 될 수 있습니다. 이후 나뭇잎을 보고 칠하고 싶은 마음이 들면 스스로 그리기 도구를 가져와 칠해보기도 한답니다.

30~36개월 소근육 발달을 위한 가위 놀이

스스로 끼워 끼우기를 지키는 것이 아니라 가위라는 도구를 움직여 내가 원하는 방향으로 종이를 자르는 과정은 눈과 손의 협응력, 소근육 조절능력 및 인지 발달에 도움이 됩니다. 또한 원인과 결과에 대한 이해를 도우며, 주의를 기울여 조심하려는 태도, 집중력 향상에 긍정적인 영향을 줍니다. 가위를 이용해 종이를 자르며 놀이할 기회를 많이 주는 것이 좋습니다.

놀이 과정

✔ 아이와 함께 가위를 탐색해보세요. 아이가 관심을 보인다면, 안전하게 사용하는 방법을 알려주세요.

"이건 종이를 자를 때 쓰는 가위야. 엄마가 하는 거 한번 볼래?"

"OO이도 해보고 싶구나? 여기에 손가락을 넣고 해볼까?"

"가위는 날카로워서 손가락이 다치지 않도록 조심해야 해."

✔ 가위로 자를 때 엄마가 종이를 잡아주는 것이 좋고, 아이가 한번 가위질했을 때 종이가 쉽게 잘릴 수 있도록 종이를 가늘고 긴 형태로 제공해주는 것이 좋습니다.

"엄마가 종이를 잡아줄게. OO이가 가위로 잘라볼까?"

"우와, 종이가 싹둑! 잘렸네? 작은 조각으로 잘랐구나."

✔ 아이의 노력을 인정해주고, 가위로 잘라낸 종이들을 함께 관찰하며 이야기 나누어 보세요.

"OO이가 조심조심 가위질을 정말 열심히 했네!"

"가위로 잘랐더니 네모 모양도 생기고, 여기 세모 모양도 생겼구나!"

놀이 확장

✔ 가위로 자른 작은 조각들을 풀을 이용해 종이에 붙이거나 끈적이는 면(글래드랩, 돌돌이 테이프, 시트지 등)을 이용해 붙여보세요. 조각들을 이용해 새로운 모양을 만들어볼 수 있답니다.

"OO이가 가위로 자른 모양 여기에 붙여볼까?"

"세모 모양도 많고, 네모 모양도 많이 모였네! 세모 모양이 두 개 만났더니 나비 같다!"

✔ 긴 종이를 장난감에 둘둘 말아놓으세요. 아이가 가위로 잘라 종이 띠에 갇힌 장난감을 구출해보도록 하면 가위질에 더 흥미를 보일 수 있답니다.

"OO아, 나 좀 구해줘~ 강아지가 이 안에 갇혀서 구해달라고 하는데?"

"OO이가 가위로 잘라줬더니 강아지가 나왔네! 강아지가 '고마워~'라고 하네."

✋ 주의사항

• **가위로 놀이하는 동안 혼자 두지 마세요.**
아이가 다치지 않게 가위를 잘 사용하더라도, 36개월 이전에는 꼭 지켜봐주어야 합니다. 특히 가위를 들고 돌아다니거나 뛰지 않도록 안내해주세요.

• **위험하다고 가위 사용을 제한하지 마세요.**
아이가 가위를 사용하는 것이 너무 위험하다고 생각해 사용하지 못하도록 하는 부모가 많이 있습니다. 그러나 가위를 사용하면서 소근육 조절 및 주의력 향상에 도움이 되니, 제한하기보다는 안전하게 사용할 수 있도록 도와주세요. 유아용 안전가위를 구입하고, 쇠로 된 가위가 위험하다고 판단되면 종이만 잘리는 플라스틱 가위를 구입해보세요.

30~36 개월 인지 발달을 위한 자석 놀이

이 시기의 아이들은 다양한 사물을 경험하고, 놀이를 통해 여러 가지 원리를 경험하게 됩니다. 서로 끌어당기는 힘을 가지고 있는 자석을 이용한 놀잇감은 아이들에게 새로운 힘을 경험할 수 있게 해 주며, 자석이 힘에 의해 붙거나 떨어지기를 반복하며 놀이할 수 있습니다.

놀이 과정

✔ 자석 막대와 자석 칩을 바구니에 담아 아이 눈에 띄는 곳에 놓아주세요. 아이가 관심을 보이면 함께 탐색하며 놀이를 시작해보세요.
  "새로운 놀잇감이 있네. 이건 어떻게 하는 걸까?"
  "긴 막대가 있고, 막대에 동그라미들이 붙어있네?"

✔ 막대자석과 자석 칩으로 자유롭게 놀이해보세요. 놀이하는 아이의 모습을 언어로 표현해주면 언어 발달에 도움이 됩니다.
  "막대에 붙은 동그라미들을 떼어냈더니 떨어지네?"
  "막대를 위로 들었더니 동그라미들이 따라오네? 대롱대롱 매달려있어!"

✔ 자석의 원리에 대해 궁금해하도록 질문해주세요.
"근데 왜 동그라미들이 자꾸 막대에 붙는 걸까?"
"왜 막대를 자꾸 따라오는 걸까?"

놀이 확장

✔ 막대자석을 가지고 집 안 곳곳을 다니며 막대에 붙는 것을 찾아보세요.
"이 막대는 요술막대인가? 다른 물건들도 막대에 붙는지 한번 볼까?"
"이건 안 붙네? 이것도 붙여볼까?"
"찾았다! 또 막대에 붙는 걸 찾았어!"

✔ 자석 블록으로 놀이해보세요. 블록 중에 자석으로 붙여 구성할 수 있는 자석 블록류가 많이 있습니다. 자석 블록은 특별히 힘을 주어 끼우지 않더라도 서로 잘 붙어서 손가락에 힘이 없는 어린 연령의 아이들부터 사용하기에 좋은 놀잇감입니다. 자석의 힘을 경험했다면, 자석 블록을 이용해 구성 놀이를 해보세요.
"이 블록도 서로 딱 붙네?"
"서로 딱 붙는 느낌이 우리가 막대에 붙였던 거랑 비슷하다."

 **주의사항**

- **자석의 원리를 먼저 알려주지 마세요.**
"이건 자석이라는 거야. 자석은 쇠를 끌어당기는 힘을 가지고 있어서 쇠를 만나면 붙고, 쇠가 아닌 것을 만나면 붙지 않아."라고 자석이 가지고 있는 힘의 원리를 설명하고 싶으신가요? 이 연령의 아이들은 자석이 가진 힘의 원리를 아는 것보다 "왜 이 막대에는 물건이 붙을까? 왜 이건 붙지 않을까?"를 생각해보는 과정이 더 중요합니다. 부모가 답을 먼저 제시한다면 아이들은 그 과정에 참여할 기회를 잃게 됩니다. 그 답은 책을 통해서든, 다른 어떤 과정을 통해서 아이들이 알게 될 과학적 원리입니다. 아이들에게 생각할 수 있는 기회를 주는 것이 더 필요하답니다.

30~36개월 소근육, 집중력 발달을 위한 젓가락 놀이

가위와 마찬가지로 젓가락 사용도 아이들의 소근육 발달, 눈과 손의 협응력, 집중력 향상 능력에 도움을 줄 수 있습니다. 또한 음식을 집어 먹을 수 있는 즉각적인 만족감을 주기도 한답니다. 아이가 젓가락을 손에 쥐고 움직일 수 있다면 젓가락을 사용해볼 수 있도록 기회를 많이 주세요. 처음 사용할 때에는 놀이를 통해 쉽게 잡을 수 있는 것으로 연습하며 시작하는 것이 좋답니다.

놀이 과정

✔ 아이가 젓가락에 관심을 보이면 아이용 젓가락을 구입해주세요.

"○○이도 엄마처럼 젓가락질하고 싶구나? 이걸로 한번 해볼까?"

"여기 구멍에 손가락을 넣고 손을 벌렸다 오므렸다 해볼까?"

✔ 음식을 먹을 때 이외에도, 젓가락으로 놀이하며 자주 사용하도록 도와주세요. 잡기 쉬운 것(너무 작거나 미끄럽지 않은 것)부터 시작해 성취감을 경험할 수 있도록 해주는 것이 좋답니다.

"너무 맛있는 과일이 있네! 여기 그릇에 젓가락으로 좀 나눠주실래요?"

"강아지가 배가 고픈가 봐. 강아지한테 젓가락으로 음식 좀 먹여줄까?"

"강아지야, OO이가 젓가락으로 줄 테니 잘 먹어봐!"

✔ 젓가락으로 옮기기, 배달하기 등의 놀이를 통해 똑같이 나누기, 수 세기 등의 수학적 사고를 경험할 수 있도록 이야기해주세요.

"이 통에 3개, 이 통에 3개 똑같이 나눠줬네?"

"여기 그릇에 과일 2개 더 배달해주세요! 이제 이 그릇에 과일이 더 많아졌네!"

놀이 확장

✔ 종이컵과 색깔 솜공을 젓가락 놀이에 활용해보세요. 종이컵 색에 맞는 솜공을 젓가락으로 옮겨주는 놀이를 통해 색을 분류하는 경험을 할 수 있습니다. 이때, 색깔별로 나눠달라고 지시하기보다는 컵이 말하듯 이야기하는 것이 아이들의 흥미를 유발하기에 적절합니다.

"나는 빨간색 컵이야~ 나한테는 빨간색 공을 담아줘~"

"나는 노란색 컵이야~ 나는 노란 공을 줘~ 노란 공을 많이 많이 가져다줘~"

✔ 간식을 먹을 때도 젓가락을 사용해보세요. 과자를 집어 먹거나 과일을 먹을 때도 젓가락을 사용할 수 있도록 해주면 더 쉽게 익숙해질 수 있답니다.

"과자 먹을 건데, OO이가 좋아하는 젓가락으로 먹어볼까?"

"OO이가 젓가락질을 잘하더니 과자도 젓가락으로 먹는구나!"

주의사항

- **놀이 도중 수 세기, 분류하기 등의 수학적 사고를 너무 강요하지 마세요.**

부모들이 놀이하며 인지적 자극을 목표로 하는 경우가 많이 있습니다. 무조건 하나, 둘, 셋, 넷을 세거나 "이거 몇 개지?", "몇 개인지 세어봐."라고 요구하는 경우가 많습니다. 이러한 요구는 아이들에게 놀이에 대한 흥미를 잃게 만드는 요인입니다. 아이에게 수학적 개념을 알게 해주고 싶다면, 부모가 "3개씩 나눠봐."라고 지시하지 말고, 인형이 되어 역할놀이를 해주는 것이 더 효과적입니다. "멍멍! 너무 배가 고파요. 과자 3개만 주세요."와 같이 강아지가 되어 이야기하는 것이 아이들의 흥미를 지속하면서 자연스럽게 수학적 개념을 경험하게 할 수 있는 방법입니다.

30~36개월 인지 발달을 위한 색종이 놀이

문구점에서 쉽게 구입할 수 있는 색종이로 여러 가지 놀이를 할 수 있습니다. 얇고 작아서 쉽게 접히고 자를 수 있기 때문에 만들기 재료로 좋은 놀잇감이 될 수 있고, 다양한 색을 인지하도록 도와주기도 합니다. 색종이를 쭉 늘어놓고 같은 색 놀잇감을 찾아오는 놀이는 다양한 색을 인지하고, 주변 사물에 대한 관심을 갖게 하며 일대일 대응의 원리를 경험하게 해줄 수 있습니다.

놀이 과정

✔ 아이와 함께 색종이를 탐색해보세요.
  "여러 가지 색깔의 종이가 있네."
  "○○이가 좋아하는 초록색도 있고, 초록색보다 조금 연한 연두색도 있네."

✔ 색종이와 같은 색의 놀잇감을 찾아보도록 이야기해주세요.
  "빨간색 색종이와 같은 색이 또 어디에 있을까? 우리 집에서 찾아볼까?"
  "빨간 자동차를 찾아왔구나! 빨간 색종이랑 빨간 자동차가 같은 색이네!"
  "노란 색종이와 같은 색은 어디에 있을까?"

✔ 엄마와 함께 색깔 찾기 게임을 해보세요.

"엄마랑 ○○이랑 노란색 하나씩 찾아볼까?"

"엄마는 찾았다! ○○이 내복에 노란색이 있네!"

"○○이는 노란색 자동차를 찾았구나!"

놀이 확장

✔ 놀잇감을 이용해 역할놀이를 해보세요.

"띵동! 초록색 집에 놀러 왔어요. 문 좀 열어주세요."

"띵동! 나도 초록색 집에서 같이 놀고 싶어요. 문 좀 열어주세요."

"초록색 집에 토끼 세 마리가 모였네! 이제 노란색 집으로 놀러 가볼까?"

✔ 색종이를 찢고 자르며 놀이해보세요.

"이 집에 지붕이 없네, 종이를 잘라서 지붕을 만들어볼까?"

"초록색 집에 빨간 지붕이 생겼네! 가위로 잘라줬더니 지붕이 만들어졌구나."

 **주의사항**

- **색을 가르치지 마세요.**
"이거 무슨 색이지?", "파란색 찾아봐.", "아니, 이게 파란색이야. 따라 해봐 파란색!"과 같이 아이에게 색을 주입식으로 가르치려는 부모가 많이 있습니다. 이 시기의 아이들은 모든 것을 경험을 통해 자연스럽게 습득합니다. 색을 많이 보고, 놀이하며 엄마가 해주는 이야기들로 충분히 색의 이름을 인지하고 기억할 수 있습니다. 일상에서의 경험을 통해, 놀이를 통해 아이가 스스로 습득해나갈 수 있도록 도와주세요.

30~36개월 소근육, 집중력 발달을 위한 망치 놀이

새척으로 준 스티로품을 이용해 망치 놀이를 할 수 있습니다. 집에 놀이용 망치와 못이 있다면 가능하고, 못이 없다면 골프 핀으로 대신할 수 있습니다. 내가 공사하는 것처럼 직접 못을 박고 뽑아 빼보는 놀이를 통해 집중력 향상, 소근육 조절능력이 발달될 뿐만 아니라 상상력까지 기를 수 있답니다.

🐴 놀이 과정

- ✔ 아이가 평소 망치 놀이, 공사장 놀이에 관심을 보인다면 놀이용 못이나 골프 핀, 그리고 스티로폼을 준비해주세요. 아이스크림 케이크나 냉동식품 배달로 생긴 스티로폼 박스를 사용하면 여러 번 놀이하기에 좋습니다.

- ✔ 망치와 못을 이용해 자유롭게 놀이해보세요.

    "이거 끝이 뾰족한 못이네. 망치로 뚝딱뚝딱 못을 박아볼 수 있겠는데?"

    "못을 잡고 망치로 뚝딱뚝딱~ 못이 쏙쏙 들어가네?"

    "손 다치지 않게 잘 보면서 하는구나!"

✓ 역할을 맡아 공사하는 놀이를 해보세요.

"여기 공사장인가요? 아저씨~ 여기 박스에 못을 좀 박아주세요."

"이쪽을 좀 고쳐야겠어요. 여기가 자꾸 흔들리니까 못을 박아서 고쳐주세요."

"아저씨 힘이 정말 세군요! 못을 3개나 박아주셨어요!"

놀이 확장

✓ 못을 여러 개 박았다면 고무줄을 이용해 모양을 구성할 수 있습니다. 튀어나온 부분에 고무줄을 끼워 당기면 다양한 모양을 만들어볼 수 있답니다.

"○○이가 못을 튼튼하게 박아주어서 기둥이 생겼네!"

"고무줄을 끼워서 여기까지 당겨서 걸어볼까? 고무줄이 쭉~ 길쭉한 모양이 되었네!"

✓ 스티로폼에 선이나 동그라미 등 모양을 그려주세요. 선을 따라 못을 박아 모양을 만들 수 있도록 도와주세요.

"엄마가 동그라미 모양을 그렸어. 못을 동그라미 모양으로 박아볼까?"

"선을 따라서 못을 박았더니 진짜 동그라미가 만들어지고 있네!"

주의사항

• **"손 조심해!", "다치지 않게 살살해!" 등의 말로 행동을 제한하지 마세요.**
아이의 안전이 걱정된다면 아이의 행동을 제한하는 말보다는 "망치로 어디를 두드려야 하는지 잘 봐 봐.", "망치로 내리칠 때는 내 손이 어디에 있는지도 보면 좋아.", "손 다치지 않게 잘하고 있구나."와 같은 말을 건네주세요. 위험한 행동을 하기도 전에, 다치기도 전에 "조심해!"라는 말로 아이의 행동을 위축되게 하지 마세요. 어떻게 조심해야 하는지 구체적으로 알려주면 아이 스스로 행동을 조절할 수 있답니다.

30~36개월 인지, 소근육 발달을 위한 요리 놀이

밀가루 반죽 등으로 냄새 놀이해봤다면, 밀가루을 이용해 빵을 만들거나 쿠키를 만드는 간단한 요리를 함께 해보세요. 요리에 참여하는 아이들은 손으로 모양을 만들고 꾸미는 과정을 통해 소근육을 발달시킬 수 있고 직접 만든 간식을 먹으며 즐거움과 만족감을 느낄 수 있습니다. 또한 새 재료에 물을 섞었을 때, 끓이거나 구웠을 때의 물질 변화과정을 직접 관찰하며 과학적 원리를 경험하게 됩니다.

놀이 과정

✔ 요리 과정에 대해 미리 이야기 나누어주세요. 어떤 요리를 할 것인지, 어떤 재료들이 필요한지, 어떠한 순서로 만들 것인지 이야기를 나누어봅니다.
  "엄마랑 맛있는 쿠키 만들어 먹을까? 쿠키 만들려면 뭐가 필요할까?"
  "밀가루, 버터, 날걀, 우유를 섞어서 반죽을 먼저 만들어야 해."

✔ 재료들을 함께 탐색해본 후 순서대로 참여해봅니다.
  "이 가루가 뭘까? 맞아, 밀가루야. 한번 만져볼래? 느낌이 어때?"

"밀가루에 버터랑 우유, 달걀을 넣었더니 어떻게 변하고 있어?"

"우와, 틀로 찍었더니 예쁜 모양이 완성! 이제 오븐에 넣어서 구워보자. 어떻게 변할까?"

✔ 요리가 완성되면 맛있게 먹어봅니다.

"이제 오븐에서 꺼내도 되겠다! 말랑말랑했던 반죽이 어떻게 변했는지 볼까?"

"우와~ 맛있는 냄새! 이제 접시에 담고 먹어보자."

"○○이랑 같이 만들었더니 정말 맛있다!"

놀이 확장

✔ 어떠한 과정으로 요리했는지 기억을 되살려 이야기 나누어보세요. 과거를 회상하며 순서를 기억해내는 과정이 아이들의 인지 발달을 도와줄 수 있습니다.

"우리가 쿠키 만들 때 어떤 것들을 넣었지?"

"그다음에 어떻게 했었는지 기억나?"

✔ 다음에 어떤 요리를 해보고 싶은지 계획해보세요.

"다음엔 어떤 요리를 해볼까?"

"다음엔 엄마랑 피자 만들어볼까? 피자 만들려면 어떤 재료를 준비해야 할까?"

✋ 주의사항

- **아이의 행동을 통제하거나 지시하지 마세요.**
  아이와 함께 요리하다 보면 "여기에 넣어.", "아니, 살살해.", "기다려봐.", "흘리지 말고 해." 등등 아이의 행동을 통제하고 지시하는 말을 많이 사용하게 됩니다. 아이에게 지시하는 말보다는 "어떻게 하면 좋을까?", "그다음엔 어떻게 할까?", "안 흘리려면 어디를 잡으면 될까?"와 같이 스스로 예측하고 조절할 수 있도록 질문해주세요.

- **과학적 원리를 설명하지 마세요.**
  요리를 하며 물질의 변화과정을 관찰하고 예측해보는 것이 아이에게 과학적 원리를 경험하게 하는 좋은 기회입니다. 이 연령의 아이들에게 과학적 원리를 가르치고 설명하라는 것이 아닙니다. "어떻게 변하고 있니?" 관찰하게 하고 "왜 그럴까?"를 생각하게 하고 "어떻게 될까?"를 예측하는 사고과정을 통해 과학적 원리를 경험하도록 하는 것이 중요합니다. 정확한 답을 알아내고, 알려주지 않아도 예측해보고 관찰해보는 것만으로 충분한 경험이 될 수 있습니다.

30~36개월 언어 발달을 위한 약병 놀이

예방주사를 맞거나 감기에 걸려 병원에 가본 경험이 있는 아이들은 병원에서의 경험을 기억해 놀이로 표현해냅니다. 이때 청진기, 약병, 주사기, 붕대 등을 내어주면 놀이가 더 풍성해지고 다양해지며 상황에 맞는 언어를 사용할 수 있게 됩니다. 특히 아이가 사용하던 약병은 약을 지어주거나 아기에게 약을 먹이는 놀이로 이어지고, 약병에 적혀있는 글자와 숫자들은 자연스럽게 문해 자극이 된답니다. 아이가 사용하던 약병을 버리지 말고 놀이에 활용해보세요.

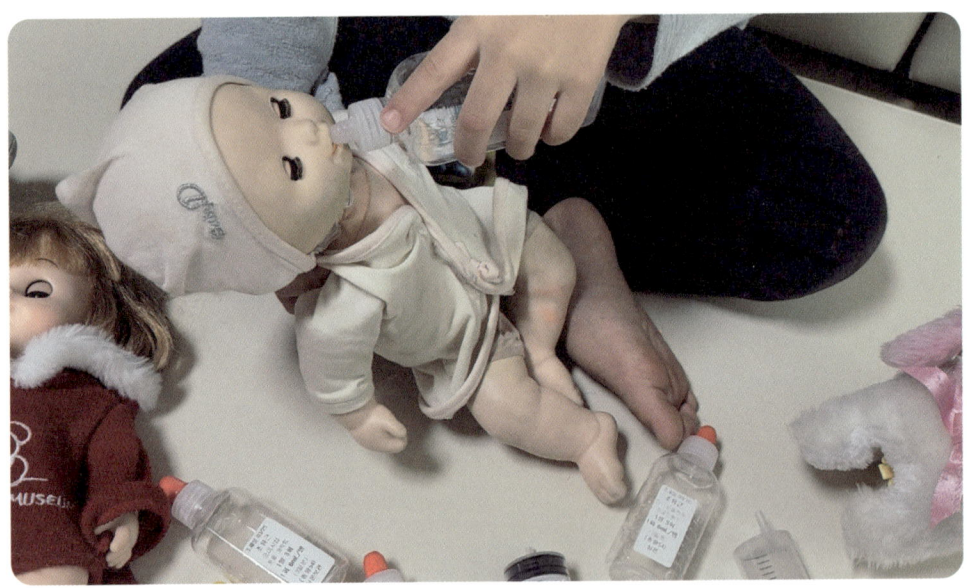

놀이 과정

- 아이가 사용하던 약병을 깨끗이 씻어 말려주세요. 약병 이외에도 병원 놀이에 필요한 소품을 준비해주세요.
- 아이가 병원 놀이에 관심을 보이면 준비해 둔 소품들을 함께 살펴봅니다.
  "이건 ○○이가 기침할 때 먹던 약이지? 혹시 아픈 아가 있으면 약 지어줄까?"
  "○○이는 예방주사 맞았지? 또 주사를 맞아야 하는 친구 있으면 이걸 쓰면 되겠네."
- 역할을 맡아 병원 놀이를 해보세요.

"○○이가 의사 할 거야? 그럼 엄마는 이 아가 엄마를 할게."

"선생님! 우리 아가가 이마가 너무 뜨겁고, 계속 기침을 해요."

"어떤가요? 어떤 약을 먹으면 되나요? 약은 하루에 몇 번 먹이나요?"

"주사도 맞아야 하나요? 아기가 무서워하는데 어쩌죠?"

놀이 확장

✔ 약병에 쓰여있는 글자와 숫자에 관심을 가질 수 있도록 이야기해주세요. 아이에게 글자와 숫자를 가르치라는 것이 아닙니다. 엄마가 약병의 글자를 읽고 정보를 얻는 것을 보여주면 됩니다. 글자와 숫자는 어떤 약인지, 하루 몇 번 먹어야 하는지 등의 정보를 제공해준다는 것을 경험하고, 아이도 약병에 쓰여있는 글자에 관심을 가지도록 도와주세요.

"약병에 이름이 쓰여있군요! 이건 기침약이고 이건 해열제 맞나요?"

"여기 하루에 3번 먹으라고 적혀있네요. 하루에 3번 약 잘 먹일게요."

✔ 평소 병원에 가는 것을 두려워하는 아이들은 병원 놀이를 통해 불안하고 무서웠던 감정을 해소할 수 있습니다. 또한 놀이를 통해 병원에 익숙해지고 두려움을 극복하는 데 도움을 받게 됩니다.

"병원에서 이렇게 씩씩하게 진료받는 어린이는 처음 보네요!"

"조금 무섭다는 생각이 들었지만 금방 끝났죠? 다음에도 용기 내서 주사 맞아보세요!"

 주의사항

- **아이가 알아볼 수 없는 놀잇감은 구입하지 마세요.**
  시중에 판매되고 있는 병원 놀이 세트 놀잇감을 보면, 아이가 실제 경험해보지 못한 것들이 들어있고 아이가 평소 보던 것과 다른 모양의 소품들이 많습니다. 아이들은 실제 경험한 것을 통해 놀이로 표현하기 때문에, 아이가 잘 알아볼 수 있도록 평소 사용해봤던 약병이나 주사기, 붕대, 집게 등의 소품을 병원 놀이에 사용하는 것이 좋습니다. 주사기, 붕대와 집게 등은 약국에서 쉽게 구입할 수 있답니다.

30~36개월 소근육, 인지 발달을 위한 스프레이 놀이

손가락이 길어지고 손가락에 힘이 생기면서 스프레이를 눌러 물을 내뿜을 수 있게 됩니다. 스프레이로 놀이하는 과정에서 아이들은 손에 힘을 기를 수 있고, 힘을 주면 뿌려져 나오는 물을 통해 인과관계를 경험하고 즐거움을 느끼게 됩니다. 색 물을 넣어주면 색 물이 분사되는 모습을 통해 시각적으로 새로운 형태를 경험하게 되며, 여러 색이 물방울 부딪힐 수 있게 됩니다.

놀이 과정

- 아이가 쉽게 누를 수 있도록 작은 스프레이 공병을 준비해주세요. 스프레이에 물을 담고 화분에 주거나 화장실에서 뿌리면서 충분히 스프레이의 특징을 경험할 수 있도록 도와주세요. 스프레이를 혼자 잘 사용할 정도로 익숙해지면 물과 물감을 함께 섞어주세요.

  "오늘은 ○○이가 좋아하는 스프레이 병에 물감을 담아왔어!"

- 색 물이 담긴 스프레이를 도화지에 뿌리며 놀이해보세요. 물감이 사방으로 튈 수 있으므로 큰 트레이나 놀이 매트를 사용하는 것이 좋습니다.

"우와, 색깔 스프레이를 눌렀더니 도화지에 색깔이 생기고 있어!"

"색깔 비가 내리는 것 같다!"

✔ 색의 혼합을 경험할 수 있도록 이야기해주세요.

"빨간색 물감이 있던 자리에 노란색을 뿌렸더니 어떤 색이 되었어?"

"색깔이 섞이면서 다른 색들도 만들어지고 있네."

놀이 확장

✔ 도화지에 흰 크레파스로 아이가 좋아하는 그림을 그려주세요. 스프레이를 뿌려 숨겨진 그림을 찾아보는 놀이를 할 수 있습니다.

"어? 물감을 뿌렸더니 뭐가 보이는데? 누가 숨어있나 봐!"

"우와! 나비 한 마리가 숨어있었네!"

✔ 흰 천을 이용하면 도화지와 다른 자극을 경험할 수 있습니다. 흰 천을 욕실 벽면에 붙여주거나 실외 공간에 매달아주고 스프레이로 물감을 뿌려볼 수 있게 해주세요.

"천에 물감을 뿌렸더니 느낌이 다르지?"

"하얀 천이 점점 색깔로 물들고 있네! 이 밑에는 색깔 비가 오는 것 같아!"

 주의사항

- **아이의 기질에 따른 행동을 예측하고 놀이를 준비해주세요.**
  기질에 따라 조심성이 있고 활동성이 작은 아이는 작은 트레이를 벗어나지 않게 스프레이를 뿌리며 물감 놀이를 할 수 있습니다. 그러나 활동성이 크고 즐거움을 표현하는 강도가 큰 아이들은 작은 트레이 보다는 큰 놀이 매트나 화장실을 이용해 충분히 감정을 표현하며 놀이하도록 도와주는 것이 좋습니다. 활동성이 큰 아이에게 작은 트레이를 주고 벗어나지 않도록 제약을 주는 것은 지키기 어려운 일입니다. 아이의 기질을 고려해 놀이 장소, 필요한 공간의 크기 등을 마련해야 합니다.

30~36개월 감각 발달을 위한 빨래 놀이

물가 어른 말 없이도 아이들은 충분히 재미있는 감각 놀이를 할 수 있습니다. 놀이 시간에서 내 옷을 깨끗이 빨아볼 수 있는 기회는 있습니다. 빨래의 소서에서 이기 놀이의 즐거움을 함께 경험할 수 있게 됩니다. 내가 신던 양말, 음식물 먹거나 흘린 티셔츠 등 가볍고 작은 옷을 아이 스스로 빨아볼 수 있는 기회를 주면 소근육 발달의 기회가 되고, 거품과 물을 사용해 감각 놀이의 경험이 되며, 스스로 빨래를 했다는 만족감도 느끼게 된답니다.

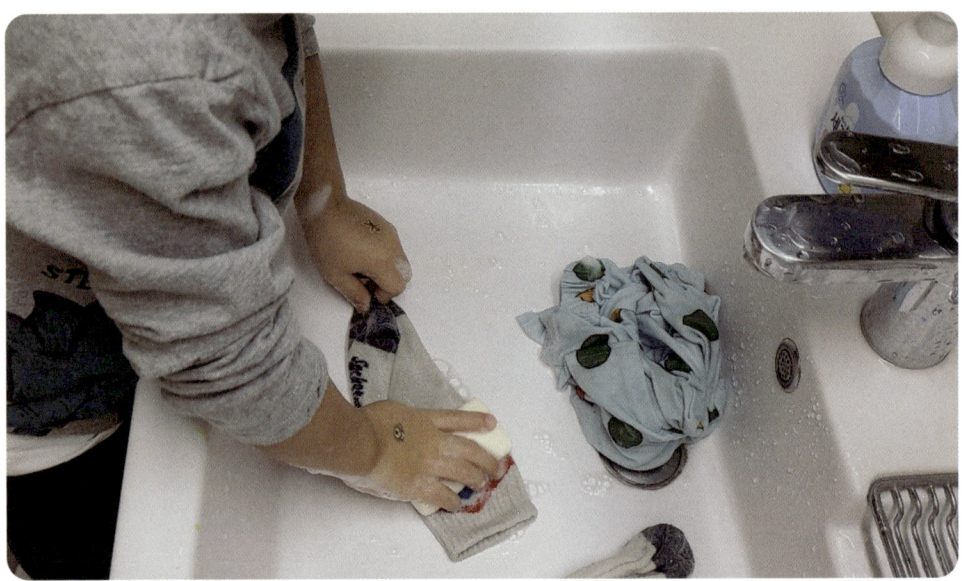

놀이 과정

- 옷에 음식을 흘렸거나, 더러워진 양말을 보고 아이에게 빨래를 제안해보세요.
  "아까 신발 벗고 바닥을 밟았더니 양말이 너무 더러워졌네. 이건 세탁기가 빨기 어려운데, ○○이가 좀 빨아줄래?"
- 세면대 혹은 대야에서 비누를 이용해 더러워진 곳을 깨끗이 빨아보는 놀이를 해보세요.
  "엄마가 비누 줄게. 여기에서 해볼래?"

"더러워진 곳에 비누를 문질문질 하고, 손으로 잘 비비면 얼룩이 없어질 거야."

✔ 깨끗해진 빨래를 잘 짜서 말려주세요. 다 마른 후 깨끗해진 빨래를 보며 아이와 이야기 나누어주세요.

"자, 이제 꼭 짜서 여기에 걸어두자."

"우와, ○○이가 어제 비누로 빨래한 양말이 깨끗해졌네!"

"○○이가 세탁기보다 더 깨끗하게 빨래를 했네!"

놀이 확장

✔ 집에 있는 아기 인형의 옷, 더러워진 장난감 등을 아이와 함께 세척해보세요.

"아가 인형 옷도 더러워졌네. 지난번에 ○○이가 빨래 잘하던데, 이것도 빨아줄까?"

"여기 자동차에도 더러운 게 묻었네, 자동차도 비누로 세차해줄까?"

✔ 다 마른 빨래도 함께 정리해보세요. 빨래를 정리하는 일은, 색종이를 접는 것과 마찬가지로 끝을 잘 맞춰 접어야 하고, 각자 누구의 것인지 분류하는 과정도 필요하답니다. 이렇듯 인지 발달을 도울 뿐 아니라 스스로의 것을 챙기는 책임감, 엄마를 도울 수 있다는 자부심도 느낄 수 있답니다.

 주의사항

- **집안일을 엄마 혼자 하지 마세요.**
  엄마에게는 집안 '일'이지만 아이에게는 '놀이'입니다. 청소, 빨래를 하고 집 안을 정리하는 일은 가족 구성원 누구나 함께 해야 하는 일이며 아이들도 부모와 함께 집안일을 했을 때, 가족 구성원으로서의 보람을 느끼고 자부심을 갖게 됩니다. 아이가 함께 하면 더 오래 걸리고 귀찮다고 못하게 하지 말고, 아이 스스로 해낼 수 있는 작은 것부터 함께 해보세요.

30~36개월 소근육, 인지 발달을 위한 블록 끼우기 놀이

손가락에 힘이 생기고 조절능력이 생기면서 간단하게 끼우는 블록 놀이를 할 수 있게 됩니다. 이 시기의 블록은 한 손으로 쉽게 잡히고 가벼우며 쉬운 힘으로 쉽게 끼워지는 것이 좋습니다. 이러한 끼우기 블록은 입체로 구성되기 때문에 입체도형에 대한 경험을 하게 되어 공간과 모양에 대한 지각능력이 발달하게 됩니다. 또한 눈과 손의 협응력도 키울 수 있습니다.

놀이 과정

- ✔ 끼우기 블록을 준비하고 아이가 잘 볼 수 있는 곳에 놓아두세요. 아이가 관심을 보이면 함께 탐색해봅니다.
   "이건 어떻게 하는 걸까?"
   "볼록에 나와 있는 부분도 있고 쏙 들어가 있는 부분도 있네?"
   "색깔도 여러 가지이고, 동그란 모양도 있구나."
- ✔ 아이가 블록을 탐색하는 모습, 블록을 이리저리 움직여보는 모습을 언어적으로 표현해주세요.

"OO이는 블록을 그렇게 세워보고 싶구나."

"노란 블록이랑 파란 블록을 딱 끼웠네! 블록이 점점 길어지고 있어!"

✔ 아이 스스로 생각해볼 수 있는 질문을 해주세요.

"블록을 그렇게 세우고 싶구나? 어떻게 하면 세울 수 있을까?"

"잘 안 끼워지네. 어느 방향으로 돌리면 끼워질까?"

놀이 확장

✔ 아이와 서로 도움을 주고받으며 놀이해보세요. 발달 단계상 친구와 경험할 수 없는 부분을 부모와의 놀이를 통해 경험하면, 친구와의 놀이에서도 서로 도움을 주는 모습을 보이게 됩니다.

"이거 어떻게 하면 될까? 엄마 잘 안 되는데 좀 도와줄래?"

"엄마가 도와줄까? 엄마가 좀 잡아줄까?"

"우리 서로 도와주면서 하니까 어려운 것도 잘할 수 있네!"

✔ 구성한 블록을 활용해 역할놀이를 해보세요.

"OO이가 식탁을 만들었구나? 그럼 음식을 좀 가져올까?"

"토끼도 데리고 와서 음식 먹으라고 해야겠다. 토끼야~ 맛있는 음식 먹으러 와~"

 주의사항

- **너무 멋진 구성물을 만들려고 하지 마세요.**

  아이는 또래 혹은 부모와 놀이하며 본인의 수준보다 뛰어난 부분, 스스로 생각하지 못했던 부분을 보고 따라 하며 놀이 수준을 키워나갑니다. 부모가 아이와 함께 놀이하며 아이가 따라 할 수 없을 정도로 앞서나간다면 아이는 좌절감을 느끼게 된답니다. 결국 "난 못해. 엄마가 해줘."라는 반응을 보이며 스스로 해보려는 의지를 보이지 않게 됩니다. 그러므로 엄마가 함께 놀이하며 모델링을 할 때는, 아이가 생각하지 못하는 부분이지만, 아이가 충분히 따라 할 수 있을 정도의 수준으로 놀이하는 것이 좋습니다.

언어 발달을 위한 수수께끼 상자 놀이

30~36 개월

상자에 여러 가지 물건을 담고 꺼내보는 놀이는 까꿍 놀이와 같이 없어졌다가 나타나는 즐거움을 제공합니다. 또한 손으로 만지기만 하고서 어떤 물건인지 예측해 보는 사고과정을 경험하게 합니다. 또한 엄마의 신호를 통해 어떤 놀이인지, 어디에 사용하는 물건인지 생각해보고, 말로 표현해보면 언어 발달에 도움이 됩니다.

🐴 놀이 과정

✔ 놀잇감 여러 개를 담을 수 있을 만한 상자를 준비해주세요. 상자 가운데 놀잇감을 꺼낼 수 있을 정도로 구멍을 뚫고 구멍 속이 잘 안 보이도록 부직포로 가려주세요. 상자 안에는 아이에게 익숙한 놀잇감을 넣어주세요.

✔ 상자를 아이의 눈에 띄는 곳에 두고, 아이가 관심을 보이면 함께 놀이해주세요.
  "네모난 상자가 있네? 가운데는 손을 넣을 수 있나 봐?"
  "안에 뭐가 들어있을까? ○○이가 손 넣어볼래?"
  "만져보니 느낌이 어때? 어떤 물건일 것 같아?"

✓ 어떤 물건인지 꺼내어보고 어떤 느낌인지, 어디에 쓰던 물건인지 이야기 나누어보세요.

"아~ 폭신폭신 공이 들어있었구나!"

"이번엔 포크가 들어있었네? 포크는 언제 쓰는 거지?"

"맞아, 우리가 냠냠 먹을 때 쓰는 거지?"

놀이 확장

✓ 엄마가 상자를 가지고 아이에게 문제를 내보세요. 설명을 듣고 어떤 물건인지 예측해볼 수 있는 놀이를 할 수 있습니다.

"이번엔 엄마가 해볼게. 엄마랑 눈으로 보지 않고 맞춰볼까?"

"엄마가 만져보니 딱딱한데, 부릉부릉~ 바퀴가 달렸네?"

"자동차인가? 꺼내볼까? 하나, 둘, 셋! 자동차가 들어있었네!"

✓ 차를 타고 갈 때, 식당에서 음식을 기다릴 때 아이와 수수께끼 놀이를 해보세요. 아이의 언어 발달, 상위인지개념 발달에 도움을 줄 수 있습니다.

"우리 음식 기다리는 동안 수수께끼 놀이하자. 엄마가 말하는 거 뭔지 생각해봐."

"이건 과일인데, 노란색이고 길쭉해. 껍질을 쭉 벗겨서 먹고, 원숭이가 좋아해."

"바나나! OO이가 어떻게 알았지? 금방 알았네!"

주의사항

- **아이의 언어 발달 수준에 맞추어 놀이해주세요.**
  이 시기의 표현 언어 발달 수준은 개인적으로 차이가 큽니다. 어떤 아이는 물건의 모습에 대해 설명하는 것이 어렵고, 어떤 아이는 물건의 생김새나 언제 사용했던 건지 등등 자세히 설명하는 것이 가능합니다. 그러므로 같은 놀이를 하더라도 아이의 발달 수준에 맞추어 도움을 주는 것이 필요합니다. 아이가 물건을 언어적으로 표현하기보다는 상자에서 넣고 빼는 것에 흥미를 보인다면 "상자에서 쏙 꺼냈네? 어? 다시 없어졌네?" 이야기하면 되고, 어떤 물건인지 설명하는 것을 좋아한다면 "딱딱한 것 같아, 말랑한 것 같아?", "긴 모양이야?" 등 더 자세히 설명할 수 있도록 적절한 질문을 해주면 됩니다.

30~36개월 소근육 발달을 위한 단추 놀이

신체가 발달하여 점차 스스로 할 수 있는 것이 많아지고, 주도성이 커지면서 혼자 하고 싶어 하는 것이 많아집니다. 아직 미숙하고 시간이 오래 걸리지만 아이 스스로 해낸 소소한 것들로 성취감을 느끼고 긍정적인 자아상을 가질 수 있습니다. 집에서 혼자 옷 입기, 신발 신기, 먹은 그릇 정리하기 등 혼자 해보도록 기회를 많이 주는 것이 좋습니다. 옷을 입을 때 지퍼를 올리거나 단추를 끼우는 것은 연습이 필요하므로, 놀이를 통해 연습해볼 수 있도록 해주세요.

놀이 과정

- ✔ 부직포를 2개씩 같은 모양으로 자르고, 한쪽은 단추를 달고 나머지 한쪽은 단추 구멍을 만들어주세요. 집에 부직포가 없다면 작아진 옷이나, 헝겊을 이용하면 됩니다. 단추는 옷을 사고 남은 여분 단추를 모아 사용해보세요.
- ✔ 바구니에 담아 아이가 잘 볼 수 있는 곳에 놓아주세요. 아이가 관심을 보이면 아이와 함께 탐색해보세요.
  "단추가 달려있고, 단추를 끼우는 구멍도 있네?"

"단추를 어디에 끼우면 좋을까?"

✔ 아이와 함께 같은 모양을 찾아 단추를 끼워봅니다. 아이의 소근육 발달 수준에 맞추어 적절한 도움을 줍니다.

"이 하트 모양은 단추를 어디에 끼울까?"

"단추를 잘 잡고 구멍 속으로 쏙!"

"우와, 단추를 다 끼웠네! OO이가 짝꿍을 다 찾아줬네?"

놀이 확장

✔ 아이의 작아진 옷을 버리지 말고 인형 놀이에 활용해보세요. 옷을 입혀주고 단추, 지퍼 등을 끼워보며 소근육 발달에 이용할 수 있습니다.

"곰돌이가 추운가 봐. 이 옷 입혀줄까?"

"발도 차가워 보이는데, 아가 인형 양말도 신겨줄까?"

"OO이가 단추도 채워주고, 양말도 신겨줬더니 곰돌이가 이제 따뜻한가 봐!"

 주의사항

- **스스로 해낼 수 있는 충분한 시간을 주세요.**

  혼자 해내고 싶어하는 아이에게 "시간이 없으니까 엄마가 해줄게."라는 말은 아이를 화나게 만듭니다. 주도성이 강한 아이라면 외출 준비시간을 넉넉히 예상해 미리 준비할 수 있도록 도와주세요. 시간이 오래 걸렸더라도, 단추 순서를 잘못 끼웠더라도 아이 스스로 노력한 부분을 충분히 인정해주세요. 성취감을 경험하고 자존감을 형성할 수 있는 좋은 기회입니다.

- **아이 스스로 할 수 있는 환경을 만들어주세요.**

  신발, 옷, 양말 등이 아이 스스로 하기에 적합한 것인지 점검해보세요. 끈을 묶어야 하는 신발, 꽉 끼는 청바지, 너무 긴 양말 등은 아이 스스로 해내기가 어려워 좌절을 경험하게 됩니다. 아이의 자존감은 '나는 스스로 해낼 수 있는 아이'라는 경험에서부터 시작합니다. 자존감 높은 아이로 키우고 싶다면, 스스로 할 수 있는 것이 많아지도록 환경을 점검해보세요.

30~36개월 인지 발달을 위한 숫자 놀이

24개월이 지나면 아이들은 '있고 없음', '많고 적음', '한 개 두 개'의 차이를 알고 구분해 낼 수 있을 만큼 인지가 발달하게 됩니다. 이러한 양에 대한 인지, 차이에 대한 인지가 발달하면서 수에 관심을 갖게 되고, 숫자의 의미에 대해서도 조금씩 알아가기 시작합니다. 수에 대한 관심이 지속되고 수의 개념을 자연스럽게 익힐 수 있도록 놀이를 통해서 수를 접하게 하는 것이 좋습니다.

놀이 과정

- 박스지와 물티슈 뚜껑을 활용해 수 놀잇감을 만들 수 있습니다. 박스지에 아이가 좋아할 만한 그림을 그리고 그 위에 숫자를 써넣은 물티슈 뚜껑을 붙여주세요. 숫자에 맞게 물티슈 뚜껑 안에 넣을 만한 작은 블록들도 준비해주세요.

- 아이가 잘 볼 수 있는 곳에 놓아두고, 아이가 관심을 보이면 함께 놀이해주세요.
  "트럭이 5대 그려져 있고 트렁크를 열 수 있나 봐."
  "트렁크 열어서 짐을 실어볼까?"

- 수를 인지하고, 수에 따라 블록을 담아보세요.

"근데 트렁크에 보니 숫자가 쓰여있네? 이 트럭에는 짐을 1개만 실어달래."

"이 트렁크는 숫자가 3이라고 쓰여있네? 이 트럭에는 3개 담아주세요."

"OO이가 숫자만큼 짐을 잘 담아줬구나! 자, 이제 배달하러 출발~!"

놀이 확장

✔ 종이컵과 젓가락을 활용해 놀이해보세요. 종이컵 안에 숫자를 적어놓고, 종이컵 안에 들어갈 만한 작은 솜공을 준비해주세요. 종이컵에 쓰인 숫자만큼 젓가락으로 집어 담아보는 놀이를 할 수 있습니다.

"컵에 숫자가 쓰여있네? 숫자만큼 담을 수 있는 컵인가 봐."

"이 컵에는 몇 개 담을 수 있을까? 2라고 쓰여있으니까, 2개 담아볼까?"

✔ 아이가 숫자를 좋아한다면 주변에서 볼 수 있는 숫자에 노출되도록 부모가 지속적인 관심을 보여주세요. 지나가는 길에 간판에서도 찾을 수 있고, 과자 봉투, 우유갑 등에서도 찾을 수 있고, 엘리베이터 안에서도 찾을 수 있습니다. 숫자가 의미하는 바를 함께 이야기 나눠주세요.

"저기 OO이가 좋아하는 숫자 3 보인다! 또 어디에 숫자 쓰여있나 찾아볼까?"

"여기 우유에도 쓰여있네? 이 우유는 5월 4일까지 먹으라고, 5 하고 4가 쓰여있네."

 주의사항

• **숫자를 읽고 쓰는 것은 중요하지 않습니다.**
숫자를 많이 읽는다고 해서 똑똑한 것은 아닙니다. 숫자를 읽는 것보다 중요한 것은 수의 개념을 아는 것입니다. 수가 의미하는 바를 알고, 어떤 것이 많고 적은지, 어떤 것이 크고 작은지에 대한 수학적 개념을 알게 해주는 것이 필요합니다. 수학적 개념은 일상생활에서 습득할 수 있습니다. "우리 집은 6층이니까 OO이가 6 눌러줄래?", "엄마 과자 2개만 더 줄래? 엄마 이제 과자 3개 됐네!"라고 일상에서 자연스럽게 경험할 수 있도록 언급해주면 충분합니다. 아이에게 수를 묻고 확인하고 틀렸다고 고쳐주는 경험은 아이를 숫자와 점점 멀어지게 만드는 것임을 꼭 기억해주세요.

수 놀잇감 만드는 방법

① 박스지, 물티슈 뚜껑, 작은 블록, 색연필, 테이프를 준비한다.

② 박스지에 트럭 그림(아이가 좋아하는 그림)을 그려준다.

③ 그림에 맞게 물티슈 뚜껑을 붙여준다.

④ 종이테이프를 이용해 물티슈 뚜껑의 안과 밖에 숫자를 써넣는다.

⑤ 뚜껑을 열어 알맞은 수대로 블록을 넣어본다.

30~36 개월 소근육, 집중력 발달을 위한 바느질 놀이

바느실 놀이는 바늘을 한 손으로 잡고, 작은 구멍에 바늘을 넣고, 넣은 바늘을 빼고, 다시 옆 구멍으로 넣어보는 것을 반복하며 소근육을 사용하게 되고, 눈과 손의 협응력을 길러줄 수 있는 놀이입니다. 또한 작은 구멍에 바늘을 넣고 빼기 위해 주의력을 요구하기 때문에 아이의 놀이 집중력을 길러주는 데 많은 도움이 됩니다.

🦒 놀이 과정

- ✔ 박스지 혹은 두꺼운 종이에 아이가 좋아하는 그림을 그리고 송곳을 이용해 바늘이 들어갈 만한 구멍을 만들어주세요. 바늘은 끝이 뭉뚝한 돗바늘을 준비하고, 실이 잘 보이도록 색이 있는 털실을 사용해주세요.

- ✔ 아이가 관심을 보이면 바느질을 해볼 수 있도록 도와주세요. 엄마가 잡아주고 아이가 바늘을 넣어보도록 도움을 주는 것이 좋답니다.

    "바늘을 여기 구멍에 넣어서 바느질을 하는 거래. 같이해볼까?"

    "엄마가 잡아줄게. ○○이가 여기 구멍에 바늘을 쏙 넣어볼까?"

"바늘이 구멍으로 나왔지? 그럼 바늘을 잡아서 쑥 빼볼래?"

✓ 구멍을 따라 바늘을 옮겨가며 바느질을 해보고, 익숙해지면 아이 혼자 해보도록 격려해주세요.

"이제 어느 구멍으로 들어갈까? 좋아, 그 구멍으로 바늘을 넣어볼까?"

"이제 엄마가 안 잡아줘도 잘하네! OO이가 바느질을 정말 열심히 하네!"

 놀이 확장

✓ 숫자에 관심을 보이는 아이라면, 바느질 놀이를 하며 숫자에도 노출될 수 있도록 바늘 구멍에 숫자를 적어주세요.

"바늘을 몇 번 구멍으로 넣어볼까?"

"7번? 7번 구멍은 여기에 있네. 7번 구멍으로 쏙~"

✓ 바느질 놀이에 단추를 활용하면 단추를 달아보는 것과 같은 경험을 하게 됩니다.

"토끼한테 단추 달아줄까? 나온 바늘에 단추를 연결하면 단추를 달 수 있대."

"단추가 토끼 귀에 붙었지? OO이가 단추도 달아줬네!"

✋ 주의사항

• **실을 너무 길게 연결하지 마세요.**
털실을 너무 길게 연결해주면 아이가 실을 빼고 넣고 하는 과정이 힘들어집니다. 실을 중간에 바꾸어 주더라도, 실을 짧게 해주는 것이 아이가 바느질 놀이를 하기에 적당합니다.

• **순서대로 하지 마세요.**
구멍에 순서대로 바늘을 넣을 필요는 없습니다. 번호를 적은 것은 숫자에 노출되도록 하는 것이 목표이지, 숫자 순서대로 바느질할 필요는 없어요. 아이에게 순서대로 하기를 강요하는 것보다 아이가 원하는 구멍에 자유롭게 바늘을 넣어보는 경험이 더 중요하답니다.

바느질 놀잇감 만드는 방법

① 박스지, 털실, 돗바늘, 가위, 송곳, 펜을 준비한다.

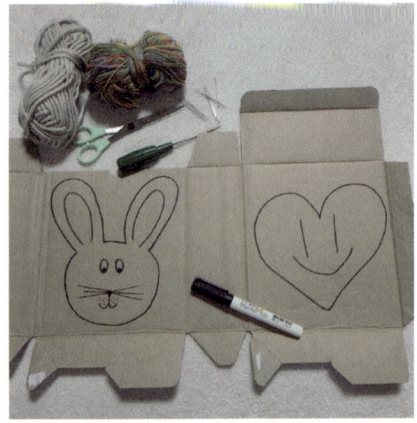

② 박스지에 아이가 좋아할 만한 그림을 그린다.

③ 그림을 잘라낸다.

④ 그림 테두리를 따라 송곳으로 구멍을 뚫는다.

⑤ 바늘에 털실을 연결해주면 완성!

30~36개월 감각, 정서 발달을 위한 전분 반죽 놀이

전분 반죽은 힘을 가했을 때와 힘을 주지 않았을 때의 상태가 변화하는 성질을 가지고 있습니다. 아이들과 전분으로 놀이를 하며 이러한 물질의 상태 변화를 경험할 수 있으며 손에 힘을 조절하면서 신체소근육능력을 키울 수 있습니다. 또한 부드러운 반죽을 만지며 감각적 자극을 통해 스트레스를 해소하고, 정서적 안정감을 얻을 수 있도록 도와줍니다.

놀이 과정

✔ 놀이 매트를 깔고 큰 통에 전분 가루를 담아 아이들과 함께 탐색해보세요.
"이건 어떤 가루인 것 같아? 밀가루랑 느낌이 좀 다르지?"
"만지면 뽀득뽀득 느낌이 나기도 하는 이 가루는 감자로 만든 감자전분이야."

✔ 전분 가루를 충분히 탐색해보았다면 물을 조금씩 섞어 반죽을 만들어봅니다. 물의 농도를 잘 맞추어야 놀이에 적당한 반죽을 만들 수 있답니다. 손으로 꽉 잡았을 때 딱딱해지고 손을 놓으면 주르륵 흘러내리는 정도가 적당합니다.
"이제 가루에 물을 섞어서 반죽을 만들어보자!"

"물을 섞으니 어떻게 변하고 있니?"

✔ 힘의 강도를 조절하며 반죽의 상태 변화를 관찰해보세요.

"반죽을 꽉 잡아봐. 느낌이 어때?"

"엄마는 반죽을 꽉 잡았더니 공처럼 딱딱해졌어."

"근데 손을 펴면 공이 주르륵 사라지네. 왜 반죽이 변하는 거지?"

놀이 확장

✔ 반죽에 물감이나 식용색소를 넣어 색이 섞이는 과정을 관찰해보세요.

"색깔을 섞어볼까? 어떤 색을 넣어볼까?"

"색깔들이 막 춤을 추는 것처럼 움직인다!"

✔ 전분 가루를 이용해 맛있는 음식을 만들 수 있어요. 놀이를 정리한 후 아이들과 전분 가루로 감자옹심이를 만들어보세요.

"동글동글 만들어서 맛있는 감자옹심이 만들어볼까?"

주의사항

• **다 놀이한 반죽을 하수구에 흘려보내지 마세요.**
다 놀이한 전분 가루는 냉장고에 보관하면 다시 사용이 가능하므로 바로 버리지 말고 여러 번 사용해 주세요. 다 놀이한 후 반죽을 정리하고 싶을 때, 반죽을 하수구에 흘려보내면 전분이 바닥에 가라앉아 하수구가 막히므로 쓰레기로 버려주세요. 반죽을 잠시 두면 물과 전분으로 분리되니, 물을 따라 버리고 가라앉은 전분만 긁어 버리면 됩니다.

0-3세, 국내 최고의 놀이전문가가 알려주는 월령별 발달 놀이 컨설팅
토닥토닥맘 놀이 육아 바이블

초판 1쇄 발행 2023년 6월 28일
초판 4쇄 발행 2024년 12월 30일

지은이 토닥토닥맘(장서연)
펴낸이 민혜영
펴낸곳 (주)카시오페아
주소 서울특별시 마포구 월드컵로14길 56, 3~5층
전화 02-303-5580 | **팩스** 02-2179-8768
홈페이지 www.cassiopeiabook.com | **전자우편** editor@cassiopeiabook.com
출판등록 2012년 12월 27일 제2014-000277호

ⓒ장서연, 2023
ISBN 979-11-6827-124-1   13590

이 책은 저작권법에 따라 보호받는 저작물이므로 무단 전재와 무단 복제를 금지하며,
이 책의 전부 또는 일부를 이용하려면 반드시 저작권자와 (주)카시오페아 출판사의
서면 동의를 받아야 합니다.

- 잘못된 책은 구입하신 곳에서 바꿔드립니다.
- 책값은 뒤표지에 있습니다.